中國學術思想 研究輯刊

三九編

林慶彰 主編

第 7 冊

老子思想與當代公共衛生護理研究
——以「健康促進」為中心

黃薏如 著

花木蘭文化事業有限公司

國家圖書館出版品預行編目資料

老子思想與當代公共衛生護理研究——以「健康促進」為中心
／黃薏如 著 -- 初版 -- 新北市：花木蘭文化事業有限公司，
2024〔民 113〕
目 2+218 面；19×26 公分
（中國學術思想研究輯刊 三九編；第 7 冊）
ISBN 978-626-344-579-6（精裝）
1.CST：老子 2.CST：研究考訂 3.CST：公共衛生護理
4.CST：健康法
030.8   112022471

ISBN-978-626-344-579-6

9 786263 445796

中國學術思想研究輯刊
三九編 第 七 冊   ISBN：978-626-344-579-6

老子思想與當代公共衛生護理研究
——以「健康促進」為中心

作　　者　黃薏如
主　　編　林慶彰
總 編 輯　杜潔祥
副總編輯　楊嘉樂
編輯主任　許郁翎
編　　輯　潘玟靜、蔡正宣　美術編輯　陳逸婷
出　　版　花木蘭文化事業有限公司
發 行 人　高小娟
聯絡地址　235 新北市中和區中安街七二號十三樓
　　　　　電話：02-2923-1455 ／傳真：02-2923-1452
網　　址　http://www.huamulan.tw 信箱 service@huamulans.com
印　　刷　普羅文化出版廣告事業
封面設計　劉開工作室
初　　版　2024 年 3 月
定　　價　三九編 23 冊（精裝）新台幣 62,000 元

老子思想與當代公共衛生護理研究
——以「健康促進」為中心

黃薏如 著

作者簡介

　　黃薏如，臺灣屏東人。輔英科技大學護理助產學士、高雄師範大學經學研究所文學碩士、高雄師範大學國文學系文學博士。曾任行政院青年健康大使（榮獲績優團隊行政院授證）、精神專科護理師、社會局長青日照中心護理師、高中職健康與護理教師、中小學輔導組長、中華國際 NLP 教練研究發展教育協會督導級教練。現任國立空大誠一宮教學處處長、國立高雄師範大學經學所及空中大學學士專班師資群、高雄市意誠堂關帝廟《鸞藏》編纂委員、屏東縣菩提慈善會文教推廣執行長。學術研究領域主要為：老莊養生保健與全人健康、老莊意義治療與諮商輔導、老莊家庭教育與人倫關係、老莊環境療癒與休閒旅遊、老莊企業管理與領導溝通、老莊文教推廣與產官學廟。

　　就學期間榮獲 2016 年「SAGE 國際優秀青年論文獎學金」、2016 年《妙心佛學研究》獎學金、2017 年「宗教心靈改革論文比賽獎學金」。國內學報及研討會 20 餘篇，所觸碰議題多涉及跨領域研究，足見其豐沛的研究動能與潛力，目前有碩論《老子思想與公共衛生護理研究——以「健康促進」為中心》及博論《莊子淑世精神的現代實踐》。黃老師個性活潑開朗，經歷豐富多元，長年的社會實戰積累，擅於將經典生活化。總能針對學生盤根錯節的生命議題，透過精湛的有效提問，讓其困擾如庖丁解牛般謋然而解，協助同學在笑談間獲得生命通達。目前於高雄師範大學經學所教授「經學與人生研究」、「經學思想與應用研究」及「經典與樂教思想研究」課程。

提　要

　　本文旨在藉探究老子思維在當代人類世界中如何實踐之可能，進一步將《道德經》與現代醫護應用相互結合，以實踐通經致用之道。在文章結構上，除了「緒論」與「結論」外，共有三章，分別為：「老子道論的當代詮釋」、「老子工夫論義理精要」，以及「老子思想對健康促進之啟示」。全文共獲得三點結論：（一）生理健康而言，老子「自然無為」的法道思維，教人順應天道自然而得以盡天年。並正視自身差異性，體健則鍛鍊，身殘則復健，進而達到形體長壽的健康體態。（二）心理健康而言，「致虛守靜」思維強調面對外在誘惑和壓力時，讓生命透過無為解消躁動，同時進入虛靜的無躁境界中，使心靈獲得平和寧靜的安頓心態。（三）社會健康而言，「持儉守柔」思維強調「守柔」能讓人與天地萬物之間處於和諧；以整體社會制度而言，推行樂活議題，營造「持儉」的風氣，可讓人保持素樸的心靈狀態。此外，本文為筆者取得碩士學位後數年出版，於研究思路上，已有更寬闊的拓展與實踐。在筆者博士論文：《莊子淑世精神的現代實踐》中，即採「以老輔莊」的形式，將道家思想應用於心理輔導、生涯規劃，以及生命關懷等多項領域。並規劃未來五年，將以「老莊與人生」為主軸，「生老病死」的生命歷程為架構，增添企業管理、意義治療學、家庭諮商、臨終關懷等跨域研究，為生命長度和厚度提供老莊式的解套方針。讓老莊淑世精神以具體社會實務進行推廣與應用。

目

次

第一章　緒　論 ……………………………………………………… 1
　第一節　研究動機 …………………………………………………… 2
　第二節　研究方法 …………………………………………………… 5
　第三節　研究步驟 …………………………………………………… 9
第二章　老子道論的當代詮釋 …………………………………… 41
　第一節　道的素樸義 ……………………………………………… 42
　　一、走在關鍵的決策 …………………………………………… 43
　　二、生命道路的通達 …………………………………………… 43
　　三、高瞻遠矚的智慧 …………………………………………… 44
　　四、內外辯證的實踐 …………………………………………… 44
　第二節　當代學者對「道」的解析 …………………………… 45
　　一、當代學者對「道」的語意解析 ………………………… 46
　　二、道的形上義理之詮釋 …………………………………… 52
　第三節　道在《老子》中的經文義涵 ………………………… 58
第三章　老子工夫論義理精要 …………………………………… 97
　第一節　自然無為 ………………………………………………… 98
　　一、自然逍遙的境界 …………………………………………… 98
　　二、無為解消的工夫 ……………………………………… 107

第二節　致虛守靜 ……………………………………… 112
　一、致虛守靜之義涵 ……………………………… 112
　二、虛靜在經文中的語義解析 ……………………… 115
第三節　持儉守柔 ……………………………………… 120
　一、持儉寡欲的素樸 ……………………………… 121
　二、守柔處下的智慧 ……………………………… 128
第四章　老子思想對健康促進之啟示 ………………… 137
第一節　健康的生理形態 ……………………………… 139
　一、影響形軀生命的關鍵 ………………………… 139
　二、老子思想對形軀生命之啟示 ………………… 150
第二節　健康的心理狀態 ……………………………… 157
　一、面對壓力之影響與因應 ……………………… 157
　二、老子思想在解消壓力之啟示 ………………… 160
　三、老子思想在創傷療癒之啟示 ………………… 165
　四、健康心理的具體實踐 ………………………… 169
第三節　健康的社會支持 ……………………………… 173
　一、人與環境的互動 ……………………………… 174
　二、人與社會的因應 ……………………………… 179
第五章　研究成果與反思 ……………………………… 187
參考文獻 ………………………………………………… 197
附錄　當代學者對「道」的解析 …………………… 211

第一章　緒　論

　　中國哲學思想素來被稱作「生命的學問」，著重在以人為生命主體，探究生命安頓如何被實踐之可能性。牟宗三先生[註1]表示：

　　中國哲學，從它那個通孔所發展出來的主要課題是生命，就是我們
　　所說的生命的學問。它是以生命為它的對象，主要的用心在於如何
　　來調節我們的生命，來運轉我們的生命、安頓我們的生命。[註2]

說明中國的哲學向來關心自己的生命，透過內容真理的探索，從中獲得啟迪進而扣回生命經驗，以延展生命厚度。而文化開端的通孔不同，洞見也有所差異，陳德和先生也認為：

　　西方哲學重客體對象的理解，是以「知識」為中心，以理智的好奇和
　　滿足為主要訴求；中國哲學則重主體人格的建立，是以「生命」為中
　　心，以當下自我超拔的實踐方式要求其真切於人生為圭臬。[註3]

上述呼應了牟宗三先生的說法，不同通孔造就東西方不同的思維模式，西方重視數值精準度及證據有效性，透過經驗值的累積，藉以提出客觀性詮釋，是一種追求知識性的真理，稱作「外延真理」；而東方則講究生命不應只是平面的呈現在時空背景之下，應該是縱貫的拓展在有限生命中，將自身的生命厚度擴

〔註1〕本文接下來提及民國以後的學者一律稱先生，業師稱老師。
〔註2〕牟宗三：《中國哲學十九講》（臺北：臺灣學生書局，2010 年），頁 15。
〔註3〕陳德和先生說：「儒釋道三家都是生命的學問，這種學問並不是生物學式以『自然生命之機制功能』為研究對象的系統知識，而是從價值理想企求人格、人品挺立昂揚的反省與實踐之學。」陳德和先生：《生活世界的哲思》（臺北：樂學書局，2001 年），頁 175。

大，生命的力道藉由「用」而展現，方能超越時間之隔，與古人的智慧相呼應，這就是「內容真理」〔註4〕。

而在眾多先秦思想中，道家思想正是亂世養生的靈藥，老子思想在面對當下生活的世界，講究「自然無為」、「致虛守靜」、「持儉守柔」的工夫，與現代「健康促進」觀念有諸多契合之處。故本論文命題為「老子思想與當代公衛護理研究——以『健康促進』為中心」，所要探究的內容主要分為兩大部分：首先就老子之哲學思想做文獻查證的探討與詮釋，深入了解《老子》〔註5〕一書所蘊涵的智慧；接著第二部分，奠基於對老子哲學智慧的理解，闡發對於當代人類世界中，健康促進如何被實踐之可能性，期待賦予不同思維及啟示，達以古鑑今之用。本章節為緒論部分，共分為三節，第一節先就論文之「研究動機」加以說明，包含研究目的之詮釋；第二節則是交代研究目的所對應的「研究方法」，以協助論文寫作進行順利；末節則依研究方法加以詳述，擬定本論文的「研究步驟」，包含確定主要研究的範圍及研究材料。

第一節　研究動機

人類關注自己的健康，是千古不變的。因為健康是生命的資源，人人都應該為促進健康而努力。時至今日，人們對健康的要求已不只是「沒有疾病」，而是「健康還要更健康」。故從 1974 年開始，世界衛生組織正式將「健康」定義為：

> 健康是一種身體、心理和社會的幸福、安寧狀態，並非只是沒有疾病或身體虛弱而已。〔註6〕

臺灣師範大學健康促進與衛生教育學系資深教授黃松元先生認為：

〔註4〕「外延真理」及「內容真理」一詞由牟宗三提出。牟宗三先生表示：「了解自己文化背景，把生命不要完全只限在橫切面的時空裡，要把自己的生命縱貫通起來，這才是真正擴大自己的生命。」又說「所謂的覺悟，就是把人的縱貫線喚醒。」牟宗三：《中國哲學十九講》（臺北：臺灣學生書局，2010年），頁87～108。

〔註5〕陳德和先生認為：「從歷史的事實看來，將老子的著作稱為《老子》，應是先秦時期的通例，至於《道德經》的名稱則是到了唐代才出現。但就學界一般情形而論，不管《老子》或《道德經》都被普遍的使用著。」王邦雄、陳德和合著：《老莊與人生》（臺北：國立空中大學，2013年），頁5。

〔註6〕Roscoe, L. J.: Wellness: A review of theory and measurement for counselors. *Journal of Counseling & Development*, 87, 2009, 216~226.

　　健康促進是指人們能自我照顧、增進自身健康的過程，因此每個人

　　應負起責任，關心自己的健康。〔註7〕

上述說明健康是人的權利，也是個人的社會責任，若能養成良好的生活形態，不僅可以讓身心健康，也能為家庭帶來幸福，更能提升國家競爭力和永續經營。根據世界衛生組織推動的政策脈絡延伸，筆者認為在科技進步改善人民生活的同時，卻也帶來了相對性的危機，其影響性歸納至少有三個方面，如下：

一、生理方面：生活步調緊湊及崇洋西化的影響導致飲食型態改變，例如：
　　外食機率提高及速食文化產生，內容傾向高脂、高鹽、高糖的成分。再來，
　　國人偏好的精緻美食，往往少了膳食纖維，增加了加工添加物，導致衍生
　　多種與飲食有關的慢性疾病。另外，社會對於美的價值觀之扭曲，青春永
　　駐的外貌與「瘦即是美」的體態追求，導致醫學美容及健身瘦身行業盛行。
　　不只如此，國人老年化人口攀升，面對死亡的恐懼，導致不斷追求延長餘
　　命，保健食品及地下電台藥品暢銷，也造成過度服用，導致終年洗腎等議
　　題產生。

二、心理方面：人類活著就有壓力，每天都與壓力共存著，但由於社會變遷，
　　生活步調逐漸加快下，所承受的壓力也相對增加。有些藉由菸、酒、毒品
　　等成癮物質因應壓力，有些甚至長期生活在壓力下造成精神疾病，更有些
　　成了新聞報導上慘絕人寰的社會事件，大多因面對感情、工作問題無法解
　　決，最終走上絕路。世界衛生組織更指出 2020 年以前，憂鬱症將會是造
　　成人類失能的第二大原因，〔註8〕且罹患率逐漸上升中，故重視心理健康
　　的需求，是迫切需要關注的議題之一。

三、社會方面：分成居住的環境和接觸到的人。以環境而言，不論是住家或
　　是工作場所皆存在著許多潛藏危害性的汙染物質，例如：水、過敏原、噪
　　音、空氣、輻射、微波等，已影響整個「環境荷爾蒙」〔註9〕，其危害都

〔註7〕黃松元、陳正友：《健康與護理》（臺北：幼獅文化事業股份有限公司，2006 年），
　　　　頁 9。

〔註8〕陳美燕總校閱、洪麗玲、趙曲水宴、蕭雅竹、蔡慈儀、張淑紅、高月梅、萬國
　　　　華：《健康促進與人生》（臺北：啟英文化事業公司，2012 年），頁 6 之 2。（醫
　　　　護專書的頁碼編排為第六章第 2 頁，本文使用方式皆以此為準。）

〔註9〕科學家發現工業產品從生產、使用到廢棄的過程，其中的化學物質無可避免會
　　　　釋放到環境中，藉由空氣、水、土壤、食物或其他途徑進入生物體，產生類似
　　　　荷爾蒙的作用，對原有內分泌系統產生干擾，進而影響生物體的發育及生殖功
　　　　能，這些物質統稱「環境荷爾蒙」（Environmental Hormone）；統計至 2011 年

是全面且持久的。再者，汙染物質經雨水流入土地及大海，再經由食物鏈的環環相扣，回到人類食用的海鮮、蔬果、肉類中。另一方面，以人來說，洪麗玲指出對於生命週期而言，兒童期缺乏社會支持容易影響兒童的呼吸道疾病及成人後的憂慮；青少年期缺乏支持容易罹患憂鬱症；中年期缺乏支持容易對心理沮喪、酗酒有關；老年期缺乏支持容易影響身心症狀，甚至影響死亡，〔註10〕故社會議題也是值得重視的一環。

然而，今日已有專門學科針對現今社會議題作深入的研究，老子未以此為專題，何以有必要讀老子？其因早在幾千年前，老子的哲學思維不論在哲學、軍事、管理、醫學、教育等議題上就具備豐富厚實的意涵，對於世人融入生活、體現生命價值上，更能獲得寶貴原則性的啟發。王邦雄先生認為：

> 只要人類的精神狀態仍有病痛不愉快，世間的關係還是驚擾、悚動、
>
> 不平靜的話，那麼老子、莊子的思想就永遠有它存在的迫切性。〔註11〕

由此說明老子思想為亂世養生的靈藥，可撫慰人心，讓人類的身心重返和諧平靜。值得一提的是，不論醫學或哲學而言，在東方皆將身體視為一個完整的能量系統，認為身心本為一體，透過身心整合的療癒，可幫助吾人更進一步認識自己，重新組合身心分離及失衡的部份，尋求完整的自我。因此，身心是一個互相關聯的狀態，透過形上學生命智慧式的心理影響吾人的生理狀態，使得一個生物體的人類在身心靈整全的療法面向上得以實現。換言之，人之為人的形而上心性功夫式的療法也成為一種可能的途徑。故透過老子的哲學思維以「生命」作為基本關懷，運用道的核心思想所衍伸的工夫論，進而落實於生活之中，達到具體實踐之可能是本文主要的研究動機。延續脈絡，若想要解決當前社會呈現的種種問題，進而獲得身心安頓，達到社會和樂的狀態，筆者認為扣回歷久不衰的經典本身，重新探索古聖先賢傳承下來的智慧結晶，尋求精妙微理的真實義，是一種可行的方法。

關於道家的流派，根據陳德和先生的研究，道家思想在中國是一大傳統宗

為止，確認的環境荷爾蒙種類高達70多種，常見的如塑膠用品、清潔劑、殺蟲劑、化妝品中，此外還有鉛、鎘、汞等重金屬。王榕之、李美芳、張若蘭：《健康自我管理》（臺北：幼獅文化事業公司，2011 年），頁 23。

〔註10〕陳美燕總校閱、陳麗華、張淑紅、許青雲、陳文詮、劉影梅、高月梅、蕭雅竹、洪麗玲、江季蓁、趙曲水宴：《健康促進》（臺北：啟英文化事業公司，2014 年），頁 9 之 2。

〔註11〕王邦雄、陳德和合著：《老莊與人生》（臺北：國立空中大學，2013 年），頁 7。

派，歷史上所出現的型態，大致而言，共分為六種：一是薩蠻道家（神話傳說古道家）、二是黃老道家（帝王學道家）、三是人間道家（生活道家）、四是清談道家（玄學道家）、五是道教道家（神仙養生道家又稱宗教道家）、六是能肯定前面五種，集合道家之精義，並融入當代之哲學、科學重新加以詮釋的當代新道家。〔註12〕他更進一步指出：

> 從春秋戰國之際的時代背景而論，當以關懷生命、關懷世道人心的
> 人間道家最能感動群倫而成一大教，後來在華人文化傳統中即以此
> 為道家思想的主流義或原初義。〔註13〕

由此可知，在華人傳統文化裡，眾多道家流派中，最終仍以「老莊」〔註14〕的人間道家為主流，目的就在於人間道家能為世人尋求解脫生命枷鎖的安頓之道，所以又稱為「生活道家」。故筆者將本研究側重在「人間道家」或「生活道家」的立場來闡述，深入探討老子對於世人生命智慧之啟示。藉由老子形而上的「道」論思想展開，透過「自然無為」、「致虛守靜」、「持儉守柔」的工夫，體現出「無為」、「守靜」、「素樸」、「不爭」等的德性修養，方可證成安頓身心之道。而如此對生命學問進行創造與豐厚的「實踐」之學，正是筆者研究的方向，故此論文的重點不是提出一個超越前輩的老子哲學創見，而是將重心放在老子哲學思想如何應用到當代社會中進而被人類實踐之可能性。更進一步將亙古綿延的《道德經》與現代的醫護應用相互結合，讓學問達到通經致用之可能，此為本論文的研究目的。

第二節　研究方法

　　研究方法的重要性，是為了幫助論文寫作能夠順利進行，避免涉入過多個人主觀意見而影響文章結論的精確性。而不同的研究目的，就有不同的研究方法作為對應，在眾多研究種類中，詮釋學是現代哲學詮釋文獻中極具重要的方法論之一，詮釋的重點在於從文獻資料中找出隱藏在文字背後的蘊義。而當代

〔註12〕參考陳德和：《道家思想的哲學詮釋》（臺北：里仁書局，2005年），頁2。
〔註13〕陳德和：《道家思想的哲學詮釋》（臺北：里仁書局，2005年），頁38。
〔註14〕陳德和先生表示：「莊子則誠為歷來學者以及眾多當代新道家們所同意，乃是能夠立足在生活世界中，對老子智慧做最真切的體現，並值得尊重效法者，所以其他諸般道家雖可被承認具有道家血統，但論地位和價值皆不如莊子，我們應以莊子所奠基的人間道家，當作道家心靈中唯一範型」。陳德和：《道家思想的哲學詮釋》（臺北：里仁書局，2005年），頁38。

有關詮釋學的進路，就屬傳偉勳先生主張的「創造的詮釋學」最為學界所熟悉，共有五個辯證層次循序漸進，分別為「實謂」、「意謂」、「蘊謂」、「當謂」及「創謂」層次，他認為：

    一、「實謂」層次：「原思想家（或原典）實際上說了什麼？」
    二、「意謂」層次：「原思想家想要表達什麼」或「他所說的意思到
          底是什麼？」
    三、「蘊謂」層次：「原思想家可能要說什麼？」或「原思想家所說
          的可能蘊涵是什麼？」
    四、「當謂」層次：「原思想家（本來）應當說出甚麼？」或「創造的
          詮釋學者應當為原思想家說出什麼？」
    五、「創謂」層次：「原思想家現在必須說出什麼？」或「為了解決
          原思想家未能完成的思想課題，創造的詮釋學者
          現在必須踐行什麼？」〔註15〕

依傳偉勳先生的脈絡，筆者嘗試歸納成五點闡述之：第一是「實謂」層次，是創造性詮釋的起點，當中涉及到原典、版本的問題，屬於客觀性的原典「考證之學」的範疇；第二是「意謂」層次，指的是透過脈絡分析、邏輯分析、層面分析，客觀的呈現證得的結論，換言之，就是運用語意澄清、脈絡分析、邏輯貫通及時代考察等因素如實客觀的呈現原典的證釋，這種依文解義的方式稱作「析文詮釋學」；第三是「蘊謂」層次，指的是將原思想家與後代傳承者之間的思維作一個連貫，依此為基點往下延伸，擴大詮釋學的視野，以避開過多的主觀揣測，屬於「歷史詮釋學」的範疇；第四是「當謂」層次，就是將具權威性的詮釋進路，透過理路探索比較考察後，再加上自身的詮釋洞見，進而發現原思想家更深的蘊涵或根本義理，這屬於「批判詮釋學」；第五是「創謂」層次，指的是除了貫通原思想家的義理後，更針對原典的教義侷限性進行批判，進而解決待答的思想課題，傳偉勳先生認為這才算真正狹義性的「創造詮釋學」。〔註16〕綜觀以上層次，筆者將傳偉勳先生的原

〔註15〕傳偉勳先生後來接受其他學者建議將「必謂」改成「創謂」，詳見《學問的生命與生命的學問》一書。傳偉勳：《從創造的詮釋學到大乘佛學》（臺北：東大圖書公司，1999 年），頁 10；傳偉勳：《學問的生命與生命的學問》（新北市：正中書局，1993 年），頁 228。
〔註16〕歸納傳偉勳：《從創造的詮釋學到大乘佛學》（臺北：東大圖書公司，1999 年），頁 10～16。

理架構運用於研究之脈絡與定義，讓本文之研究進路呈現客觀且邏輯一貫的全面性思維。

　　延續上述觀點，本文使用「創造的詮釋學」做為本文主要的研究方法，以期達成研究之有效目的。而關於當代老學的詮釋系統，袁保新先生對於「創造的詮釋學」有進一步的反省，他認為：

> 當老子道德經並沒有清楚表示他一定的形上立場時，我們身為詮釋
> 者，應該首先「鬆動這就是老子本身唯一主張」的看法，謙退一步，
> 意識到自己對老子思想性格的規定，極可能只是在某種詮釋假設與
> 方法下，我們心目中所認定的老子。〔註17〕

換言之，創造的詮釋學並不是各說各話，而是必須先在基礎的形式上要求詮釋的合理性，透過自我批判，進而滿足現代讀者在理解上的要求。故創造性詮釋學就是站在前人累積的客觀資料及研究成果上，作進一步的反省與重建，讓研究者能在合理詮釋的基準下，延伸出創造性的見解。

　　接續此脈絡，他提出一項合理的詮釋必須滿足一些基本的形式條件，共有六項原則，依序如下：

> 一項合理的詮釋，其詮釋本身必須在邏輯上是一致的。

說明詮釋的首要步驟，要先以「邏輯貫通」為主。讓章法結構能夠環環相扣，首尾呼應。透過結構的分析，看出筆者的思維佈局方式，整體義理闡述能否前後一致，對於文章的脈絡能否扣緊主題。掌握邏輯貫通的起點，方能讓詮釋立場得以穩固，同時也能幫助讀者建立一套有系統有層次的邏輯分析。

> 一項合理的詮釋必須能夠還原到經典中，取得文獻的印證與支持，
> 而其詮釋觀點籠罩的觀點愈廣，則詮釋就愈成功。

再來第二個步驟就是「文獻回顧」。透過「找」可多方蒐集強而有力的文章，以作為研究的論證基準；透過「讀」可從大量閱覽激發研究概念來源，擬定研究架構並提供研究方法；最後在經由「寫」可彙整出一套符合自身需求的資料庫，以便於寫作。

> 一項合理的詮釋應該儘可能運用經典本身無疑異的文獻來解釋有疑
> 異章句，用清楚的概念來解釋不清楚的概念。

〔註17〕袁保新先生進一步認為應將「老子的形上學是」鬆動為「老子的形上學應該是」，自足於一種創造性詮釋（creative interpretation）的研究成果上。袁保新：《老子哲學之詮釋與重建》（臺北：文津出版社，1991 年），頁 62。

接下來第三個步驟就是「經文解義」。自古經學家重視的原則就是以經解經，尤其以原典本身解釋原典，更能展現同本經書中圍繞的核心思想，在不同分章的詮釋及補充，利見經文的完整性。須注意的是，解經過程並非一般的串字解經，而是將要引用的經文與詮釋的經文在義理上密切結合，方能掌握原典之意涵，使觀念更為釐清。

> 一項合理的詮釋應該將經典本身視為思想上一致和諧的整體，避免
> 將詮釋對象導入自相矛盾的立場。

緊接第四個步驟為「思想會通」。思想是人類大腦處理信息過程的行動模式，有分析、綜合、抽象、概括的作用。在進行思想整合時，要留意表述的過程是否相互矛盾。換句話說，在符合邏輯的架構下，透過系統化的思維，達到一致性的成果。

> 一項合理的詮釋，必須一方面將詮釋主題置於他們隸屬的特定時代
> 與文化背景來了解，但另一方面也要能夠抽釋出他不受時空侷限的
> 思想觀念，而且儘可能的用現代語言與哲學經驗傳遞給讀者。

接下來第五個步驟為「以古鑑今」。一個義理的詮釋系統不可能憑空出現，往往深具時代意義及價值。故知道時空背景對於哲學思想的造就影響是極大的，透過作者立足的時空背景，掌握當時的文化氛圍，以探究思維脈絡的形成，做到如此方能在學術史上給予客觀定位。另外，在詮釋的過程，應運用現代語言及所學的哲學經驗，將作者的義理脈絡用符合當下的語言結構連結，以傳承時空背景的經驗智慧。

> 一項合理的詮釋，對其詮釋方法與原則應該有充分的意識，並願意
> 透過其他詮釋系統的比對，調整修正其方法與原則。〔註18〕

最後第六個步驟為「系統對比」。也就是說在詮釋的過程，除了擁有一套自圓其說的應證系統外，應再結合其他詮釋系統進行擴充比較，進而從中修正邏輯程序，方能建立客觀的辯證程序。

上述透過袁保新先生的「創造性詮釋法」得知，詮釋的過程可經由「邏輯貫通」、「文獻回顧」、「經文解義」、「思想會通」、「以古鑑今」、「系統對比」六項詮釋原則著手，以幫助筆者建立客觀又具完整性的研究方法。故接下來本文將以此節獲得的六項詮釋原則，進一步延伸套用在下節的研究步驟中。

〔註18〕袁保新：《老子哲學之詮釋與重建》（臺北：文津出版社，1991年），頁77。此六項原則來自同一頁面，故於最後原則統一加註。

第三節　研究步驟

　　本文詮釋的程序共分為五個階段，由每個問題脈絡作延伸，並於第二、三、四章節進行統合，獲得解答。

第一點：道的字源義是什麼？當代學者對於道的詮釋與立場有哪些？道在《老子》一書的經文內容又有何文義？

第二點：老子對於自然的主張是什麼？對於無為的闡述又有何義？自然與無為之間的關聯為何？

第三點：老子對於致虛的認為是什麼？對於守靜的表述又有何義？致虛與守靜之間的關聯性為何？

第四點：老子對於儉的詮釋為何？儉與嗇的異同？對於柔又有何看法？而儉和柔之間又有何關聯性？如何具體的達到儉和柔的工夫？

第五點：道家的工夫論融入「健康促進」的醫療議題後，針對生理、心理及社會方面又可帶給世人何種啟示？

　　綜合以上五項題組，統整出「道」從自然界落入生存世界後呈現的工夫特質，至少有「自然無為」、「致虛守靜」、「持儉守柔」三項，並運用這三項工夫融入「健康促進」關心的身、心、社會議題，作為現今公衛護理在推動健康計畫上，提供嶄新的啟示。故研究架構如下圖 1 所示：

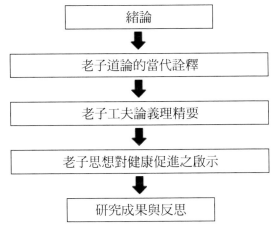

　　　　　　　　　　　圖 1　為本論文研究架構圖

同時也將袁保新先生提出的「創造的詮釋法」作為本文的研究方法，以求符合現代讀者理解的詮釋基礎。根據他提出的六大詮釋原則延伸出「邏輯貫通」、「文獻回顧」、「經文解義」、「思想會通」、「以古鑑今」、「系統對比」六個步驟，

接下來本文就依照這六項詮釋原則融入五項代答題組依序論述：

一、邏輯貫通

　　本文在正文部分共分成三章九節，分別針對老子的思想融入健康促進間的關聯作闡述。第二章針對道的素樸義、當代學者對於道的語意詮釋、道的形上義理，以及道在《老子》一書經中文義上進行梳理。第三章針對老子工夫論的思想精要分成「自然無為」、「致虛守靜」、「持儉守柔」三部分，先論自然與無為的主張、再論自然與無為在《老子》一書的經文內容各有何文義，以及自然與無為之間的關聯進行闡述；其次，說明老子對於致虛守靜的主張及致虛與守靜之間的關聯性，並提供實踐致虛守靜之具體修養方法；最後，探討老子對於儉的詮釋及對於柔的看法，進一步說明儉和柔之間的關聯，並提供具體達到儉和柔的實踐進路。第四章將老子的工夫論融入「健康促進」後，並探討生理、心理及社會三方面可帶給世人的啟示。最後透過第五章作為總結，讓本文的詮釋脈絡一致，邏輯貫通。

二、文獻回顧

　　歷代注解老子的版本甚多，學界對於老子的哲學研究成果也極為豐碩，並且包含不同面向。以下將本文會運用到的文獻資料以古籍注疏、當代專書、期刊論文、碩博士論文及外文資料進行逐一探討。

（一）古籍注疏
1.《老子》一書的文本省察

　　《道德經》是道家諸家學說的搖籃。余培林先生說：

> 推究戰國時代的道家之學，則知列子的貴虛，是老子貴柔思想的演
> 進；楊朱的為我，是老子無為哲學的發展；莊子的放蕩，是老子自
> 然主義的開拓。〔註19〕

換句話說，縱然歷史上出現不同型態的道家，不可否認的是，皆針對《道德經》不同的詮釋過程逐漸演變而來，故老子的《道德經》顯然成為道家的共同指標性文本。而目前有關《道德經》的年代，目前也是眾說紛紜，大致分為三點，其一是春秋末年，與孔子同；其二是戰國中期，莊子之前；最後是戰國末期，在莊子後。對於三種論點，王邦雄先生說：

〔註19〕余培林：《新譯老子讀本》（臺北：三民書局，1987 年），頁 8。

考定其成書確切年代，惟一可行之道，就在將全書之義理規模與思
想精神，做一整體的衡定，看在學術長流中，此一思想體系安放在
那一階段，才是合理而可能的。〔註20〕

此想法與牟宗三先生主張的「以觀念史的發展來衡量文本出現」的時期不謀而
合，故以《道德經》的「義理及文體」〔註21〕的詞語進行推斷，老子的哲學是
針對儒家的學說進行批判及反省〔註22〕，推斷老子思想應在孔子之後。另外，
《道德經》中的〈第三篇〉的「不尚賢」、〈第十九章〉的「絕仁棄義」、〈第六
十章〉的「其鬼不傷人」〔註23〕等，皆與墨子思想相對反面者，故推測老子思
想應該也在墨子之後。此兩點推測正好應證王邦雄先生認為老子哲學應定在

〔註20〕 王邦雄：《老子的哲學》（臺北：三民書局，1983年），頁43。
〔註21〕 先秦典籍多引用老子的言論，據統計《戰國策‧齊策》一次，〈魏策〉一次；
　　　　《莊子外篇‧胠篋篇》四次、〈在宥篇〉二次、〈天地篇〉二次、〈天道篇〉一
　　　　次、〈至樂篇〉三次、〈達生篇〉一次、〈山木篇〉二次、〈田子方篇〉一次、
　　　　〈知北遊篇〉三次。《莊子雜篇‧庚桑楚篇》二次、〈則陽篇〉一次、〈寓言
　　　　篇〉一次、〈天下篇〉一次；《韓非子‧外儲說下篇》一次、〈六反篇〉一次。
　　　　〈解老篇〉及〈喻老篇〉兩篇，專論老學；《呂氏春秋‧貴生篇》一次、〈制
　　　　樂篇〉一次、〈樂成篇〉一次、〈君守篇〉一次。且各書不是引原文而是引其
　　　　意思的，更是多到不可勝數；莊子書中引老子的話最多，《荀子》書中雖沒
　　　　有引用，但〈天論篇〉中說：「老子有見於詘，無見於信。」可見荀子也見過
　　　　《道德經》，故《道德經》成書當在戰國初期或更早；另外，戰國諸子之書，
　　　　如孟子、莊子、荀子、韓非子，都是長篇大論，說理述事，不厭其繁。而《道
　　　　德經》則簡練明暢，雖不是問答體，卻頻類《論語》。原因極可能是書寫工
　　　　具的不發達，記載的不容易，故要說《道德經》成之於戰國諸子之後，似乎
　　　　不合文體發展的趨勢。詳細請參閱余培林：《新譯老子讀本》（臺北：三民書
　　　　局，1987年），頁8〜9。
〔註22〕 孔子曾經在《論語‧述而篇》中說過：「志於道，據於德，依於仁，游於藝。」
　　　　一般相信孔子的這十二字真言勾勒出儒家思想的大約輪廓，它已然是儒家思
　　　　想的明顯標竿，然而老子卻在《道德經》中分別予以批判性的回應，像針對孔
　　　　子「志於道」的訓示，老子《道德經‧第一章》立即回應他說：「道可道，非
　　　　常道。」其次老子又在《道德經‧第十八章》說：「上德不德，是以有德；下
　　　　德不失德，是以無德。」這明顯也是衝著孔子講的「據於德」而來，至於老子
　　　　在《道德經‧第五章》說：「天地不仁，以萬物為芻狗；聖人不仁，以百姓為
　　　　芻狗。」則是向著孔子主張的「依於仁」唱反調，另外孔子以「游於藝」為生命
　　　　的從容美好，但《道德經‧第二十八章》卻說：「樸散則為器，聖人用之則為
　　　　官長，故大制不割。」凡此就讓吾人不得不承認，老子思想原來是針對儒學而
　　　　議論的。王邦雄、陳德和合著：《老莊與人生》（臺北：國立空中大學，2013
　　　　年），頁59。
〔註23〕 （魏）王弼注：《老子道德經注》，收入樓宇烈校釋：《王弼集校釋》（臺北：華
　　　　正書局，1992年），頁8、45及157。

孔墨之後，莊子之前，為道家的開山之論點。〔註24〕

　　確定《道德經》出現時代背景後，要研究老子思維，就當以老子的《道德經》為第一手文獻。然而在歷經秦火後，凡是先秦的經典除了《易經》外，皆經過後人的校訂及補佚，當然也會出現版本不一的情形，能根據的主要是以普遍大家可接受的部分談起。至於《道德經》流通的版本到目前為止可分為三種版本：一是曹魏王弼（字輔嗣，226～249）註解的《道德經》，其二是1973年大陸湖南長沙馬王堆漢代古墓出土帛書中的本子，最後是1993年大陸湖北荊門郭店一號戰國楚墓出土郭店中的本子，以上三種就是現在常聽到的版本，一般簡稱為通行本、帛書本和郭店本。先談通行本主要是曹魏工弼以河上公的《道德經》注本作為基礎，進行斟酌和勘誤，最後制定完成的版本，它是現今廣為流傳的通行本；其二是長沙馬王堆的帛書本，它的書寫字體共分為小篆本及隸書本兩種，帛書的特色是不直接標明章次，分成甲本和乙本，相較於王弼通行本，帛書本的排序為〈第三十八章〉到〈第八十一章〉在前，接著為〈第一章〉到〈第三十七章〉。另外，帛書本的順序是分別記有德字與道字的篇章，分成下篇的德篇在前為3041字，上篇的道篇在後為2426字，一共為5467字，與《韓非子‧解老篇》的行文次序剛好吻合。帛書本的出現有助於糾正古籍錯讀誤分、錯字讀句及順通難解之文句；最後的郭店竹簡本，它是目前所見年代最早的《道德經》傳抄本。竹簡並未分章，也未採取道經、德經的方式分篇。抄寫在三種不同的形制的竹簡上，分成「甲、乙、丙本」〔註25〕。丁原植先生認為：「簡文的資料保留了較為古拙的語法，與樸質的說明，這對了解以《老子》為名的哲學思想結構，有著極大的幫助。」〔註26〕然而，因楚墓已多次被盜遭受破壞，竹簡本顯然有部分的殘缺，造成許多處呈現誤字和脫文，導致無

〔註24〕王邦雄：《老子的哲學》（臺北：三民書局，1983年），頁43。

〔註25〕補充說明，楚墓郭店竹簡本整理出來的古籍有道家的著作兩種，其餘多為儒家作品。對應今本《老子》的三種資料，分別被編為《老子‧甲本》、《老子‧乙本》和《老子‧丙本》。〈甲本〉現存竹簡39枚，共寫有1090字，〈乙本〉現存竹簡18枚，共寫有389字，〈丙本〉現存竹簡14枚，共寫有270字。介紹三種版本的行文脈絡主要依據王邦雄、陳德和：《老莊與人生》（新北市：國立空中大學，2013年），頁8～9；並參考丁原植：《郭店竹簡老子釋析與研究》（臺北：萬卷樓圖書公司，1999年），頁01～03；彭浩：《郭店楚簡《老子》校讀》（武漢：湖北人民出版社，2001年），頁1～16作整理歸納。

〔註26〕丁原植：《郭店竹簡老子釋析與研究》（臺北：萬卷樓圖書公司，1999年），頁2。

法見到古文本的全貌，加上出土量太少，故只能當成影響性的材料，很難在義理上形成決定性地位。

　　牟宗三先生稱讚王弼注的優點為：「王弼對於老子確有其相應之心，故能獨發玄宗，影響來者甚鉅，其注文雖不必能剋應章句落於章句亦有許謬誤，然大義歸宗，則不謬也。」〔註27〕換言之，曹魏王弼承襲當時的學術風氣，運用個人的聰明才智掌握變化之趨勢，以精簡又玄妙的詞句闡述自身獨到的見解，能夠帶領讀者探究經文中的微妙義理。而筆者主要以義理的闡述角度切入，加上相對於早期出土文物的脫文和誤字完整性而言，王弼注本較為完整且受肯定，故選擇曹魏王弼的《道德經》注本作為本文引用的經文出處，也就是現今廣為流傳的通行本。關於曹魏王弼的《道德經》注本原文則是引用樓宇烈先生的《王弼集校釋》作為行文之文獻依據。

　　2. 歷代注疏

　　在閱讀歷史文獻的過程，對於經典的掌握上，牟宗三先生認為：「有三個標準，一個是文字，一個是邏輯，還有一個是『見』（insight）。」〔註28〕換言之，不單只是逐字依詞解義，而是透過文字初步了解古人思想後，要能運用邏輯有見的掌握義理的思辨，方能感通古人文字背後的精髓。透過牟宗三先生的說明，讓《老子》的各章可以單篇獨立看待，也可以整體而連貫。老子這套獨創性的思維及放下的智慧一直影響到兩千多年後的現在，嚴靈峰先生指出：

> 歷代中外老子著述約有一千七百餘種，現存者八百五十餘種；就中計：漢文八百餘種，日文二百二十餘種，高麗文二十五種，越南文三種。其他外文譯著，總共二百二十餘種；包括：英、法、德、意、俄、荷蘭、西班牙、瑞典、丹麥、捷克、保加利亞、芬蘭、土耳其、拉丁、希伯來、世界語諸國文字。〔註29〕

可見老子對於中國文化的形塑與發展，影響十分深遠。不只如此，道家哲學在西方，也越來越多人所拜讀及奉行，時至今日，《道德經》成為僅次於《聖經》

〔註27〕牟宗三：《才性與玄理》（臺北：臺灣學生書局，1983年），頁127。

〔註28〕牟宗三先生更進一步說：「我們要了解古人必須通過文字來了解，而古人所用的文字儘管在某些地方不夠清楚，他那文字本身是 ambiguous，但也並不是所有的地方通通都是 ambiguous，那你就不能亂講。另外還有一點要注意的，你即使文字通了，可是如果你的『見』不夠，那你光是懂得文字未必就能真正懂得古人的思想。」牟宗三：《中國哲學十九講》（臺北：臺灣學生書局，2010年），頁71。

〔註29〕嚴靈峰：《老子研讀須知》（臺北：正中書局，1996年），頁2。

的世界第二大經典類暢銷書。〔註30〕隨著時間的轉動，道家的哲學與生活理念不只吸引越來越多讀者，西方的思想家及科學家也深受啟發。探究原因，乃因老子為主的道家思想，是透過對宇宙萬物的洞察，以及對於人和自然及人對社會互動關係的貼切認識，進而扣回對生命主體的無限關懷，如此深入的體察成為現代人類的心靈慰藉，也是造就風潮不斷的主要原因。故老子哲學在中國思想文化中是佔有非常重要的影響力，而歷代對於《老子》的注解與詮釋更是多達 330 餘家，〔註31〕成就可觀。以下本文嘗試以魏元珪先生的《老子思想體系探索》〔註32〕一書的分類為範本，依朝代先後逐一說明。

（1）兩漢注解《老子》者有 13 家之多，有河上公的《河上公章句》、嚴遵的《老子注》、經學大師馬融的《老子注》與道教重要人物張陵的《老子注》等。當中《老子河上公章句》為本文主要輔助注疏之一，河上丈人或河上公撰，生卒年不詳，成書時代應於西漢之後。而版本的廣傳，與東晉南朝以來神仙道教的發展有關，影響甚大。南北朝至隋唐之際，後人加上一些符號、儀式書和神仙傳紀，組成了道教經典體系中的一個重要的部分，即「太玄部道經」。由於河上公章句為道教徒所重視，成為必須傳授修習的經典之一，故以《河上公章句》作為道教詮釋《老子》觀點的代表之一是極有分量的。

（2）三國魏晉南北朝時期注解《老子》者，約有 77 家，其中有鍾繇的《老子訓》、虞翻的《老子注》、何晏的《老子道德論》、王弼的《老子注》、鳩摩羅什《老子注》、僧肇的《老子注》等。此時儒道會通的學術氛圍及剩

〔註30〕《道德經》早在 1820 年就已經被阿貝爾・雷姆薩（Abel Remusat）翻譯到歐洲，並且被上百次地翻譯成各國語言；從 1950～1960 年代開始在西方受到重視，1960 年代以後劉殿爵先生，他所翻譯的《道德經》在 1963 年出版後正好趕上西方興起嬉皮文化，《道德經》中提倡的道法自然思想剛好通過他的譯著在西方得以迅速傳播，單是《道德經》的英譯本截止到 1990 年初就已經在全球銷售 50 萬本；1970～1980 年代西方全面系統性的加以研究，再到 80 年代中後期到 90 年代以後的道教養生實踐的廣泛流行，道家在西方從被認為無人感興趣的迷信宗教傳統，成為新思想甚至是新技術的哲學泉源，而且還成為自我解決身體病痛、自我精神解脫、自我尋求幸福快樂的靈丹妙藥，至今為止，《道德經》成為僅次於《聖經》的世界第二大暢銷書。趙豔霞：〈為什麼是道家：道家在西方四十年（從 1970 到 2013）〉，收錄於《第五屆近現代中國語文國際學術研討會論文集》（屏東：屏東教育大學中國語文研究所編，2013 年 10 月），頁 330～331。
〔註31〕王邦雄、陳德和合著：《老莊與人生》（臺北：國立空中大學，2013 年），頁 36。
〔註32〕魏元珪：《老子思想體系探索》（臺北：新文豐出版社，1997 年），頁 205～236。

下，多以《周易》解老，惟王弼另闢妙境，以老子解《周易》，而其《老子注》注疏為本文主要參考文獻來源，其原因已於上一頁探討《老子》一書的文本省察提及，不再贅述。

（3）隋唐五代注解《老子》者，約有 53 家，因唐代以李為國姓，老子姓李故受到皇帝的重視，甚至唐玄宗還親自與臣子共同為《老子》注疏《唐玄宗御註道德真經》，另有陸德明、魏徵、傅奕、陸希聲、成玄英、張君相、杜光庭等人。在唐代注老莊最有名者當推成玄英的《老子注》及《道德經開題序決議疏》，目前兩書皆佚，殘存莊子注疏。他與張君相皆為道士，會通禪學玄學之理解老，在當時形成重要的風氣。

（4）兩宋時期注解《老子》者約有 64 家，當中代表人物有司馬光、王安石、宋徽宗、蘇轍〔註33〕、林希逸、范應元、褚伯秀等人。特別司馬光的《道德論述要》、林希逸的《老子口義》〔註34〕及范應元的《老子道德經古本集注》皆是宋代重要注疏。

（5）元代時期注解《老子》者約有 30 家，當中比較著名的有趙秉文、劉惟永、李道純、杜道堅、吳澄、林志堅等，特別是劉惟永的《道德真經集義》強調天、道、自然的取法。而吳澄（字幼清，1249～1333）也是元代的理學、經學大師，當時元朝有「北許南吳」之稱，北就是許橫，南就是吳澄。明朝在註解儒學的時候必提吳澄，他在經學上最重要的貢獻就是《儀禮》和《禮記》，一個經學大師註解道家經典，並且得其經要，故筆者以吳澄《道德真經註》〔註35〕作為以儒解道的代表之一。

（6）明代注解《老子》者約有 58 家，其中重要代表人物有明太祖、李贄、焦竑、釋德清、沈一貫、歸有光等人。特別是焦竑的《老子翼》〔註36〕以道統合有和無。而中國的老學發展到明朝，各種詮釋老學的注本數量龐大，獨缺佛家式老學。一直到明代晚年的大師釋德清（號憨山，1546～1623）才得以展開，他是明末四大高僧之一，以佛家心性論基礎的角度探討老學，並融會「三教合一」思想，這就是憨山禪宗式的老學見地，故筆者以《老子道德經憨山解》〔註37〕作為文本主要以佛解道的代表之一。

〔註33〕（宋）蘇轍：《老子解》（北京：中華書局，1985 年）。
〔註34〕（宋）林希逸：《老子鬳齋口義二卷》（臺北：藝文印書館，1965 年）。
〔註35〕（元）吳澄：《道德真經註》（臺北：廣文書局，1981 年）。
〔註36〕（明）焦竑：《老子翼》（北京：中華書局，1984 年）。
〔註37〕（明）憨山大師：《老子道德經憨山解》（臺北：新文豐出版社，1982 年）。

（7）清代注解《老子》者約有 40 家，其中著名人物有王夫之、嚴可均、劉師
　　培、劉振玉、魏源、高延第〔註38〕等。清代是考據學相當鼎盛的時代，
　　各家對於考證上都有卓越的貢獻。當中王夫之的《老子衍》主要在提醒
　　世人避免儒釋道會通後失去老子本義。嚴復的《老子道德經評點》〔註39〕
　　也是旨在恢復老子本來面目。

　　從戰國韓非〈解老〉及〈喻老〉兩篇開始至清朝，各家皆發揮自身所學詮
釋《老子》，上述乃歷代各家著名古注做較為扼要的說明，並非遍查性闡述。
本文主要側重以發揮老子思想者為參考主要依據。

（二）當代專書

　　學界對於《老子》的哲學研究及《健康促進》的議題討論廣泛且具深度，
兩者在專書方面的詮釋眾多，並包含不同面向。以下將列舉當代學者們的研究
成果，共分成老子哲學思想及醫護專書兩大方面：

1. 老子哲學思想通論

（1）牟宗三先生《中國哲學十九講》〔註40〕

　　此書是作者對於自身在詮釋中國各期哲學作品中的一個綜述，各期思想
的內在義理及啟發的問題皆呈現其中，故副標題又稱「中國哲學之簡述及其所
涵蘊之問題」。十九講的內容分別為第一講的中國哲學之特殊性問題，探討中
國有沒有哲學；第二講說明外延真理及內容真理以及普遍性的不同；第三講探
討中國哲學之重點以及先秦諸子之起源問題；第四講針對儒家系統之性格做
探討；第五講針對道家系統之性格作詮釋；第六講解釋玄理系統之性格，也就
是縱貫橫講的部分；第七講說明道之作用的表象；第八講法家興起及其事業；
第九講法家所開出的政治格局之意義；第十講先秦名家之性格及其內容之概
述；第十一講說明魏晉玄學的主要課題，以及玄理之內容與價值；第十二講略
說魏晉梁朝非主流的思想並論佛教緣起性空一義所牽連到的哲學理境與問
題；第十三講探討二諦與三性中如何安排科學知識；第十四講說明《大乘起信
論》之「一心開二門」；第十五講論及佛教中圓教底意義；第十六講探討分別
說與非分別說以及表達圓教之模式；第十七講探討何謂圓教與圓善；第十八講

〔註38〕（清）高延第：《老子證義》，收入於《無求備齋老子集成》（臺北：藝文印書
　　　　館，1970 年）。
〔註39〕（清）嚴復：《老子道德經評點》（臺北：藝文印書館，1966 年）。
〔註40〕牟宗三：《中國哲學十九講》（臺北：臺灣學生書局，2010 年）。

針對宋明理學做概述的說明；第十九講再論縱貫系統的圓熟。此書為筆者了解
先秦諸子的思想及詮釋義理重要的參考書之一。

　　（2）傅偉勳先生《從創造的詮釋學到大乘佛學》〔註41〕

　　這本書主要涉及作者本身構想的創造的詮釋學及大乘佛學中有關經論詮
釋、教相判釋、戒律現代化等的實際運用。他建議在關注中國大乘佛學繼承發
展課題的現代佛教徒與學者，皆須了解「信心為本」的研究方式與「學術為主」
的研究方式，實有暫時分開的必要性。換言之，就是運用兩者相輔相成的作用，
暫不追問相互衝突的點，方能彰顯大乘佛法的真諦。當中收錄將近二十篇長篇
短論，分別為〈創造的詮釋學及其應用──中國哲學方法論建構式論之一〉、
〈論科技整合的探索理念及其具體實現〉、〈論多元開放的生活態度及其價值
取向〉、〈儒家倫理學的現代化重建課題〉、〈試論儒家思想的自我轉折與未來發
展〉、〈中國大乘佛學繼承課題的我見〉、〈大乘各宗教相判釋的哲學考察〉、〈從
終極關懷到終極承諾──大乘佛教的真諦新探〉、〈《壇經》慧能頓悟禪教深層
義蘊試探〉、〈禪道與東方文化〉、〈《大乘起信論》義理新探〉、〈從勝義諦到世
俗諦──大乘佛教倫理現代化重建課題試論〉、〈關於佛教研究的方法論與迫
切課題〉、〈大陸文化與學術的新近發展述評〉、〈中國佛教的起死回生──佛光
山弘法探親團初訪大陸有感之一〉、〈人間佛教的現代化道路──佛光山弘法探
親團初訪大陸有感之二〉、〈大乘佛教的教義多門性與辯證開放性──兼論佛
教現代化課題〉、〈日本臨濟禪的現代發展（上）──鈴木大拙〉、〈日本臨濟禪
的現代發展（下）──久松真一〉。此書為筆者撰寫研究方法的重要原則之一。

　　（3）馮友蘭先生《中國哲學史上冊》〔註42〕

　　作者根據歷史的發展，寫了中國哲學史的史學研究，共分上下二冊，是
二十世紀早期中國社會的史料研究產物。當中上下兩篇中第一篇為子學時
代，探究哲學的內容、方法、論證的重要、歷史與哲學史的關聯，以及中國
哲學史的取材標準。當中論及因孔子的儒家興起、墨家前後期、儒家中的孟
學、戰國時的百家之學、道家中的老學、道家中的莊學、儒家中的荀學、韓
非及其他法家、秦漢之際的儒家。第二篇的經學時代，講的是董仲舒與今文
經學、兩漢之際讖緯及象數之學、古文今學與揚雄、王充、南北朝之玄學及
佛學、隋唐的佛學、道家的初興、宋明理學及清代的今文經學。而本研究主

〔註41〕傅偉勳：《從創造的詮釋學到大乘佛學》（臺北：東大圖書公司，1999 年）。
〔註42〕馮友蘭：《中國哲學史》（上冊）（北京：中華書局，1992 年）。

要以第一篇的道家老學談起。

有關老學此章筆者共彙整成五點，如下：其一先探討老子其人其書，並說明老子之學說，與莊學在戰國時已成為顯學；其二，說明在老子以前所稱的道均謂人道，到了老子後才給予道賦予形上學的意義，認為天地萬物之生，必有其所以生之總原理，而這個總原理就叫道；其三，探討道與德的關係，認為德就是道寄於萬物中的名稱，德就是物所得的道；其四，針對宇宙間事物之變化，發現共通的法則，稱之為「常」。這些常道有的是運行的法則，有的是處世之方；其五，老子強調「樸」，太多的造作皆會造成相反不當的結果，對於欲及知的態度，提倡寡欲，運用「損」的功夫，去甚、去奢、去泰。

（4）王邦雄先生《老子的哲學》〔註43〕

此書共分六章，首先緒論先談及儒道兩家的道，儒家的人文化成之路，可透過志於道、據於德、依於仁、游於藝來說明，反觀道家的自然之道，當中的哲學旨趣，正是針對這四句加以反省而發；第一章針對老子的其人其書做身世之謎及成書年代的推斷，作者認為其人仍不可知，其書就義理推斷，老子哲學定在孔墨之後，莊子之前；第二章針對《道德經》時代背景、思想淵源及地域色彩三方面的哲學問題加以考察；第三章探討人的生命何以成為有限，由心的定執與道的封限、物壯則老與不道早已兩方面論起；第四章從經文義理中尋求既有限而可無限的實踐進路，以致虛守靜到微妙玄通、專氣致柔到見素抱樸的工夫切入，回到生命的本真；第五章探討老子生命精神與政治的智慧，以我有三寶中慈故能勇作為延伸，說明生命精神在於母德之慈，而政治智慧在於老子形上哲學的價值歸趨，以聖人論之；第六章價值的重估探討從老子生命哲學與心知兩路的歷史迴響探究之。此書為筆者詮釋老子義理的重要參考書之一。

（5）王邦雄先生和陳德和先生合著《老莊與人生》〔註44〕

此書是由王邦雄先生擔任召集人，他對老莊的詮釋主要收錄在第六章老莊思想與寓言啟示，其餘各章皆由陳德和先生擔任主筆，將研讀老莊二十幾年精華的哲學理念，編排撰寫成的理論架構。共分成九章，第一章的導論先肯定人的「主體性」，強調人都能夠透過自覺，實踐內在的自我。接著提出「生命」乃是意義創造或德行成就的活水源頭，應重視生命的人格發展，透過德性境界的張顯，實現完整的自己。接著說明撰寫老莊與人生的動機和目的，主要是要

〔註43〕王邦雄：《老子的哲學》（臺北：三民書局，1983年）。
〔註44〕王邦雄、陳德和合著：《老莊與人生》（臺北：國立空中大學，2013年）。

幫助讀者了解古老的傳統智慧，進而將所學內化於精神人格，產生作用後，透過實踐彰顯古老智慧深具時代意義及傳承永恆的價值。第二章老莊思想與道家傳統，先說明道家起源、道家一詞的出現、漢代道家的意義及老莊與道家的關係，再來針對老子的其人其書做歷史文獻的考證、文本的確認及歷代的注釋，最後提到莊子的地位與特色，鋪陳之後章節將「以莊解老」的思想脈絡呈現。第三章老莊思想與人格修養，先談在老莊思想中生命主體有的性格和特色，分別以用為體的生命主體及不主之主和非體之體做為探討，進一步生命實踐的工夫，用老子的守柔智慧及莊子的坐忘工夫闡述，最後用無的境界作為老莊思想的生命境界，老子以聖人作為代表，莊子則是以真人、神人、天人、至人等。

　　第四章老莊思想與淑世情懷，尊重個體的存在及強調天地人我之間的暢通與和諧。以自然無為的角度無掉人為造作恢復天真本德，進而開啟內聖外王的德業。第五章老莊思想與心靈解放，說明人生的禁錮與困頓來自於知識的束縛、立場的對決、價值的游離、情欲的競逐，並運用老子的滌除玄覽及莊子的離形去知的工夫實踐，進而達到乘物以遊心之境界。第六章老莊思想與寓言啟示藉由莊子的寓言故事解讀老莊思想，以大鵬怒飛、東海垂釣探討生命願景；以庖丁解牛、女偊不老詮釋生命安頓；以周和學鳩、罔兩問景談有偏有執的突破；以渾屯鑿竅、材與不材談有競有逐的突破；以萬竅怒號、王倪不辯肯定多元世界；以莊周夢蝶、遊方內外、子桑哭歌發現存在的真象，藉由寓言探討多了一分的靈活和感動。第七章老莊思想與環境倫理說明人類欲望的過度膨脹導致資源超量開發使用，影響今日生態環境，老莊運用和諧包容的環境觀切入，以齊物論尊重萬物的定位，維持多元物種的生存並抑制地球資源的浪費。第八章老莊思想與生死智慧，以理想性、純粹性及能動性切入生命的本質，以老莊的生死觀探討死亡的命限等。此書深入淺出，為了解生活道家最佳入手書籍，也是引導筆者將老莊與生命經驗結合的重要讀本之一。

　　（6）魏元珪先生《老子思想體系探索》〔註45〕

　　本書分為上下兩冊，上冊緒論先探討老子的時代背景及其人其書，從歷史、社會、文化根源切入，並分析老子前後的重要思想家的理論主張，再論產生老子哲學體系的思想條件，最後將歷代對於《老子》文本釋義與文體問題做個確認。本論共分為七篇十八章，第一篇針對老子道論的辯證，探討道的內涵、

〔註45〕魏元珪：《老子思想體系探索》（臺北：新文豐出版社，1997 年）。

根源、規律、對應到人的生存法則等，再論道和宇宙有無的關係，最後以列子、莊子、王弼為主，加上歷代注疏對道闡釋。第二篇主要了解老子對於知識問題的探討，由智巧、觀妙觀竅、可道與恆道、可名與恆名、觀復原理、由常觀變的動靜觀、以事推事之辯證觀等切入老子的知識方法論。第三篇研究老子對於美與生活教育的看法，從滌除玄覽到虛實結合談論老子對美的體證，再運用空靈精神及內心洞澈論美對生命的涵養，最後以自然、守中、聖人、為道日損等角度切入老子的生活教育觀。第四篇先用大國小國、小國寡民等思想論國家，再運用政府等第、無為而治、反尚賢來分析政府，最後用禍福、經濟及社會安定談論老子的社會文明觀。第五篇主要論老子道德修養與生命體證，先用德來談及大道與德的關係，再用水、嗇、弱、大象、三寶、長生久視等說明人生的智慧。第六篇針對歷史智慧與人生境界觀做說明，先以歷史發展、執古之道、天下有道、國之利器不可示人、功成名遂等論老子的歷史智慧，再用聖人不積、多藏後亡、味無味等論老子的人生境界。第七篇主要以兵學原理為主，當中將老子與鬼谷子做比較，再論老子的思想在兵學上的價值性。最後，結論針對道家中心思想及發展談論對中國文化的貢獻，此書為筆者了解老子思想義理重要書籍之一。

（7）陳德和先生《道家思想的哲學詮釋》〔註46〕

作者依據當代新儒學大師牟宗三先生的精闢見解，將道家義理做為實踐之生命的學問，而與儒家、佛教並為中國傳統思想的三大主流。此書當中運用概念思維、理智分析和邏輯運用，建構出系統化的邏輯和理論。作者側重德行實踐的生命學問，以價值來決定存有或以德行的實踐來彰顯人格的偉大與真實。從超越的區分到辯證的圓融是豐富道家義理構造的旨趣。一共收錄了十二篇論文約二十萬字左右，分別為〈論牟宗三對人間道家的哲學建構——以老子思想的詮釋為例〉、〈論唐君毅的老學〉、〈略論老子的年代與思想——對劉笑敢《老子》的幾點質疑〉、〈老子與桃麗——從《道德經》反思生命複製的可能衝擊〉、〈人間道家的生命倫理學向度——以生命複製和基因工程的反省為例〉、〈論人間道家的動物觀念〉、〈論莊子哲學的道心理境〉、〈莊子寓言中的逍遙思想〉、〈莊子哲學的重要開發——讀陶國璋整構《莊子‧齊物論》義理解析〉、〈黃老哲學的起源與特色〉、〈《管子‧心術上》義理疏解〉、〈何晏貴無論探析〉。此書為筆者了解道家義理的重要書籍之一。

〔註46〕陳德和：《道家思想的哲學詮釋》（臺北：里仁書局，2005年）。

（8）袁保新先生《老子哲學之詮釋與重建》〔註47〕

本書共分為上下編，上編主要是作者的博士論文，下編則是參加國內外研討會發表的論文之延伸，書中指出道家修養的境界是以主體實踐為主，道在存在界有兩種特性：一是每一個存在物生長的動力都是源自於自己。二是要在通達不堵塞、萬物各安其位的情況下，內在動力才可能被誘發。上編以老子形上思想之詮釋與重建為標題延伸，共分成六章：第一章導論，說明老子形上思想探究之價值，再來述說老子義理詮釋的困境，最後列出研究方法與論述程序；第二章主要談老子《道德經》中「道」一概念的初步解析，先以「道」之哲學意涵形成的背景考察開始，再論「道」在老子《道德經》中的諸多意涵，最後闡述「道」之歧義性及內在義理的糾結；第三章將當代老學詮釋系統做個分化，先談傳統老學的基本限制，接著列舉出胡適、馮友蘭、徐復觀、勞思光、方東美對老子的詮釋，最後針對唐君毅及牟宗三論點探討客觀實有形態及主觀境界形態；第四章以創造性詮釋的探索為主軸，先分析何謂創造性詮釋、其次將胡適、徐復觀、勞思光、方東美、唐君毅、牟宗三之詮釋，彙整成當代老學詮釋系統之反省，最後擬構出創造性詮釋的原則和方法；第五章重建老子的形而上思想，先以老子思想基源問題的測定，考察老子《道德經》的思想背景及還原《道德經》的文獻理論，其次針對「道」的失廢和回歸來探究「大道」何以失廢及由致虛守靜到知常法道，再次「道」之基本性格的商確及各層意涵的展開；第六章總結老子與西方形上學之關係及形上智慧的現代意義，做全文的回顧和檢討。

下編的研討會發表的論文主要分成五個部分，第一章在當代老學詮釋的辨析中，針對老子思想中「道」之形上性格做個商確，先釐清問題，再討論當代老學分化的基本形態，以及客觀實有與主觀境界之探討；第二章將亞里斯多德與老子的形上學做個比較，將存有與道的問題提出，其次探討存有、實體與上帝之關聯，再次論道與德之關係，最後總結中西形上思考的基本差異；第三章試探老子的語言哲學，一方面釐清老子的語言哲學立場，另一方面探討老子的語言哲學與言說方式之間的關係；第四章以唐君毅先生有關存在主義之省察為線索，先探究唐君毅對於老學的貢獻及旨趣，其次了解存在主義與當代文化的危機，再談周文疲弊與老子形上智慧的形態，最後探討老子思想在現代文化中的意義；第五章談論老子政治學的洞見與局限，針對老子「無為而治」的

〔註47〕袁保新：《老子哲學之詮釋與重建》（臺北：文津出版社，1991年）。

政治思想，探討它的形上基礎，說明聖人為實現無為而治的條件，最後說明小國寡民的理想國度並指出老子政治學上的價值與限制。第六章以老子的哲學智慧為文明的守護者作為總結。此書為筆者撰寫研究方法的重要原則及主要詮釋唐君毅與牟宗三有關道的形而上義理的參考書籍。

（9）余培林先生《新譯老子讀本》〔註48〕

此書撰寫的目的是站在前人重要的著述及老子思想系統有所了解的基礎下，運用現代語言將老子註釋、翻譯出來，以供現代人閱讀。一共分成四點，其一是有關老子其人，作者列舉六大論點說明孔子見過老子，並進一步探討老子的年壽、與老萊子、太史儋的關係，太史儋兒子的可能性；其二，針對老子其書的成書年代及內容作探討，他認為除了少數的幾章和詞句，全書的思想一貫而成一個系統，推斷非眾人編輯而成，是一本專書。另外以先秦典籍引用及文體發展的趨勢，推斷《道德經》的成書年代應為春秋末年或戰國初年；其三，有關老子哲學系統，他認為是由政治論才有人生論，再由人生論到宇宙論，而從經文大半都在談人生修養和治國方針，就可推斷宇宙論的建立，目的在於解決人生和政治上的問題。進一步說明老子的整體哲學全在一個「道」字，認為宇宙本源是道，天地萬物皆因道所生，故老子的宇宙論也是以道為基礎。老子認為的道，不是一個實體也不等於零、在創生萬物後便成「德」依存於萬物中，德是道的張顯，兩者只有全和分的差異，並無本質的分別。又闡述道的循環往復及往相反運動的特性，說明道的規律性並從中悟到守柔的法則，廣義應包括虛、靜、卑、下、曲、枉、窪、蔽、少、雌、牝、賤、損、嗇、復、退等反面字義，故反者道之動，弱者道之用是老子人生哲學基礎。另一方面，強調老子的自然哲學，以自然為法，自然是道的精神所在，是道具有的一切特性，以自然為歸讓道與德的價值彰顯出來；其四，以王弼注作為分章基準，將各章文義逐一梳理，是本論文解義《老子》的工具書之一。

（10）吳怡先生《新譯老子解義》〔註49〕

此書主要結合文學與哲學，跳脫一般古籍的注釋形式，把涉及各層面可能產生的問題逐一解析。他認為王弼是研究老學的奇才，二十歲出頭不僅能在每章每句作注，竟能讓整本書的注語展現首尾一貫的思想脈絡，是結合自身體驗

〔註48〕余培林：《新譯老子讀本》（臺北：三民書局，1987 年）。
〔註49〕吳怡：《新譯老子解義》（臺北：三民書局，2013 年）。

後達到根本上的了解，故王弼的注成了吳怡注解老子的動機和藍本。背景了解後，根據王弼的分章延續正文的詮釋，共分為八十一章，以每章第一句或片語為題，逐一分為本文、語譯、解義三方面著手，透過不斷自問方式，並結合活潑的文字傳遞思想的精神，是一本深入淺出的工具書。此書是本論文解義《老子》重要的工具書之一。

（11）陳鼓應先生《老子今註今譯及評介》〔註50〕

此書以中華書局據華亭張氏所刊王弼注本為主，引述部分是作者的意見，註譯部分是參考一百多種的古今註書，依前人註解的心血而譯，主要參考張默生《老子章句新譯》、任繼愈《老子今譯》及嚴靈峰《老子達解》等書，力求譯文的精準度。本書共分四部分，一開始先澄清流行說法對老子的誤解，例如：面對世人認為老子的思想是消極厭世的看法，他提出乃望文生義所致，老子反而是一種蘊含待發的精神，在亂世中提供安頓之道，並要人淬鍊生命的厚度；其次，針對老子哲學系統的形成和開展作一個討論，從老子的哲學中心觀念「道」開展，詮釋「道」的義涵，例如：對道體的描述、宇宙的生成等，看出老子思維由形而上的宇宙論擴展到形而下的人生論，再從人生論到政治論，眾多的觀點皆可乘作為實際人生的指引；再次，依經文中的「道」字逐一解釋不同脈絡中的各種涵義，指出雖義涵不盡相同，但又可以整個貫通起來；最後，依各章節作本文、註釋、今譯及作者個人引述，提供研究者多方面推敲老子的原義。此書是本論文解義《老子》的工具書之一。

除了上述當代專書外，另有丁原植先生《郭店竹簡老子釋析與研究》〔註51〕、方東美先生《原始儒家道家哲學》〔註52〕、唐君毅先生《中國哲學原論‧原道篇》〔註53〕及《中國哲學原論‧導論篇》〔註54〕、王邦雄先生《老子十二講》〔註55〕、高亨先生《重訂老子正詁》〔註56〕、徐復觀先生《中國人性論史》〔註57〕、張起鈞先生《老子哲學》〔註58〕、許抗生先生《老子研究‧老子

〔註50〕陳鼓應：《老子今註今譯及評介》（臺北：臺灣商務印書館，1997年）。
〔註51〕丁原植：《郭店竹簡老子釋析與研究》（臺北：萬卷樓圖書公司，1998年）。
〔註52〕方東美：《原始儒家道家哲學》（臺北：黎明文化公司，1983年）。
〔註53〕唐君毅：《中國哲學原論‧原道篇》（臺灣：臺灣學生書局，1973年）。
〔註54〕唐君毅：《中國哲學原論‧導論篇》（臺北：臺灣學生書局，1993年）。
〔註55〕王邦雄：《老子十二講》（臺北：遠流出版公司，2011年）。
〔註56〕高亨：《重訂老子正詁》（北京：古籍出版社，1957年）。
〔註57〕徐復觀：《中國人性論史》（臺北：臺灣商務印書館，1988年）。
〔註58〕張起鈞：《老子哲學》（臺北：正中書局，1964年）。

在中國哲學史上的地位和影響》〔註 59〕、勞思光先生《中國哲學史》〔註 60〕、
詹劍峰先生《老子其人其書及其道論》〔註 61〕、楊興順先生《中國古代哲學家
老子及其學說》〔註 62〕、葉海煙先生《老莊哲學新論》〔註 63〕、陳鼓應先生
《老莊新論》〔註 64〕、嚴靈峰先生《老莊研究》〔註 65〕及《老子研讀須知》
〔註 66〕等參考書目。

2. 健康促進醫護專書

（1）李蘭先生《健康促進：理論與實務》〔註 67〕

這是一本臺灣大學公共衛生學院李蘭與一群具有教學或實務經驗的專家
群，共同完成的「健康促進：理論與實務」，此書說明「健康促進」是現代公
共衛生的主流思潮，它所倡導的不是理想或空談，而是實行健康生活的具體方
針，透過健康促進推動以達成全民健康的具體目標。此書共分成健康促進的基
礎、健康促進的定義、世界衛生組織與健康促進、健康之社會決定因素、流行
病學與健康促進、健康的公共政策、支持健康的環境、學校健康促進、職場健
康促進、社區健康促進、健康不平等的政策、研究與介入方案、健康促進計畫
的評價、菸害防制總動員及從社會面向談精神作用物質的使用等 15 大項進行
探討，不僅適合大學院校公衛、醫護、健康等相關科系學生研讀，也是筆者歸
納健康促進政策的工具書。

（2）陳美燕總校閱、洪麗玲、趙曲水宴、蕭雅竹、蔡慈儀、張淑紅、高月梅及萬國華先生《健康促進與人生》〔註 68〕

本書一共分為十二章，從一開始的「介紹健康促進的背景」，說明健康促
進的意義、緣起、國內外運動發展、個人健康促進生活方式之評估，到良好習
慣養成的理論、習慣的定義、習慣好壞與健康促進的關係、行為改變原則於健

〔註 59〕 許抗生：《老子研究‧老子在中國哲學史上的地位和影響》（臺北：水牛出版社，1993 年）。
〔註 60〕 勞思光：《中國哲學史》（卷一）（臺北：三民書局，1993 年）。
〔註 61〕 詹劍峰：《老子其人其書及其道論》（武漢：湖北人民出版社，1982 年）。
〔註 62〕 楊興順：《中國古代哲學家老子及其學說》（北京：科學出版社，1957 年）。
〔註 63〕 葉海煙：《老莊哲學新論》（臺北：文津出版社，1999 年）。
〔註 64〕 陳鼓應：《老莊新論》（臺北：五南圖書出版社，2007 年）。
〔註 65〕 嚴靈峰：《老莊研究》（臺北：中華書局，1966 年）。
〔註 66〕 嚴靈峰：《老子研讀須知》（臺北：正中書局，1996 年）。
〔註 67〕 李蘭：《健康促進：理論與實務》（高雄：巨流圖書公司，2012 年）。
〔註 68〕 陳美燕總校閱、洪麗玲、趙曲水宴、蕭雅竹、蔡慈儀、張淑紅、高月梅、萬國華：《健康促進與人生》（臺北：啟英文化事業公司，2006 年）。

康習慣之應用；從「均衡飲食」一章談飲食與疾病的關係，飲食行為的評估，健康行為的養成，特殊年齡的需求性以及飲食與體重的控制，以求健康責任的執行；在「動態生活與健康」一章說明運動的定義、與健康的關係、運動四部曲、運動計畫訂定及特殊族群的運動，藉此建立動態的生活習慣；在「自我實現與健康」一章探討兩者間的關係、自我實現的意義、特質、影響因子、促進自我實現的方法等培養認識自我的人格塑造；在「社會支持與健康」一章探討支持的定義、系統來源、對健康的影響及增進社會支持的策略；在「健康責任」一章探討預防醫學的時代意義，自己為健康負責的重要性及如何實踐健康；在「壓力調適」一章說明人體恆定狀態、壓力的因子、自我照護的方法；有關生活、影響危險因子的目標、如何創造有益健康的環境；到靈性健康的評量、靈性健康的意義、增進健康的方式；最後依照所處的特殊環境，探討菸、酒、檳榔的議題。此書是筆者掌握健康促進實務推動的參考書之一。

（3）黃松元和陳正友先生《健康與護理》〔註69〕

此書共分五單元，第一章「青春飲食的健康主張」，以飲食計畫切入，培養良好飲食習慣的重要性，建立良好的飲食態度和行為，再談飲食與疾病的關係，建立預防疾病的飲食原則，進一步再論飲食與環保的具體實踐；第二章「掌握健康靠自己」，說明健康檢查的目的和時機，再認識檢查的項目和內容，提供諮詢的管道，建立維護個人健康的重要性；第三章「珍愛一生」，說明每個人都可望被愛，體認當前社會存在的性問題，並接納適宜的兩性交往過程，以及被拒絕時的調適能力。進一步再談組織家庭，迎接生命的喜悅，共同創造美滿的人生；第四章談論「危機總動員」，教導辨別不安的情境，包括人事物，以提升居安思危的警覺性，學會妥善處理的應變能力；第五章「圓滿生命的旅程」，說明了解生命的形成與過程，到認識老化的身心改變，及培養敬老的態度及具體做法。此書是筆者掌握健康飲食計畫和習慣的參考書之一。

（4）張李淑女、張育嘉、林慧美、林承鋒、林秀珍、汪在莒、蒙美津、蘇完女、邱駿紘、鄭秀敏及陳怡如先生《健康與生活：開創樂活幸福人生》〔註70〕

本書以健康促進概念為主軸，包括健康生活概論、常見疾病介紹、安全教

〔註69〕黃松元、陳正友：《健康與護理》（臺北：幼獅文化事業公司，2006年）。

〔註70〕張李淑女、張育嘉、林慧美、林承鋒、林秀珍、汪在莒、蒙美津、蘇完女、邱駿紘、鄭秀敏、陳怡如編著：《健康與生活：開創樂活幸福人生》（新北市：新文京開發出版公司，2013年）。

育與傷害預防、飲食營養與健康、壓力管理與心理健康等單元，最後一個單元則是運動、體適能與健康，幫助讀者更積極地增進自己的健康。作者群皆以深入淺出方式，有系統地引導讀者對健康議題的認識與重視，內容淺顯易懂，實用性高。告知吾人除了專業知識外亦能學習為自己的健康負責，增進自我與家庭健康照護的知識與能力，對健康的態度有正向的改變，積極負起更多的健康責任，進而積極建立健康行為，實踐健康生活，開創健康幸福的人生。此書是筆者掌握健康趨勢的參考書之一。

　　（5）王秀紅總校閱、徐畢卿、王瑞霞、黃芷苓、張彩秀、黃國儀、高毓秀、吳素綿、高家常、黃寶萱、陳國東及謝秀芬先生《健康促進理論與實務》〔註71〕

　　　全書主要分為「健康促進的理論基礎」、「健康促進方案」、「健康促進的情境與相關議題」和「健康促進的社會環境策略與未來方向」四篇。先探討健康的概念基礎、健康促進的理論模式、方案計畫和經營等；接著談到健康促進的情境與應用，以及飲食、營養、體能、休閒活動、心理健康、菸酒、檳榔和藥物濫用等與健康促進相關的議題，並介紹意外事故、暴力傷害和常見傳染病的預防；最後提出經由社會、環境及政策的改變促進健康，以及健康促進的未來方向。此書是筆者掌握健康趨勢的參考書之一。

　　（6）朱元珊主編、陳德馨、龍芝寧及顏麗娟《健康與護理》〔註72〕

　　　此書分為上下兩冊，共分六單元，第一章「健康促進全方位」，說明累積健康的資本，就是經營健康的生活型態，透過健康檢查評估子我健康狀況，培養自我督促、管理的能力，以維持健康體位與建立適當的身體意象。進一步延伸探討各種消費資訊，確保消費權益，建立健康促進的概念外，也能關注環境、社區的健康議題，增進傳染病防疫及照護的能力；第二章「青春生活亮起來」，說明透過青春期身心發展，可以明顯感受到外貌、體態、特質、能力都不同，同時也是自我概念的逐漸確立，故著重在肯定自我、建立自尊、活出自信的生活。進一步提供情緒管理、壓力調適與人際溝通的生活技能，以增加心理調適的能力，面對挫折有效解決問題，方能避開菸酒、藥物濫用的依賴中；第三章

〔註71〕 王秀紅總校閱、徐畢卿、王瑞霞、黃芷苓、張彩秀、黃國儀、高毓秀、吳素綿、高家常、黃寶萱、陳國東、謝秀芬：《健康促進理論與實務》（臺北：華杏出版公司，2014年）。

〔註72〕 朱元珊主編、陳德馨、龍芝寧、顏麗娟：《健康與護理》（臺北：美新圖書公司，2011年）。

「青春性事一點靈」，探討愛人與被愛是一輩子的事，應學習釐清與批判性與愛的錯誤迷思，學習如何循序漸進增進性與愛的關係，明確作出抉擇，理性面對感情挫折，並強調在性別互動中肯定自我與維護身體自主權的重要，避免性的危害；第四章「愛的生活魔法書」，說明建立美滿家庭生活是人性的需求，也是人生發展的任務之一，主要了解懷孕、分娩與生殖的生理，如何健康、有計畫地孕育新生命，以負責尊重生命的態度，面對懷孕、人工流產等情境；第五章「安全生活總動員」，說明無論生活中的食、衣、住、行、育、樂等各種層面，都希望生命安全能獲得基本保障。故安全教育是提升生活覺察力的第一道防線，培養安全的意識，以效防範各種事故傷害的發生。若不幸發生，可透過平日的急救訓練來減輕傷患的疼痛，用緊急處置挽救生命是保障生命的第二道防線；第六章「健康人生保安康」，說明努力讓自身長壽同時，以積極態度面對成長與老化，活出有品質的健康人生。當中進一步探討成人慢性病發生的真相及破除對精神疾病患者的錯誤迷思，適當運用醫療保健服務與資源，為老化建立資源做好準備，經營健康生活來實踐健康行動。此書幫助筆者在生活型態、遠離成癮物質及精神疾病部分，提供許多有利的資源。

（7）林柏每、楊育英、王榕芝、林珍玫、張芬蘭、楊秀梅、蔡宜家、賴孟娟及蘇敏慧先生《健康與護理》〔註73〕

　　此書共有四冊各分為三到四個單元，第一冊的第一章「永保安康」說明安全教育的重要性，培養個人與環境安全的能力，獲得平安健康是一切的基礎，也是人生的最大財富。第二章「青春向前行」，教導生理構造功能及身體保健之道，進一步探討瘦身風潮下的身體意涵，學會誇大不實的瘦身減肥廣告，建立接納自己並尊重他人不同的身體面貌及個別差異性。第三章的「生命的舞台」，說明生命的舞台就是孕育的開始主演著自己的故事，逐漸老化到生命落幕的過程，面對老化過程了解其意義及因應事宜，進一步再談死亡的定義，認識不同年齡對死亡的概念即面臨死亡的心理歷程；第二冊的第一章的「健康久久」，說明創造優質生活的重要性，探討健康定義、健康生活型態、健康與疾病的關係及健康促進的概念，進一步再談保護環境，響應綠生活的環保運動。第二章的「生活一瞬間」，當中傳授實際急救技巧及體認生命的重要，學習關鍵時刻的緊急救護，挽救寶貴的生命。第三章的「愛的進行式」，說明愛情的

〔註73〕林柏每、楊育英、王榕芝、林珍玫、張芬蘭、楊秀梅、蔡宜家、賴孟娟、蘇敏慧：《健康與護理》（臺北：幼獅文化事業公司，2008年）。

三角理論及兩性親密關係的價值觀，釐清常見的性與愛迷思，培養尊重自己與他人的身體自主權，進一步談及多元家庭的組成。

第三冊第一章「保健看我」，說明日常保健室砌成個人健康金字塔的每一粒沙，從眼、耳、鼻、口、皮膚的衛生保健，到定期自我健康檢查，培養積極預防及改善個人健康狀況的習慣。第二章「實在營養」，說明影響飲食習慣的因素、疾病與飲食的關係，以及常見的飲食問題，並進一步探討健康的飲食行為及塑造健康體態的正確觀。再談食物的營養成分，認識食品添加物及防腐劑的成分及健康食品的查證，建立食品挑選的正確觀。第三章「美麗境界」，了解情緒的特性，學習合宜的表達情緒，找到正向且適合自己的紓壓方法，隨時傾聽內在，照顧好自己的心靈。進一度探討精神疾病的成因，對身心行為造成的影響，學習找到合宜的方式處理焦慮或憂鬱的情緒，建立正確的態度自我評估外，也可以協助親友面對心理問題。第四章「消費高手」，掌握消費資訊，善用醫療資源，了解消費者的權利及義務。當權益受損時，可以透過適當管道尋求解決之道；第四冊第一章「聰明用藥」，說明藥物可緊急救人，也可能殘害生命，故了解藥物的定義類別，擁有正確使用藥物的觀念，才不會成為藥物的奴隸。進一步談到成癮物質的特性及症狀，法律規範及有效拒絕有效策略的方法。第二章「親密關係」，說明家庭的重要性，思考自身對家庭應負的責任及學習與家人溝通的方式。進一步探討到家庭暴力與性侵害的預防及因應之道。第三章「健康地球村」，探討環境的定義和問題，以及環境對於健康的影響，建立維護環境的責任感及履行健康環境的資源整合，進一步探討傳染病的嚴重性及因應之道。第四章「生命急轉彎」，探討失落對人生的意義及反應，認識哀傷的心理歷程，並學習處理自己與他人的哀傷。進一步提到安寧療護的精神與內涵，了解癌末病患的症狀與需求，建立安寧照護的正向觀念並尊重病患的最終選擇。此系列書籍完整有系統，為本研究健康促進模式參考的重要書籍。

（8）王榕芝、李美芳及張若蘭先生《健康自我管理》〔註74〕

此書共分成三個單元陳述，分為第一篇的「健康環境」，了解當前全球環境問題，引導人類建立愛健康、愛地球的生活價值觀，進而成為從體驗到實踐的樂活一族，同時學會分辨媒體傳達的健康訊息；第二篇是「自我管理」，說明健康檢查的重要性，引導人民面對健康檢查的正確態度，也同時學會遇到緊

〔註74〕王榕芝、李美芳、張若蘭：《健康自我管理》（臺北，幼獅文化事業公司，2011年）。

急事故時緊急處理的技能；第三篇是「老化與關懷」，培養在生活中照顧老年人的能力，並認識安寧療護與器官捐贈的意義，培養面對死亡的正向關懷與健康態度。此書是筆者掌握健康與環境議題的參考書之一。

（9）郭鐘隆、林秀惠、高相如、張均惠及陳孟娟先生《健康與護理》〔註75〕

此書共分三個單元，第一章是「掌握健康靠自己」說明擁有良好的生活習慣非常重要，學會生活技能落實於健康生活型態、建立維持健康體位的概念與行為、避免慢性病與傳染病，並以同理心關懷老年人，進而儲存健康資本，為健康老化做準備；第二章「安全生活白皮書」，說明生活中處處有危機，應重新審視自己的安全觀念與行為，學習發生事故或突發急症時的正確處置原則，進而面對緊急傷病時，能臨危不亂，謹慎處理；第三章「健康的消費高手」，說明消費行為與生活息息相關，保障自身權益是一大課題，故辨別安全食品與營養標示，以及選擇適切資訊及產品的重要性，若能提升自身的消費覺察與資訊的辨識能力，且能將正確建立消費概念應用於日常生活中，成為明智的消費者。此書為本研究在探討生活型態章節的參考書之一。

（三）期刊論文

施又文先生〈老子「法道」養生思想的發展及其現代意涵〉探討老子的養生思想對現代的啟發，李蘭和陳富莉先生的〈美國與歐洲之健康促進的概念〉〔註76〕文獻中，發現個人生活型態的改變是健康促進的重點，應以改變個人行為方式及生活環境做為健康促進介入的策略；尹祚芊先生的〈學校衛生護理〉研究中指出生活型態就是生活作息、習慣嗜好（例如：飲食、喝酒、抽菸、嚼檳榔）、規律運動、充足睡眠、及均衡的飲食等，非常基本的日常生活狀況，但卻和人的健康密切相關〔註77〕；洪建德先生〈臺北市士林、北投區兒童及青少年飲食習慣、高膽固醇血症及膳食營養狀況〉〔註78〕研究報告指出臺北市北投、天母兩區高、國中及國小學童的調查中顯示有半數以上的血脂肪及膽固醇偏高，血糖耐受性不良的情況，中年人的健康問題卻在青少年時期就開始逐漸

〔註75〕郭鐘隆、林秀惠、高相如、張均惠、陳孟娟：《健康與護理》（臺北：幼獅文化事業公司，2010年）。
〔註76〕李蘭、陳富莉：〈美國與歐洲之健康促進的概念〉，《健康促進通訊》第1期，1998年1月。
〔註77〕尹祚芊：〈學校衛生護理〉，《臺灣醫學》第4卷第2期，2000年3月。
〔註78〕洪建德：〈臺北市士林、北投區兒童及青少年飲食習慣、高膽固醇血症及膳食營養狀況〉，《中華民國營養學會雜誌》第2卷第19期，1994年4月。

出現，引起重視；朱嘉華、方進隆先生〈國小教師運動習慣對睡眠品質影響之研究〉[註79]中說明若長期睡眠品質不佳，容易造成白天嗜睡與精神不濟，進而影響工作與學習的效率，嚴重甚至可能導致心血管與精神方面的疾病，而且也容易增加意外事件的死亡率；蔡淑鳳、徐永年、陳淑芬、沈淑華、林湘宜先生〈社區老人心理社會健康促進之經驗模式探討——以臺中市為例〉[註80]研究顯示臺灣自 1993 年起邁入高齡化社會以來，到了 2014 年底臺灣老人年口有 280 萬 8,690 人，已達 12.0%，衡量人口老化速度之老化指數為 85.7%，近十年間增加了 36.7 個百分點；姚卿騰先生〈臺灣社區心理衛生政策回顧、發展現況及未來展望〉[註81]研究中表示「自殺」是指結束自我生命的行動，是一個全球性的問題，每年全世界大約有 100 萬人死於自殺，在臺灣從 1997 到 2009 年，連續 13 年蟬連國人十大死因之列，引起關注；黃玉珠、王育慧先生：〈伴我路遙遠——家屬及公衛護理師照護社區精神病患之現況與困擾〉[註82]了解近十年臺灣慢性精神個案者激增 1.57 倍，領有身心障礙手冊的慢性精神個案共有 122,538 人，幾乎占所有身心障礙總人數之 10.73%。以上發表期刊之研究成果為本論文撰寫之佐證資料。

（四）碩博士論文

鄭雪花先生在《非常的行旅——〈逍遙遊〉在變世情境中的詮釋景觀》[註83]論文中認為中國哲學最核心的語詞「道」即是由身體意象中提升出來的，道的本義是「用來行走的道路」。道就在人的每一步行走裡，跨出每一步的當下都是獨特的情境，眼前的人事物都要遭逢交涉，任何路況都通過內外辯證而化為生命風景；黃裕宜先生《《老子》自然思想的考察》[註84]對於自然

〔註79〕朱嘉華、方進隆：〈國小教師運動習慣對睡眠品質影響之研究〉，《體育學報》第 26 卷，1998 年 12 月。

〔註80〕蔡淑鳳、徐永年、陳淑芬、沈淑華、林湘宜：〈社區老人心理社會健康促進之經驗模式探討——以臺中市為例〉，《護理雜誌》第 62 卷第 4 期，2015 年 8 月。

〔註81〕姚卿騰：〈臺灣社區心理衛生政策回顧、發展現況及未來展望〉，《護理雜誌》第 62 卷第 4 期，2015 年 8 月。

〔註82〕黃玉珠、王育慧：〈伴我路遙遠——家屬及公衛護理師照護社區精神病患之現況與困擾〉，《護理雜誌》第 62 卷第 4 期，2015 年 8 月。

〔註83〕鄭雪花：《非常的行旅——〈逍遙遊〉在變世情境中的詮釋景觀》（臺南：國立成功大學中國文學系博士論文，2005 年）。

〔註84〕黃裕宜：《《老子》自然思想的考察》，收錄於《中國學術思想研究輯刊》（臺北：花木蘭文化出版社，2010 年）。

的研究中的出五種論點，其一字面上的解釋是「自己如此」，表示某種原初樣態的描述，這樣的樣態因其「本性」而表現，不必說明就可明白。因此，「自然」具有「本質性」的意義。其二指向獨立於人之外的客觀「事理」，可做為知識上的判斷標準。其三強調排斥外力的驅使，而是個體本身獨立、自發之存有展現。其四從純粹樣態的描述，衍伸出樣態的載體意義，即「自然者」的對象化用法。其五通常與天或天之道有密切的關係，足以說明「自然」的概念，可能由天概念發展而來；陳育民先生《《老子》「嗇」字的義理分析：由「斂嗇」到「儉嗇」之角度對老子思想體系進行重建》[註85]研究中了解「嗇」字在《管子》中出現了 15 次，《晏子春秋》中出現了 4 次，在《文子》一書出現過 1 次，在《荀子》一書中出現過 2 次，《韓非子》一書出現了 11 次，《呂氏春秋》一書出現了 4 次。

　　蔡依玲先生《預支型活風格與信用貸款：臺灣「卡奴」的社會學分析》[註86]碩士論文，從中了解全臺灣「卡奴」人數近 70 萬，每 100 名有收入的臺灣人中，就 6 個人是卡奴，而累計金融機構對於雙卡的債權已超過新臺幣 8,000 億；銀行公會統計數據顯示，臺灣信用卡累計至 2005 年已突破 4 億 5 千多萬張，相較 2004 年年增率為 2.97%，循環信用餘額也在 2005 年屢創新高，其中更以 2005 年 11 月單月循環信用餘額高，達近 5,000 億元為最。不僅如此，截至 2005 年底全年簽帳金額為 1 兆 4,209.84 億元，預借現金金額為 215569 億元，由此數據顯示出臺灣信用卡危機的前兆；陳怡婷先生《社區廣播與社區營造——以「親子讀經快樂營」節目與「花蓮縣讀經學會」為例》[註87]論文說明「社區」指的是在同一區域中，居民形成對外自主、對內互助合作的社會體系，並且基於生活環境的共同性，自然發展出一種禍福與共的鄉親情感。

　　此外還有架接老子思想和醫護兩個領域的論文，例如：黃文聰先生《身心靈全人養生樂活實踐之初探——生活實踐的模型建立與實證研究》[註88]、李

[註85] 陳育民：《《老子》「嗇」字的義理分析：由「斂嗇」到「儉嗇」之角度對老子思想體系進行重建》（臺北：花木蘭文化出版社，2009 年）。

[註86] 蔡依玲：《預支型活風格與信用貸款：臺灣「卡奴」的社會學分析》（臺北：私立天主教輔仁大學社會學系碩士論文，2006 年。）

[註87] 陳怡婷：《社區廣播與社區營造——以「親子讀經快樂營」節目與「花蓮縣讀經學會」為例》（臺北：私立慈濟大學傳播學研究所碩士論文，2010 年）。

[註88] 黃文聰：《身心靈全人養生樂活實踐之初探——生活實踐的模型建立與實證研究》（臺北：私立佛光大學生命與宗教學系研究所碩士論文，2014 年）。

美智先生《《老子》養生思想研究》〔註89〕、張宏達先生《〈大宗師〉的生命哲學及其現代意義》〔註90〕、黃雅岑先生《論莊子哲學對樂活觀念的啟示》〔註91〕、林鳳玲先生《《莊子》論生命困境與化解之道》〔註92〕、王秀中先生《論莊子生命治療之意義及其應用——以國小輔導工作為中心》〔註93〕及葉瀞憶先生《生命教育教學實踐的敘說研究——從儒道思想出發》〔註94〕等研究資料。雖然並非提到真正醫護的實際操作面，但以上研究成果為筆者詮釋本論文的基準點。

（五）外文資料

Roscoe, L. J.的〈Wellness: A review of theory and measurement for counselors.〉中了解健康理論的架構〔註95〕；Belloc, N.B., Breslow, L. & Hochstim, J. R.的〈Measurement of physical health in a general population.〉針對人類身體研究報告不當的生活方式會使得慢性疾病增加〔註96〕；Mahon, N. F.的〈The contributions of sleep to perceived health status during adolescence.〉〔註97〕用睡眠狀態來探討健康的研究中指出睡眠品質在個人的健康及生活的滿意度上扮演一個重要角色而睡眠品質應包括三個層面：睡眠障礙、睡眠效率及睡眠補充；O'connor, P. J., & Youngstedt, S. D.的〈Influence of exercise on human sleep.〉〔註98〕的研究

〔註89〕 李美智：《《老子》養生思想研究》（高雄：國立高雄師範大學國文教學碩士論文，2012年）。

〔註90〕 張宏達：《〈大宗師〉的生命哲學及其現代意義》（嘉義：私下南華大學哲學與生命教育學系碩士論文，2013年）。

〔註91〕 黃雅岑：《論莊子哲學對樂活觀念的啟示》（嘉義：私下南華大學哲學與生命教育學系碩士論文，2012年）。

〔註92〕 林鳳玲：《《莊子》論生命困境與化解之道》（臺中：私下東海大學哲學系碩士論文，2014年）。

〔註93〕 王秀中：《論莊子生命治療之意義及其應用——以國小輔導工作為中心》（嘉義：私下南華大學哲學與生命教育學系碩士論文，2013年）。

〔註94〕 葉瀞憶：《生命教育教學實踐的敘說研究——從儒道思想出發》（臺北：私下銘傳大學教育研究所碩士論文，2007年）。

〔註95〕 Roscoe, L. J. : Wellness: A review of theory and measurement for counselors. *Journal of Counseling & Development*, 87, 2009, 216~226.

〔註96〕 Belloc, N.B.,Breslow,L.,& Hochstim,J.R.: Measurement of physical health in a general population. *American Journal of Epidemiology* ,93(5), 1971, 328~336.

〔註97〕 Mahon, N. F. : The contributions of sleep to perceived health status during adolescence. *Public Health Nursing*, 12(2), 1995 , 127~133.

〔註98〕 O'connor, P. J., & Youngstedt, S. D. : Influence of exercise on human sleep. *Exercise 18 and Sport Science Reviews*, 23, 1995 , 105~134.

中指出，從流行病學調查睡眠與運動的關係中得知正常持續的運動，可以增加睡眠品質、降低日間嗜睡，同時睡前也可透過學習放鬆技巧讓全身肌肉逐漸放鬆；Wen, C. P.,& Wu, X.的〈Stressing harms of physical inactivity to promote exercise〉〔註99〕研究報告指出身體活動量不足對健康造成的風險與吸菸一樣；Blair, S. N.,Cheng,Y.,&Scott,H.J.的〈ls physical activity or physical fitness more important in defining health benefits〉〔註100〕探討體能與健康益處的研究中指出從事規律適度的運動能減少部分疾病的罹患率，更是維持健康型態、增進身體能力及提升生活品質的必要條件；Kirk G ,Singh K ,Getz H.的〈Risk of eating disorders among female college athletes and non-athletes〉〔註101〕研究美國厭食症及暴食症組織的報告顯示，罹患心因性厭食症的婦女，每年就有上百萬人，其中十五萬人並因此而死亡，為死亡率最高的一種精神疾病；Schmid, T. L., Pratt, & Howze, E.: Policy as intervention 的〈Environmental and policy approaches to the prevention of cardiovascular disease.〉〔註102〕環境與政策方針研究中指出促進民眾的健康，社會環境改變的策略應著重在改善與控制物理及社會的環境；Shumaker, S. A. & Brownell, A.的〈Toward a theory of social support : Closing conceptual gaps.〉〔註103〕社會支持理論研究中指出社會支持是一種社會互動，不同的社會支持，各有獨特功能，且個人經由社會支持的互動過程，能夠獲得心理上或實質上的幫助，以增進適應環境的能力。以上前人之研究成果，為本論文強而有力的引證論點。

三、經文解義

　　「道」為《老子》一書的核心思想，透過道發展出「自然無為」、「致虛守靜」、「持儉守柔」的工夫論。有關當代學者對道的語義解析，詳細的條列，

〔註99〕 Wen, C. P.,& Wu, X.: Stressing harms of physical inactivity to promote exercise. *Lancet*, 380(9398), 2012, 192~193.

〔註100〕 Blair, S. N.,Cheng, Y.,&Scott,H.J.: ls physical activity or physical fitness more important in defining health benefits *Medicine &Science in Sports & Exercise*, 33(6),2001 , S379~399.

〔註101〕 Kirk G ,Singh K ,Getz H.: Risk of eating disorders among female college athletes and non-athletes : *Journal of College Counseling* , 4, 2013,122~132.

〔註102〕 Schmid, T. L., Pratt, & Howze, E.: Policy as intervention: Environmental and policy approaches to the prevention of cardiovascular disease. *American Journal of Public Health*, 85(9), 1995, 1207~1211.

〔註103〕 Shumaker, S. A. & Brownell, A.: Toward a theory of social support: Closing conceptual gaps. *Journal of Social Issues*, 40(4), 1984, 11~36.

已另作表格收錄於本文末端的附錄一。在老子經文當中，一共引用了 76 個「道」字，而在第二章第四節裡，筆者將經本分成 37 個部分，透過「以老解老」〔註104〕的方式，逐一梳理這 76 個「道」字結合經文上下文字呈現的義理表述。探討字詞出現在不同章節處語義是否相同？或者另有其他延伸？本文也針對「自然」、「無為」、「致虛」「守靜」、「持儉」、「守柔」詞彙運用以經解經的方式加以定義，並得其延伸。此目的主要在加強對於文字詞意的釐清，進而掌握定義延伸後的相關概念。

四、思想會通

本文先藉由探討老子的統整出「道」的義涵，再進一步論述「道」從自然界落入生存世界後呈現的工夫特質，共有「自然無為」、「致虛守靜」、「持儉守柔」三項。並運用這三項工夫論融入現今公衛護理極為重視的「健康促進」之議題，延伸出生理、心理、社會不同方面進行探討。在生理健康部分，側重老子的「自然無為」思維落實在健康的生活型態方面，也就是順應常道，以自然為體，無為為用，達到健康長壽的境界；心理健康部分，側重老子的「致虛守靜」思維落實在健康的心理狀態方面，強調面對外在誘惑和壓力時，讓生命透過無為解消躁動，也同時進入虛靜的無躁境界中，若能「致虛守靜」，心靈便可獲得安頓；社會健康部份，側重老子的「持儉守柔」思維應用在健康的支持環境方面，認為持儉可讓人「去甚、去奢、去泰」，保持清明的心靈，守柔能讓人與人及天地萬物之間處於和諧狀態。最後總結達此三者，方能讓自身處於身心平衡狀態，提高生命的能量，產生自我療癒的能力。故本文章法的脈絡並非結構鬆散毫不相干，反倒是首尾一貫環環相扣，符合思想一致，前後呼應的基準。

五、以古鑑今

古往今來，一個時空背景對於哲學思想的造就，是頗具啟發且影響極大的，王邦雄先生說：

〔註104〕 方東美先生認為：「假使我們要『解老』，我們不應從外在的立場，而應從老子本身的立場來瞭解他。用韓非子的名辭來說，這叫做『解老』。但是我們在前面要加兩個字，叫做『以老解老』：也就是拿老子的思想本身來解釋他的哲學涵養，這才比較客觀。」方東美：《原始儒家道家哲學》（臺北：黎明文化公司，1983 年），頁 200。

> 每一位哲學家，都置身在特定的時空座標中，從橫面而言，他的時
> 代背景對他形成一種驅迫力，決定了他的哲學問題；從縱面而言，
> 他的思想淵源，則來自傳統的遞衍，將形成他的哲學的特質；更加
> 以個人獨創的才慧，於是構成了一代偉人的哲學思想。〔註105〕

故人類的一切思想成就往往不是一步登天，相反的，它的智慧結晶是經過了多
少的薰陶淬鍊，再加主客觀因素才得以展現。而回顧歷史軌跡，周公制禮作樂，
奠定周朝基業，直到春秋戰國時代，貴族開始腐敗，社會逐漸失去秩序，周朝
這一套禮樂典章制顯然已不敷使用，禮樂流為外在形式無法內化於生命之中。
在此情況下，先秦諸子百家的思想就是針對「周文疲弊」〔註106〕而發，當中
就包含了道家的老子。高柏園先生說：

> 一位思想家之所以偉大，不只因為他對當時歷史時代之回應，更重
> 要的，是他提出了永恆而普遍性的智慧。〔註107〕

作為道家靈魂人物的老子，他的哲學思想的背景就是在春秋末期到戰國初期
年間，兵荒馬亂的時空背景下孕育而生，並對於當時「周文罷弊」〔註108〕的
現況作回應。他提出透過「無為」的生活實踐去化掉一切的「有為」造作，
進而回歸生命的「自然」美好。透過歷史依據可得知，道家的起源應該歸根
於老子思想，不論是黃老思想、莊子思想以及魏晉的玄學都是根據老子而來。
因此，對於老子其人其書的了解，無疑是研究道家思想的優先步驟。至於其
書已於研究步驟第二點文獻查證部份作為探討，接下來筆者將針對《老子》

〔註105〕　王邦雄：《韓非子的哲學》（臺北：東大圖書公司，1977年），頁25。

〔註106〕　牟宗三先生認為：「這套周文在周朝時粲然完備，所以孔子說：『郁郁乎文哉，
　　　　　吾從周。』可是周文發展到春秋時代，漸漸地失效。這套西周三百年的典章
　　　　　制度，這套禮樂，到春秋的時候就出現問題了，所以我叫它做『周文疲弊』。
　　　　　諸子的思想出現就是為了對付這個問題，這才是真正的問題所在。」牟宗三：
　　　　　《中國哲學十九講》（臺北：臺灣學生書局，2010年），頁60。

〔註107〕　高柏園先生又說：「人就其為個體存在而言，他必然有其特殊性，有其特殊的
　　　　　歷史文化與時空環境，是以其對如此永恆而普遍的理，亦因其存有的差異性
　　　　　而產生不同的感受。」高柏園：《莊子內七篇思想研究》（臺北：文津出版社，
　　　　　1992年），頁1。

〔註108〕　牟宗三先生雖然沒有直接說老子到底起源於何時，但是周文霸弊是東周以來
　　　　　的事實，後來越演越烈，到了末年已然不可收拾，那麼要說做為一個大教的
　　　　　道家，要一直到戰國中期才開始對已經發生數百年的事實作出反應，這實在
　　　　　不太合理，因此只有把《道德經》老子思想的興起定在戰國初期才最有可能
　　　　　是牟先生的意見。王邦雄、陳德和合著：《老莊與人生》（臺北：國立空中大
　　　　　學，2013年），頁35。

一書的作者進行確認。

　　有關《老子》一書的作者生平，自古以來便眾說紛紜，〔註109〕而年代定位的不同也會間接影響到對於文本哲學思路的詮釋，王邦雄先生說：

> 吾人今日探討老子的哲學思想，必得在學術發展史上，先給予客觀的定位，通過其人立身的時空背景，與其書形成的思想源流，以把握其立論的基點，與其價值的歸趨。〔註110〕

換句話說，若要對道家思想做一個徹底的追溯，必須先透過一些具體有利的文獻記載做為依據，如此站在學術的立場，才能言之有物的將老子思想脈絡做一系列客觀的展現。有關老子的事蹟，最早是記載於司馬遷的《史記·老莊申韓列傳》：

> 老子者，楚苦縣厲鄉曲仁里人也，姓李氏，名耳，字聃，周守藏室之史也。孔子適周，將問禮於老子。老子曰：「子所言者，其人與骨皆已朽矣，獨其言在耳。君子得其時則駕，不得其時則蓬累而行。吾聞之，良賈深藏若虛，君子盛德容貌若愚。去子之驕氣與多欲，態色與淫志，是皆無益於子之身。吾所以告子，若是而已。」孔子去，謂弟子曰：「鳥，吾知其能飛；魚吾知其能游；獸吾知其能走。走者可以為罔，游者可以為綸，飛者可以為矰。至於龍，吾不能知其乘風雲而上天。吾今日見老子，其猶龍邪！」老子脩道德，其學以自隱無名為務。居周久之，見周之衰，迺遂去。〔註111〕

〔註109〕 王邦雄先生認為：「斷定孔子在老子之先，道德經就是老子的作品者，除了胡適先生外，尚有張煦、唐蘭、黃方剛、馬敘倫諸先生；懷疑此說的，除了梁任公外，尚有張壽林、錢穆、張蔭麟、馮友蘭、張季同、羅根澤、顧詰剛、熊偉諸先生。就是同持後一說的學者，彼此之間亦有歧見在。」王邦雄：《老子的哲學》（臺北：三民書局，1983 年），頁 38～39。

〔註110〕 王邦雄：《老子的哲學》（臺北：三民書局，1983 年），頁 35。

〔註111〕 《史記·老莊申韓列傳》更進一步記載：「至關，關令尹喜曰：「子將隱矣，彊為我著書。」於是老子迺著書上下篇，言道德之意五千餘言而去，莫知其所終。或曰：老萊子亦楚人也。著書十五篇，言道家之用。與孔子同時云。蓋老子百有六十餘歲，或言二百歲，以其脩道而養壽也。自孔子死之後百二十九年，而史記周太史儋見秦獻公曰：「始秦與周合，合五百歲而離，離七十歲而霸王者出焉。」或曰儋即老子；或曰非也。世莫知其然否。老子，隱君子也。老子之子名宗，宗為魏將，封於段干。宗子注，注子宮，宮玄孫假，假仕於漢孝文帝。而假之子解為膠西王卬太傅，因家於齊焉。世之學老子者則絀儒學，儒學亦絀老子。『道不同不相為謀』，豈謂是邪？李耳無為自化，清靜自正。」（漢）司馬遷：《史記》，收入於《四庫全書·史部》第 243 冊（上

對於老子的生平認定，目前學界共得兩點立場對立的推論，一點是認為老子先於孔子誕生，另一點是孔子早於老子誕生，若是前者李耳是老子的機會大，若是後者周太史儋的可能性高。王邦雄先生認為：

> 在疑古之風大盛之際，歷史考據家所做的大膽推斷。彼等之說，雖各有依據，以是其所是，而非其所非，卻不免落於一偏之見，而難以還出老子道德經的全貌和真相。〔註112〕

換句話說，不論是老先孔後，或者孔先老後，至今皆各有依據證明自己的論點，並無法駁斥對方的論點，故仍無法找出共同一致的答案。而司馬遷的記載裡，一共提到老聃、老萊子、周太史儋三人，甚至先秦出現的老子有好幾位〔註113〕。眾多詮釋中，陳德和先生推論道家的始祖應以《老子》的作者切入較為貼切。他認為：

> 我們以為《道德經》的作者才是，因為道家之所以為道家並有其特有的思路和理趣，一定要從其確定文本的出現來界定，而《道德經》就是它最先被確定的文本。至於《道德經》的作者，我們推測李耳最有可能，主要的理由是他的年代和《道德經》所反映者比較吻合。〔註114〕

依此脈絡推測《老子》思想的原創者應該是位史官，並以約生於公元前424年

海：上海古籍出版社，1995年），頁2140～2141。
〔註112〕王邦雄：《老子的哲學》（臺北：三民書局，1983年），頁41。
〔註113〕顧頡剛先生將《道德經》和《呂氏春秋》做一對照，以為：「呂氏春秋中，老子的意義幾乎備具，然絕不統屬於老聃；至淮南子中，則老聃的獨尊地位已確立，老子的成書時代，必在此二書之間。故推論老子是戰國末年或兩漢初年的著作，並且是擷取各家說而成的。」又談到張蔭麟先生說：「對於老學的真正創始人，我們除了知道他的時代在莊子之前，他的書在莊子時已傳於世外，其餘一無所知。他大抵是託老聃之名著而把自己的真姓名隱了的。所以秦以前人引他的話時，但稱老子或老聃，而沒有用別的姓名。他的書經秦火以後，蓋以亡逸或殘闕。現存的老子乃漢人臭及前人所引並加上不相干的材料補綴而成。」此兩人之說跳脫成書年代的問題，以《道德經》思想為主，認為《道德經》非一人所為，乃集大成之作。然而，余培林先生卻認為：「除了少數的章句和幾個詞句外，道德經全書的思想一貫而自成一個系統，這說明了這本書出自於一人之手，絕非纂輯掇拾而成；就思想發展上看，道德經中所表現的思想，該道家的創始，而不是集大成。」（王邦雄：《老子的哲學》（臺北：三民書局，1983年），頁39～40；余培林：《新譯老子讀本》（臺北：三民書局，1987年），頁7。
〔註114〕王邦雄、陳德和合著：《老莊與人生》（新北市：國立空中大學，2013年），頁32。

到 414 年之間的周太史儋最有可能，〔註115〕主要是因為李儋的年代和《老子》文本出現的年代較為吻合。

　　然而，這都只是推測，王邦雄先生認為：

> 除非是在材料與方法上有更進一步的發展或突破，否則，想揭露老子之身世謎，已幾近不可能。吾人只能如斯說，老子是《道德經》的作者，他身世之謎，仍是懸而未決的千古疑案。〔註116〕

上述脈絡推敲老子哲學出現的時代背景及文化形成後，進一步拼湊出當時的時空背景下，古人如何依循老子的核心思想，內化自身進而體道證德。高柏園先生說：「吾人特有之生命內容，正是道之無限內容之一，此亦為富有大業之內容；而吾人不同時代之省，亦是日新不已之創造，此所謂生生之易，所謂日新之盛德。」〔註117〕說明生命學問的主體在人，而人也是道的彰顯之一，經由經典的詮釋讓主體生命透過內省，以提升生命的厚度。簡光明先生也表示：「將古人智慧運用到日常生活中，以經典的智慧豐富人生。而經典也因不同時代人的詮釋與印證，而使其意涵更加豐富。」〔註118〕故在詮釋的同時，也嘗試將老子的哲學理念融入現代人的生活模式，以傳承時空背景下所造就的經驗智慧。吳怡先生也認為：「中國的思想是一種智慧，此智慧是由經驗提煉而成。」〔註119〕換言之，將古人智慧融入生命經驗應用於實際生活層面上，方能感通與古人活在同一境界上。筆者本身是醫護人員，在撰寫本文過程，將結

〔註115〕陳德和先生更認為：「依《史記》〈周本紀〉和〈秦本紀〉的相關記載，重新斷定為 374B.C。今官太史儋和秦獻公的對話，絕非青澀之語，若以當時年紀為四十或五十計算，則太史儋約生於 424～414B.C 之間，屬春秋戰國之際，正符合筆者對老子思想年代的估測，且筆者十分懷疑司馬遷是否誤將李儋生於孔子出生後一百二十九年說成孔子死後一百二十九年李儋見秦獻公，如果真的是這樣的話，那麼李儋就是 422B.C 出生者，此亦與上面筆者的推測十分接近。」（陳德和：《道家思想的哲學詮釋》（臺北：里仁書局，2005 年），頁 206。

〔註116〕王邦雄：《老子的哲學》（臺北：三民書局，1983 年），頁 42。

〔註117〕高柏園：《莊子內七篇思想研究》（臺北：文津出版社，1992 年），頁 1。

〔註118〕簡光明：〈醫護學院國文課程融入通識精神之探討——以高雄醫學大學與輔英科技大學「國文」課程為例〉，《通識教育》第 11 卷 4 期，2004 年 12 月，頁 49。

〔註119〕吳怡先生進一步說明：「故研究中國思想當離不開經驗，而經驗則有賴於實行。故要真正瞭解中國思想，須以古人之智慧為磨石，把我們的經驗也磨成智慧，再去觀照古人的智慧。唯有如此，才能同心體證和古人活在同一境界上。」吳怡：《中國哲學的生命和方法》（臺北：東大圖書公司，1984 年），頁 12。

合過往生命經驗與當前所學哲學思維，把彙整後的義理脈絡運用符合現代的語言結構連結，深入專業領域。尤其在健康促進議題上，使用現代的語法進行闡述，提供世人在生理、心理及社會的安頓力量，作為豐富生命厚度的指引。

六、系統對比

在本文第二章的第三節針對「道」的基本性格之定位問題，筆者將唐君毅先生的道論與牟宗三先生的道論進行詮釋系統性對比，透過兩位當代新儒學中最具義理原創性的大師精闢之詮釋，讓後代學者產生更多的探討與對話，也提供讀者從不同面貌去解析老子道的思想之可能性。

袁保新先生表示：「所謂創造其實都是立基於傳統之上的發展，而所謂的批判也只不過是一種經過反省後有抉擇的繼承。」〔註120〕換句話說，不論是創造或是批判都需立基於前人豐碩的研究成果上。故透過創造性詮釋法，幫助筆者在寫作過程中能更加嚴謹，避免陷入個人主觀意識的過度詮釋，而本文也將所獲得的六項詮釋原則實際套用在各章各節中，嘗試還原老子思維的真相，企圖作一個統合性的研究，願能藉由這六項研究環節進而回答出本文所提問的五個題組。

〔註120〕 袁保新：《老子哲學之詮釋與重建》（臺北：文津出版社，1991 年），頁 63。

第二章　老子道論的當代詮釋

「道」是諸子百家共同關切的課題，許抗生先生言：「在中國哲學史上，把道作為世界總根源的這一哲學概念，是老子首先提出的。」﹝註1﹞換句話說，先秦時期談論的「道」，是經由老子將它推向「先天地生」的形而上思維。對於身為道家開宗立派始祖的老子，陳鼓應先生也認為：「老子的哲學理論基礎是由『道』這個觀念開展出來的，而『道』的問題，事實上只是一個虛擬的問題。」﹝註2﹞換言之，老子是以「道」做為核心思想之架構，他的整個哲學系統之脈絡都是由預設的「道」所開展，他認為宇宙本源是「道」，天地萬物也是由「道」所生，而「道」所具備的特性及作用，也是老子在生命經驗中悟出的道理，闡述形成道的特性及妙用。葉海煙先生也云：「老子生命哲學的核心思想，就是『道』，『道』是生命的源頭，『道』也是生命存在的基礎，生命的價值與生命的脈絡由『道』開展，生活的問題以『道』的原則來解決。」﹝註3﹞由此可知，「道」是中國人心中的活水源頭，也是人類思想的依據，也是生命安頓之所在，老子說：「惟道是從」﹝註4﹞，告訴吾人要跟隨道的指引走出一條屬於自己的路。故本章以「道」為主軸分成三節，先用道本身的字源意義作詮釋，再進一步做樸素義的延伸探討；其次，針對當代學者對於道的語義及

﹝註1﹞ 許抗生：《老子研究》（臺北：水牛出版社，1993年），頁186。
﹝註2﹞ 陳鼓應先生更進一步指出：「老子的『道』所具有的種種特性和作用，都是老子所預設的，老子所預設的『道』，其實就是他在經驗世界中所體悟的道理，而把這些所體悟的道理，統統付託給所謂的『道』，以作為它的特性和作用。」陳鼓應：《老子今註今譯及評介》（臺北：臺灣商務印書館，1997年），頁2、13。
﹝註3﹞ 葉海煙：《莊子的生命哲學》（臺北：東大圖書公司，1990年），頁12。
﹝註4﹞ （魏）王弼注：《老子道德經注》，收入於樓宇烈校釋：《王弼集校釋》（臺北：華正書局，1992年），頁52。

形上義理進行解析，歸納一套邏輯順序；最後，在義理會通後，依照道字在《老子》一書的經文內容作文義疏證，進行逐步剖析歸納一套邏輯推論順序，依序如下。

第一節　道的素樸義

　　「道」最早在金文大篆作「𧗝」〔註5〕，1993 年大陸湖北荊門郭店一號戰國楚墓出土竹簡中的「道」字為「𣥚」。〔註6〕唐君毅先生認為：

> 道之字原，無論初即導蹈之義，或初即指人所經行走的道路，皆連
> 於此人首加以界定。亦皆與人之行有關；引伸為人之一切有所取向
> 之行事或活動，以至任何存在物之有所取向之任何活動，其所循之
> 道路，皆是道。〔註7〕

故以字源來說，道者，就是人行走的路，也是人所依循的方向。對於金文的「道」字，張鍾元先生提出「𧗝」＝𣥚＋𦣻＋止 獨到的觀點，他認為：

> 「𧗝」由三部分構成，分別是：𣥚指道路，𦣻指人首，止指人足。
> 人首之上所排列的頭髮，象喻它是一位首領的頭，而足則象喻一位
> 追隨者。在我看來，將頭足視為一個符號並解釋為一個人是不正確
> 的，因為用止來表示人，遠在金文以前甲骨文就有了。因此，我們
> 可以很合理的將這個符號解釋為：一位首領與其追隨者共同在找尋
> 他們的道路、途徑。〔註8〕

「道」基本上是一個多個偏旁結合在一起的文字，筆者認為不管是一群人或一個人的論點，他們皆走向指引生命方向之意涵。以下筆者嘗試站在前人的成就基礎上，提出思想內涵上的延伸論析，共獲得四個論點，分別為「走在關鍵的決策」、「生命道路的通達」、「高瞻遠矚的智慧」、「內外辯證的實踐」，以下逐一探討之。

〔註5〕此為散氏盤·西周晚期·16.10176。董蓮池編：《新金文編》（卷二）（北京：作家出版社，2011 年），頁 194。

〔註6〕金文中的道字已从首从行，郭店楚簡的道字才分別作到「衍」，後一字形象人站於四通八達的道路上。丁原植：《郭店竹簡老子釋析與研究》（臺北：萬卷樓圖書公司，1998 年），頁 48。

〔註7〕唐君毅：《中國哲學原論·原道篇》（臺灣：臺灣學生書局，1973 年），頁 27。

〔註8〕Chang Chung-Yuan: Creativity and Taoism, *Harper & Row*, New York, 1963, P24~25.

一、走在關鍵的決策

　　「道」字的中間像是眼睛上的眼睫毛或是頭上長頭髮，像極一個人正走在十字路口上。「道」原來直接跟道路有關〔註9〕，可是道路不只是道路，當一個人站在四通八達的道路上，往往會需要面臨選擇，此時就容易因徬徨而擔心下錯決定。換言之，人生在很多關鍵的時候，抉擇是非常重要的，隨時可能產生致命性的影響，所以「道」的第一個意思指的是「人生走在關鍵的決策點」上。

二、生命道路的通達

　　道路要成為道路，先決條件是要可通行的，所以「通達」〔註10〕成了道的最必要條件；當道路堵塞不再通行時，道路就會塞車甚至形成停車場滯礙不前。歷代道家學者包含老子、莊子、列子等，在詮釋此道不通時，都用堵塞的「塞」字處理，例如：當天下大亂時，就是大道被堵塞住的意思。換句話說，「塞」除了表示堵塞大道之所以暢行的可能性外，人也堵塞了自己與他人生命「通達」的可能性，而人往往身在其中，不知所然。故「道」的第二個涵義指的是在生命的道路上，沒有找到生命的通達之道，很容易就被堵塞，

〔註 9〕元儒吳澄提出：「道猶路也。可道可踐行也。」說明他用「路」的觀點去解釋「道」，並提出關鍵的「猶」字，指出「道」並不完全等同於「路」，但若硬要舉一個意象形容，最貼近它的就是路。換句話說，路是一個最能貼近「道」的意象，因為路是可以被行走的。（元）吳澄：《道德真經注》（臺北：廣文書局，1981 年），頁 1。鄭雪花先生認為：「中國哲學最核心的語詞『道』即是由身體意象中提升出來的，在金文裡，『道』字的基本構成是從『首』從『走』或『行』。依《說文》所言：『道，所行道也。』『道』的本義是『用來行走的道路』。道路，從起點到終點，朝著一定的方向開展，是空間的連結，也是時間的綿延；行走的人，一步一交付，相信大地能夠承受他的重量，一步一腳印，滿足在大地留下印跡的欲望。沒有人可以只用腦袋走路，走路的是整個身體，走路的身體會動員所有知覺、思維和能力，以應對一切可能發生的路況，『道』就在人的每一步行走裡，跨出每一步的當下都是獨特的情境，眼前的人事物都要遭逢交涉，山一程，水一程，人間風波，宇宙天心，任何路況都不再是分離而對立的他物，都通過內外辯證而化為生命風景。」鄭雪花：《非常的行旅——〈逍遙遊〉在變世情境中的詮釋景觀》（臺南：國立成功大學中國文學系博士論文，2005 年），頁 66。

〔註10〕《爾雅·釋宮第五》：「路、旅、途也。路、場、猷、行，道也。一達謂之道路，二達謂之歧旁，三達謂之劇旁，四達謂之衢，五達謂之康，六達謂之莊，七達謂之劇驂，八達謂之崇期，九達謂之逵。「康莊大道」就是指寬闊平坦、四通八達的大路。」道是人走出來的，要能通行，通達是關鍵。（晉）郭璞注、（宋）邢昺疏、（唐）陸德明音義：《爾雅注疏》，收於《四庫全書·經部》221 冊（上海：上海古籍出版社，1995 年），頁 86～87。

運行無法順暢。

三、高瞻遠矚的智慧

　　綜合上述兩點，「道」做為一種選擇或一種通達道路的話，還有一個非常關鍵的地方就是要懂得多、看得遠，道字偏旁的「首」字，原形是頭的側面，〔註11〕筆者認為可以延伸為高瞻遠矚的智慧，故道字第三個特點就是「高瞻遠矚」的格局。擁有高瞻遠矚的應變智慧，一直是道家強調的部分。當人在十字路口面臨選擇時，若在當下能擁有清晰的判斷能力或者有人在旁指引往哪裡走的方向，會顯得更安心從容。因為各方面資訊較為充分且較能綜觀全局的時候，往往能幫助自身下對適合自己當下的決定，故「道」的第三個意思指的是擁有高瞻遠矚的應變智慧。

四、內外辯證的實踐

　　最後，當知道走在人生道路上如何選擇時，還必須確實去執行，才能透過高瞻遠矚的眼界，得以實現生命通達的道路，否則一切的決定終將淪為空談。所以「道」底下是一隻腳，代表具體的行動，也就是知道怎麼做後，並且落實去做，才能真正「行道」〔註12〕。而生命的厚度就是將人生每一步所踏之處，相遇的人事物，透過內外的辯證，轉化為一幕幕美麗的風景。故「道」的第四個特點指的是內外辯證的具體實踐。

　　總而言之，在人生道路上，有各式各樣的選擇，具有高瞻遠矚的智慧並且

〔註11〕「首」字形象人首側面有髮之形，《說文·首部》：「𦣻（首）𦣻同，古文𦣻也。」《說文·𦣻部》：「𡿪象髮，謂之鬊，鬊即𡿪也。」「首」與「𦣻」當為一字異體，僅在上方的頭髮有無作為差別。而「𦣻」字，字形象為人首側面之形。《說文·𦣻部》：「𦣻（𦣻），頭也。象形。」段注《說文·𦣻部》：「象人頭之側面也。左象前，右象後。」徐山認為：「𦣻既是側面，是以僅見其一隻眼睛，左下角的尖處為下巴，右上角為耳朵之形。」首字，原形是頭的側面，含括了廣義的五官寓意。（清）段玉裁：《說文解字注》（臺北：黎明文化事業公司，1974 年），頁 422～423；徐山：〈釋「面」〉，《平頂山師專學報》第 6 期，2003 年，頁 6。

〔註12〕鄭雪花先生又認為：「傳移這樣的意象到哲學語彙『道』，其隱喻效果鮮明地突出：『道』的基本性格不是抽象，而是具體的；不是表象的（representational），而是履踐的（performative）和參與的（participatory）；不是推論的，而是一種實際技巧（know-how）。『體知』的思維方式，使得中國哲學的『道』具有情境的性格，而對於『道』的悟解總是聯繫到『體道』、『行道』的理想人格境界。」鄭雪花：《非常的行旅——〈逍遙遊〉在變世情境中的詮釋景觀》（臺南：國立成功大學中國文學系博士論文，2005 年），頁 66。

實際去做，讓自身的生命或他人的生命達到互相通達的可能性，由此呈顯道論的豐富蘊涵。因此，道的特質從來不指出一定要往哪裡去，因為人是有差異的。例如：條條道路通羅馬，但不是每個人都想朝著羅馬的方向前往，有人也會想往南極走或乾脆直接不動就留在臺灣。道字提醒吾人總是在人生面臨許多選項時，站在尊重每一個生命可能性之觀點上，讓萬物依照自身的差異性選擇各適其性的發展。所以道家常問的問題是：「HOW？」〔註13〕也就是，決定後接下來如何來體現它。故道字本身就鼓勵世人從反向思考一直堅持努力的目標，更有彈性的看待平常既定的信念或價值觀，這個叫做「正言若反」〔註14〕。從不同面向去思考人生，這就是道字的精神所在，綜觀以上可得出了解道字的生命哲學有兩個重點：其一可從主張「生命通達」這件事，也就是消解堵塞而言，得知追求生命的「從容不迫」；第二個站在「正言若反」的立場來說，面對世人都既定的觀念著手，打破必須堅持的價值信念，從反向來探索其它可能性，這就是道字素樸義帶給吾人的生命智慧。

第二節　當代學者對「道」的解析

　　當代學者對於老子的「道」字研究成果豐碩，討論眾多，也包含不同面向。關於各家學者詮釋，筆者在收集文獻資料後，分成兩大點進行論述，為「當代學者對於道的語意解析」及「當代學者對於道的形上義理」進行解析，如下。

〔註13〕牟宗三先生說：「如何以最好的方式，來體現你所說的聖、智、仁、義呢？這是 How 的問題。既是 How 的問題，那我也可以說你是默默地肯定了聖、智、仁、義！當然可以這麼說，但它不是從實有層上、正面原則上去肯定，它的肯定是作用中的肯定。我就給它找一個名詞，叫做：作用地保存。它當然不是正面來肯定聖、智、仁、義，但也不是正面來否定它們。道家既然有 How 的問題，最後那個 What 的問題也可以保住。既然要如何來體現它，這不是就保住了嗎？這種保住，就是『作用地保存』，對聖、智、仁、義，可以作用地保存得住。因此不能把道家的『絕』、『棄』解錯了。……道家講無，講境界形態上的無，甚至講有，都是從作用上講。天地萬物的物，才是真正講存在的地方。如何保住天地萬物這個物呢？就是要從作用上所顯的那個有、無、玄來保住。」牟宗三：《中國哲學十九講》（臺北：臺灣學生書局，1983 年），頁 132。

〔註14〕牟宗三先生解釋為：「《道德經》說的：『正言若反』。本來我想說這個道理，但是這個話不能正面說出來，不能做一個 positive statement，我要表示這個意思，一定要通過一個 negation，透過一個不是這個意思來表示這個意思。這就是『正言若反』。『正言若反』是中國的老名詞，莊子名之曰『弔詭』。」牟宗三：〈老子《道德經》演講錄（四）〉，《鵝湖月刊》第 337 期，2003 年 7 月，頁 5。

一、當代學者對「道」的語意解析

筆者依作者出生年代排列，列舉幾位當代學者對於道的語義解析，試圖建立一套綜合性的邏輯推理順序，至於詳細的條列，本文另作表格見附件一說明，以供讀者參閱：

（一）胡適先生（1891～1962）

老子最大的功勞，在於超出天地之外，別假設一個「道」。這個「道」的性質是無聲無形，有單獨不變的存在，又周行在天地萬物之中；生天地萬物之先，卻又是天地萬物的本源。老子的天道就是西洋哲學的自然法 Law of Nature。又提出「道」是本體，是原初的實體，是絕對的觀念，是精神實體，是原理規律。〔註15〕

（二）馮友蘭先生（1895～1990）

提出「道」是總原理的說法，包括自然與社會兩方面：古時所謂「道」，均謂人道，至老子乃予「道」以形上學的意義。以為天地萬物之生，必有其所以生之總原則，此總原則名之曰「道」。〔註16〕又說「道」是未分化的物質、「道」不是精神性的實體、「道」生萬物是無目的、無意識的。自然界中的事物規律，稱「天道」；社會中的事物規律，稱「人道」。〔註17〕

（三）方東美先生（1899～1977）

「道」是老子的最高範疇，綜合除了形而上客觀存在，還包括形而下的意義或曰價值論規範性意義。分成「道體」、「道用」、「道相」、「道徵」。〔註18〕

〔註15〕 胡適：《中國哲學史大綱》（上卷）（上海：臺灣商務印書館，1926 年），頁 56 ～64。

〔註16〕 馮友蘭：《中國哲學史》（上冊）（上海：中華書局，1931 年），頁 218。

〔註17〕 馮友蘭：〈中國哲學史論文二集〉，《北京大學學報》第 4 期，1959 年，頁 190 ～200。

〔註18〕 方東美先生認為「道」是老子的最高範疇，首先就本體論，「道」可稱作「道體」，是無限的真實存在的實體，為一切活動之唯一範型或法式。其次，從宇宙發生學的角度，或從「道用」的角度來講，「道」遍在一切萬物之中，取之不盡，用之不竭。再來從現象學或「道相」的角度來說，「道」之全體大用，在無界中，即用顯體；在有界中，即道顯用，無為而無不為。最後，從特徵學或「道徵」的角度來說，「道」之高明盛德可以具體而微地呈現在聖人身上。作為理想人格極致之聖人，憑藉高尚精神與對價值介之無限追求與嚮往，超越一切限制與弱點，實踐內聖之修養，此即道成肉身。詳見方東美著；孫智燊譯：《中國哲學精神及其發展》（上冊）（臺北：臺北成均出版社，1984 年），頁 173～176。

（四）徐復觀先生（1903～1982）

　　老子的「道」指的是創生宇宙萬物的一種基本動力。不稱為原理而稱為動力，因為原理是靜態存在的，其本身不能創生。[註19] 老莊所建立的最高概念是「道」，他們的目的，是要在精神上與「道」為一體，亦即所謂的「體道」，因而形成「道的人生觀」，抱著道的生活態度，以安頓現實的生活。[註20]

（五）唐君毅先生（1909～1978）

　　六分說依序為「虛理之道」、「形上道體」、「道相之道」、「同德之道」、「修德之道及其他生活之道」、「事物及心境人格狀態之道」。[註21]

（六）牟宗三先生（1909～1995）

　　分別以（一）「道」的雙重性。（二）「道」即自然。（三）「道」的主宰性、常存性、先在性。（四）「道」之生成性或實現性。四大方向闡述之。[註22]

（七）陳鼓應先生（1935～）

　　共分成三點詮釋，其一是實存意義的「道」分為道體的描述及宇宙的生成。

[註19] 徐復觀：《中國人性論史（先秦篇）》（臺北：臺灣商務印書館，1988 年），頁 329。

[註20] 徐復觀：《中國藝術精神》（臺北：臺灣學生書局，1966 年），頁 48。

[註21] 唐君毅先生認為的六分說，內容為一、「道」是指通貫萬物之普遍、必然的律則、或根本原理。二、「道」乃形上實體，真實存在，且具有生物的真實作用。三、「道」即道相。就是就道體對照有形萬物所呈顯的各種面相，諸如有無相、沖虛相、常相、久相、一相、自然相等等。四、「道」即德，包括道體的「玄德」，以及一切人物所得於道體之「德」。五、「道」指修德之道及其他生活之道，包括修德積德之方、自處處人之術、政治軍事上治國用兵之道。六、「道」亦可以指事物的一種狀態。唐君毅：《中國哲學原論・導論篇》（臺北：臺灣學生書局，1984 年），頁 370～381。

[註22] 牟宗三先生認為：「道亦是無，亦是有，因而亦為始，亦為母，無與有，始與母，俱就道而言，此是道之雙重性。」他以「無」和「有」說明道的雙重性，接著又說「無非死無，故由妙用而顯向性之有；有非定有，故向而無向，而渾化於無也。」也就是「玄之又玄，眾妙之門」之意，故有無並非對立而是相生。其次，「是以此『自然』亦是沖虛玄境所透顯之自然，非吾人今日所謂之自然世界或自然主義所說之自然也」，說明老子的自然是有價值實義的。再來，「道之常存性與先在性義如此解，其永存而不可變者，即無所存之存也」，又說「此固是形上實體，然是境界型態之形上實體，此固式形上的先在，然是境界型態之形上的先在。此乃中國重主體之形上心靈之最特殊處也。」故老子的道乃境界型態的形上學。最後，對於道的生成性，他用「不生之生」來表達，就是反反以顯其正之意。參考牟宗三：《才性與玄理》（臺北：臺灣學生書局，1974 年），頁 125～156。此脈絡參考陳德和：《道家思想的哲學詮釋》（臺北：里仁書局，2006 年），頁 58。

其二是指規律性的「道」，包含對立轉化的規律及循環運動的規律。其三是生活準則的「道」。〔註23〕

（八）王邦雄先生（1941～）

老子的宇宙論是連著本體而展開。「道」之運行，恒返歸其身的法則中，此法則就是「道」的作用，永遠維繫一個和諧均衡。此「道」之動，就在天地相合之和的靜中動。「道」之動在反，反是復歸其身的法則。〔註24〕

（九）劉笑敢先生（1947～）

「道」的看法歸類成四類分別為：本體或原理類、綜合解說類、主觀境界類及貫通解釋類。〔註25〕

（十）袁保新先生（1952～）

一共分成三點論述：其一，就「道」的認識論意義而言。其二、就道的形上意義而言。其三，就「道」在實踐哲學中的意義而言。〔註26〕

〔註23〕綜合陳鼓應：《老子今註今譯及評介》（臺北：臺灣商務印書館，1997年），頁2～13。

〔註24〕王邦雄先生再進一步細分成兩點，其一是道體本是無限，既超越而又內在，細分成有與無的兩面相、由超越而內在及道法自然三面。其二是道之動在反，復歸於和，再分成反者道之動，弱者道之用，物壯則老，不道早已，人之生，動之死地三點。綜合王邦雄：《老子的哲學》（臺北：東大圖書公司，1983年），頁75～108。

〔註25〕中國學術界歸類成四類分別為一、本體或原理類，代表人物胡適；馮友蘭。對道的解說大體上包括兩種，即原理和實體。以西方哲學史概念來解說中國哲學的語詞，展開東西方的文化對話，將中國哲學研究推向世界，這是屬於二十一世紀華人學者最常引用的說法。實體的還分為物質性實體和精神性實體，不管是實體還是非實體以上都被看作客觀實有。二、綜合解說類，代表人物方東美，認為道貫穿了形而上和形而下、實然與應然、存在與價值各個方面。三、主觀境界類，代表人物牟宗三，所謂「實有型態的形上學就是依實有之路講形上學」，「所謂境界型態的形上學就是依觀看或知見之路講形上學就是依實踐而有觀看或知見，對於世界有依個看法或說明。」四、貫通解釋類，代表人物袁保新，道為價值世界的形而上基礎，稱之為貫通性定義，取其力求貫通於存有界與價值界之義，主要消解實然與應然之間的分離。內容歸納劉笑敢：《老子》（臺北：東大圖書公司，2007年），頁184～194。

〔註26〕歸納袁保新先生的論點共分成三大點：其一，就「道」的認識論意義而言，分為「道」超越名言概念的思考及「道」不是感覺經驗的對象。其二，就道的形上意義而言：分成「道」乃萬物生化的根源；「道」的生化作用沖虛無窮，以自然為法，以反為動，以弱為用，具有主宰性、常存性、先在性、獨立性、遍在性；「道」又內在於天地萬物之中，為天地萬物所同具；以及「道」乃一切事物活動的規律。其三，就「道」在實踐哲學中的意義而言：分成「道」乃人

　　綜合以上文獻，透過將前人的學術成果加以彙整後發現，不論是哪種角度的切入，絕大部分會先強調「道」是形而上的客觀實體，再逐漸發展出可讓人透過具體實踐，展現價值意義的主觀境界。至於「道」的本身性格，究竟是客觀實體抑或主觀境界，留待下一段「道的形上學」再一併探討。因此，筆者針對上述彙整文獻後，主要側重於陳鼓應先生對道的詮釋，歸納出「道」在《老子》一書的語義解析共有三點，分別為「形而上之道」、「變動規律之道」、「生活處世之道」，依序闡述如下：

1. 形而上之道

（1）宇宙的創生

　　「道」是宇宙的本源，是常道，恆常不變的，不因外在變化而消失。天地萬物皆由「道」所創生，「道」於創生萬物後，便內存於萬物，與萬物共同生長。例如：

> 無名天地之始；有名萬物之母。（〈第一章〉）
>
> 道沖而用之或不盈。淵兮似萬物之宗……象帝之先。（〈第四章〉）
>
> 有物混成，先天地生……可以為天下母。（〈第二十五章〉）
>
> 天地萬物生於有，有生於無。（〈第四十章〉）
>
> 道生一、一生二、二生三，三生萬物。（〈第四十二章〉）
>
> 道生之，德畜之，物形之，勢成之。是以萬物莫不尊道而貴德。……
> 故道生之，德畜之；長之育之；亭之毒之；養之覆之。生而不有，
> 為而不恃，長而不宰，是謂玄德。」（〈第五十一章〉）〔註27〕

故「道」創生萬物，卻不主宰，畜養培育萬物並與萬物同在。換言之，道是萬物生長的總源頭，道的作用就是萬物的作用。而道是「無名」，是天地的開始，但此無非空無，因為無不可能變成有，有也不可能變成沒有；道「有名後」，是萬物的母親，能生萬物，故稱為有。無和有皆同出於道就叫「玄」〔註28〕，

生最高之價值歸趣；「道」乃人格修養的法則，兼指修養所得的人格或心境；「道」又指政治理想實現的方法或原則。綜合袁保新：《老子哲學之詮釋與重建》（臺北：文津出版社，1991 年），頁 23～25。

〔註27〕　（魏）王弼注：《老子道德經注》，收入於樓宇烈校釋：《王弼集校釋》（臺北：華正書局，1992 年），頁 1、14、63、65、117 及 136～137。

〔註28〕　王邦雄先生認為道是無也是有，無和有相互交疊就成玄，而玄就是代表道的雙重性，是超乎絕對與相對的作用。綜合王邦雄：《老子的哲學》（臺北：東大圖書公司，1983 年），頁 76～79。

不斷動態交互作用就稱作「玄之又玄」。另外，這裡也說明道與「德」〔註29〕的關係，德是道寄託在萬物中，也就是說萬物得到道之後的名稱就叫德，道與德本身並無分別，故「道生之，德畜之」。

（2）道體的描述

老子認為「道」是不可言說的，例如：「道可道，非常道。」（〈第一章〉）〔註30〕然而，「道」無形無象，卻是真實存在的，例如：「道常無名。」（〈三十二章〉）「道隱無名。」（〈四十一章〉）〔註31〕又說「道」不等於實體，也不等於空無。例如：

> 視之不見，名曰夷；聽之不聞，名曰希；搏之不得名曰微。此三者不可致詰，故混而為一。其上不皦，其下不昧。繩繩不可名，復歸於無物。是謂無狀之狀，無物之象，是謂惚恍。迎之不見其首，隨之不見其後。（〈第十四章〉）

> 道之為物，惟恍惟惚。惚兮恍兮，其中有象；恍兮惚兮，其中有物。

> 窈兮冥兮，其中有精；其精甚真，其中有信。（〈第二十一章〉）〔註32〕

故「道」是形而上的實存之道，雖無名無形，又無法看到、聽到、觸摸到，甚至無法言喻，但卻實際存在。

2. 變動規律之道

（1）循環往復的規律

道體雖不可見，但作用於萬物時又能表現出某種規律，老子認為「道」並非靜止不動的；相反的，「道」本身就是一種循環反復的動態過程，如此萬物

〔註29〕《管子·心術上》說：「德者道之舍，物得以生，生得以職道之精。故德者得也，其謂所得以然也。以無為之謂道，捨之之謂德。故道之與德無間，故言之者無別也。」（春秋）管仲撰、（唐）房玄齡注：《管子》，收入於《四庫全書·子部》第729冊（上海：上海古籍出版社，1995年），頁729。馮友蘭先生進一步解釋：「舍當是舍寓之意，言德乃道之寓於物者。換言之，德即物之所得於道，而以成其物者。此解說道與德之間關係，其言甚精。」馮友蘭：《中國哲學史》（上冊）（北京：中華書局，1992年），頁233。

〔註30〕（魏）王弼注：《老子道德經注》，收入於樓宇烈校釋：《王弼集校釋》（臺北：華正書局，1992年），頁1。

〔註31〕（魏）王弼注：《老子道德經注》，收入於樓宇烈校釋：《王弼集校釋》（臺北：華正書局，1992年），頁81及113。

〔註32〕故王弼注曰：「欲言無耶，而物由以成，欲言有耶，而不見其形。」（魏）王弼注：《老子道德經注》，收入於樓宇烈校釋：《王弼集校釋》（臺北：華正書局，1992年），頁32及52。

才能生生不息。例如：「獨立不改，周行而不殆」（〈第二十五章〉）〔註33〕。然而，以「歸根復命」的觀點而言，道在生育萬物後，萬物最後透過「德」的作用，又返回生命之源的「道」，此過程就叫「歸根」，例如：

　　夫物芸芸，各復歸其根。歸根曰靜，是謂復命。（〈第十六章〉）

　　大曰逝，逝曰遠，遠曰反。（〈第二十五章〉）〔註34〕

故所有宇宙萬物都依「道」而產生「變動」，也因這個變動，產生了天地萬物。若能依循「道」的自然規律而行，並掌握循環往復之「道」，方能周行不殆。

　（2）對立變化的規律

　　「道」還有一種往相反方向運動的特質，且老子認為相反對立的狀態經常是互相轉化的，例如：

　　有無相生，難易相成，長短相較，高下相傾，音聲相和，前後相隨。
　　（〈第二章〉）

　　曲則全，枉則直，窪則盈，敝則新，少則得，多則惑。（〈第二十二章〉）

　　反者，道之動。弱者，道之用。（〈第四十章〉）

　　物壯則老，謂之不道，不道早已。（〈第五十五章〉）

　　禍兮福之所倚，福兮禍之所伏。（〈第五十八章〉）〔註35〕

故萬物變化的通則就是，當事情發展到極致時，恐會適得其反。若能掌握將變未變之「幾」，隨時從中調整，方能維持永續發展之形勢。另外，老子的經文中多次使用「正言若反」的述說方式，提醒世人留意相反對立面的作用，才能更客觀全盤的了解與接納。

　3. 生活處世之道

　　形而上的「道」落實於經驗界時，透過「德」作用於各種事物時，顯現了道的特性，提供了世人許多依循的方針，這樣的準則能幫助吾人在面對生活時，得以從容應對，例如：

〔註33〕（魏）王弼注：《老子道德經注》，收入於樓宇烈校釋：《王弼集校釋》（臺北：
　　　　華正書局，1992 年），頁 63。

〔註34〕（魏）王弼注：《老子道德經注》，收入於樓宇烈校釋：《王弼集校釋》（臺北：
　　　　華正書局，1992 年），頁 37 及 63。

〔註35〕（魏）王弼注：《老子道德經注》，收入於樓宇烈校釋：《王弼集校釋》（臺北：
　　　　華正書局，1992 年），頁 4、57、109、146 及 154。

> 上善若水，水善利萬物而不爭。處眾人之所惡，故幾於道。(〈第八章〉)
>
> 見素抱樸，少私寡欲。(〈第十九章〉)
>
> 柔弱勝剛強。(〈第三十六章〉)
>
> 我有三寶，持而保之。一曰慈，二曰儉，三曰不敢為天下先。(〈第六十七章〉) [註36]

甚至擔任上位者或政治軍事時，能夠提醒我們所站的定位及拿捏之道，「治大國，若烹小鮮」(〈第六十章〉)、「善為士者不武，善戰者不怒，善勝敵者不與。」(〈第六十八章〉) [註37] 故藉由對萬物變化的洞察，加入生命經驗的感通，以作為後人立身處世之道，落實於待人接物上，方能「歿身不殆」。接下來在第三節時，將以這三點分法，嘗試解析「道」字在經文中的文字脈絡義涵。

二、道的形上義理之詮釋

延續上節探討道的語意解析，緊接著將確認的就是有關道的形上義理思想之詮釋模式。目前當代老學中，唐君毅先生與牟宗三先生對於道體的論述是最具代表性的思想體系之一。[註38] 因此，對於「道」的基本性格之定位問題，筆者將從兩位前輩的詮釋系統進行對比，嘗試從不同面貌去探討老子道的思想之可能性。至於到底是「客觀實有」的形上學，或者是「主觀境界」的形上學，[註39] 這是本節討論的重點。

(一) 唐君毅老學中的道論

唐君毅先生根據《老子》的言道之義，分成六種，依序為：貫通義理之道、

[註36]（魏）王弼注：《老子道德經注》，收入於樓宇烈校釋：《王弼集校釋》(臺北：華正書局，1992 年)，頁 20、45、89、170。

[註37]（魏）王弼注：《老子道德經注》，收入於樓宇烈校釋：《王弼集校釋》(臺北：華正書局，1992 年)，頁 157、172。

[註38] 袁保新先生認為：「當代老學研究的著作，雖然數目驚人，但儼然自成詮釋系統的著作，卻為數不多，直到民國五十年以後，唐君毅先生之〈老子言道之六義貫釋〉及牟宗三先生《才性與玄理》一書，老子形上義理在詮釋上的內在糾結，才被真正地意識到，才有嚴格的辨析與討論。」袁保新：《老子哲學之詮釋與重建》(臺北：文津出版社，1991 年)，頁 37。

[註39]「客觀實有」與「主觀境界」是學界對於唐牟兩位先生道論的分析，但兩人並未使用這個詞句。本文是依據前人研究成果，依原文使用此詞，得益於前人者不敢掠美，若有理解上的錯誤，則由本文全權負責。

形而上實體之道、道相之道、同德之道、修德或生活之道，以及作為事物及人格心境狀態之道；他先用「刪除法」後，再選擇形而上實體之道為根本，會通其它五義的脈絡著手。〔註40〕換句話說，唐君毅先生認為形而上實體之道是具有優先性，是其他五義的起點，但他同時也意識到以形而上實體之道為起頭所要面對的問題，就是要排除道不是理性原則建立以及宗教上帝信仰觀點的可能性。故筆者根據袁保新先生的研究脈絡註，唐君毅先生認為「形上道體」的建立只有一種可能性就是「直覺」，並且表示「形上道體」乃吾人直覺所對的客觀實有，他說：

> 老子之所以能直覺此道體之存在，則必原於老子自己之心境與人格狀態之如何；而此心境與人格狀態之具有，則當依於老子之修養功夫。此功夫，吾意謂其要在老子所言之致虛守靜等。〔註41〕

故唐君毅先生是以人都有直覺的立場去作為詮釋系統的準則，他認為道是一種個人對於客觀實有的直覺感受，用直覺去印證客觀實有的道體，以直覺作為連結形上道體到實踐功夫的印證，他又接著說：

> 自此當前之混成相，以觀彼謂萬物之實體，此混成相，亦將泯比萬物之差別，而其各為實體之實體性，亦即與此混成相，相與渾成，而不得為二，遂皆化為此混成相之實體性。〔註42〕

也就是說用「致虛守靜」的心觀其歸根，說明萬物可依各自的直覺印證，泯除萬物的分別，回到道的本體，與道合而為一。以人而言就是透過每次的念頭生滅，修養自身，讓自己隨時歸根，透過自身直覺的印證，歸根虛靜以達復命，當回歸自然的生命本體，也就是回歸道的本體。故唐君毅先生傾向道是客觀實有的直覺感受，上述詮釋觀點為道是「客觀實有」持有的立場。

　　針對此觀點而言，唐君毅先生並不認為普遍必然的形上原理與實踐生活

〔註40〕唐君毅先生認為：「吾人今如欲就此六義中擇一義，以為次第順通餘義之始點，可先用淘汰之方法，以觀何者之決不能成為次第順通之始點。因第一義之自然律則，或宇宙原理之道，乃虛而非實。第三義之道相，……義虛而非實。……第五義中之積德修德之方，與生活之術，……亦虛而非實。由此而吾人可賴以為直接順通老子明文中之諸義之始點，遂唯是第二義之形上道體之道，及第四義之人有得於道時所具之德。此中人之能有得於道，乃由於形上道體之先在；於是唯有第二義之道，堪為吾人次第順通其他諸義之始點。」唐君毅：《中國哲學原論·導論篇》（臺北：臺灣學生書局，1984 年），頁 350～367。

〔註41〕唐君毅：《中國哲學原論·導論篇》（臺北：臺灣學生書局，1984 年），頁 369。

〔註42〕唐君毅：《中國哲學原論·導論篇》（臺北：臺灣學生書局，1984 年），頁 369。

法則有何牴觸，在重建思想過程，未經思想史的探究，確定老子義理的性格與關懷，就以虛實為判斷基準，結果只好選擇「形上道體」作為理論貫通起點，[註43]也因此造成後續衍伸的牽強解釋。故根據袁保新先生研究[註44]脈絡，筆者彙整後對此提出三點反省如下：其一，以「形上的道體」而言，做為超離經驗的實在，或宇宙的第一因，又要在心靈關照下朗現，又不喪失超離經驗的第一因性格，是有困難點的；再來，以「直覺」詮釋理論而言，這不是一項普遍性的理解經驗，要將它作為形上道體的印證，較不具說服性；最後，以「順自然律之了解而建立」而言，自然律不可能成為人生價值規範提供的基礎，最多只能說人可以選擇自然律為其行動的典範，可是，當自然律一經人的選擇，以價值身分納入主體對行動的決擇判斷中，則其必然性格也早已喪失。

換言之，唐君毅先生在詮釋過程中一方面顧及老子的實踐特色外，又要將老子與西方形上學家的宇宙形成之第一因做區分，故用直覺說法將形而上與實踐心境作連結，忽略了直覺並非普遍性的經驗，要做為貫通兩者形而上之道與實踐之道的詮釋，顯得有些牽強。再來，若宇宙之自然律就是主宰萬物生成的根本原理，就得符合真理的普遍性及必然性的原則，也就是沒有例外。既然沒有例外，也就沒有任何一個事物可以自作主宰，然而唐君毅先生又肯定人在自然律底下依舊可以自作主宰的生活，這就不符合第一原則的基礎假設。反觀，人若不能自主的生活，一切受限於外在客觀的自然律，那麼老子整本書將近三分之二對於人的價值性的提醒，將淪為空談。故要以形而上道體來貫通其他五義，企圖接通形上與實踐的連結，是有待進一步探究的。

（二）牟宗三老學中的道論

「主觀境界」[註45]的詮釋系統是由牟宗三先生最先提出，他認為老子

[註43] 對於普遍形上意義的道與實踐意義的道是否屬於兩個層次，唐君毅先生表示：「老子所言之生活律，正主要為人順其對自然律之了解而建立；而宇宙之自然律，亦實未嘗限制人之自行建立其自作主宰之生活律；人之自行建立其生活律，亦即為人求其生活，合於形上道體，而使其生活具形上道體之玄德之事，亦即形上道體之表現於人之事也。」唐君毅：《中國哲學原論・導論篇》（臺灣：臺灣學生書局，1984年），頁390；概念參考袁保新：《老子哲學之詮釋與重建》（臺北：文津出版社，1991年），頁47～73。

[註44] 參考袁保新：《老子哲學之詮釋與重建》（臺北：文津出版社，1991年），頁71～73。

[註45] 牟宗三先生說：「把境、界連在一起成『境界』一詞，這是從主觀方面的心境上講。主觀上的心境修養到什麼程度，所看到的一切東西都往上昇，就達到什

所使用的形上概念，包含「道」、「無」、「有」等，都是生活實踐中提煉出來的，〔註46〕並表示要了解道必先從「無」字著手，他說：

> 假設你了解老子的文化背景，就該知道無是簡單化總持的說法，他直接提出的原是「無為」。「無為」是針對「有為」而發，老子反對有為，為什麼呢？這就由於他的特殊機緣而然（particular occasion），要扣緊「對周文疲弊而發」這句話來了解。有為就是造作。〔註47〕

換言之，牟宗三先生認為要了解老子不能憑空談起，必須扣緊中國的文化生命脈絡，也就是從老子思想興起的背景，發生之機緣談起，如此才能針對當時的思路探討淬煉出的智慧。而無為是針對當時有為的禮樂典章制度而發，只要不是內化在己身而流於外在形式的，通通都是有為的造作，所以應無掉有為回到原本的自然狀態，故無為涵蓋了自然。他又提到：

> 無不是個存有論的概念（ontological concept），而是實踐、生活上的觀念；這是個人生的問題，不是知解的形而上學之問題。人生問題廣義都是 practical，無是個實踐上的觀念。〔註48〕

由此可知，牟宗三先生的主觀境界形態，跟唐君毅先生的客觀實有形態的詮釋系統截然不同，他將生命的學問定義在於實踐的厚度，故說：

> 無沒有存有論的意味，但當無之智慧徹底發展出來時，也可以函有一個存有論，那就不是以西方為標準的存有論，而是屬於實踐的叫做實踐的存有論（practical onto-logy）。……也可謂實踐的形而上學（practical metaphysics）〔註49〕

換句話說，站在生命學問的立場而言，要體道證德，必須透過生活中的點滴實踐，才能內化成主觀經驗而從中獲得。袁保新先生認為：「牟先生的老子形上學，是老子實踐智慧之中的一種究極的表達，一切老子使用的『道』、『無』、『有』等形上概念，均是從生活實踐『無為而無不為』的智慧中提煉出來，不

> 麼程度，這就是境界，這個境界就成為主觀的意義。」牟宗三：《中國哲學十九講》（臺北：臺灣學生書局，1983 年），頁 130。
> 〔註46〕牟宗三先生認為：「道家的道不是客觀的指一個實體。道家的無並不是客觀的實有，而完全是主觀修行境界上所呈現的一個觀念，所以要從生活實踐上來了解，這就函著工夫問題。」牟宗三：《才性與玄理》（臺北：臺灣學生書局，1983 年），頁 128～138。
> 〔註47〕牟宗三：《中國哲學十九講》（臺北：臺灣學生書局，1983 年），頁 91。
> 〔註48〕牟宗三：《中國哲學十九講》（臺北：臺灣學生書局，1983 年），頁 93。
> 〔註49〕牟宗三：《中國哲學十九講》（臺北：臺灣學生書局，1983 年），頁 94。

可單單視為理論思辨的產物。」〔註50〕由此推論，牟宗三先生認為的道主要是從個人主觀的印證中獲得，〔註51〕至於如何將「道」、「無」、「有」的概念落實於主觀實踐，他又進一步提出「虛靜」〔註52〕的工夫：

> 老子的道不是像西方哲學與宗教一樣，是透過分解而客觀地肯定之創生實體，而是通過主觀致虛守靜之修證所開顯的沖虛境界，則老子章句中對道所賦予的客觀性、實體性，當只不過是一種「姿態」而已。〔註53〕

故「不生之生」〔註54〕是一種自然無為的「姿態」〔註55〕展現。而道並非實

〔註50〕袁保新：《老子哲學之詮釋與重建》（臺北：文津出版社，1991年），頁49。

〔註51〕牟宗三先生認為：「道之實現性只是境界形態之實現性，其為實現原理亦只是境界形態之實現原理。非實有形態之實體之為實現原理。」牟宗三：《才性與玄理》（臺北：臺灣學生書局，1983年），頁162。

〔註52〕牟宗三先生表示：「無顯示的境界，用道家的話講就是『虛』。……無的境界就是虛靜，就是使我們的心靈不黏著於任何一個特定的方向。虛則靈。……無是個虛一而靜有無限妙用的心境，靈活的很。」牟宗三：《中國哲學十九講》（臺北：臺灣學生書局，1983年），頁96～97。

〔註53〕關於老子的道與西方不同點，牟宗三先生進一步表示：「『天下萬物生於有，有生於無。』（《老子・四十章》）。由『生』字來了解，『創生』一詞並不恰當，因為儒道兩家對於創生的意義並不相同。而道家的『生』實際是『不生之生』。由不生之生所表示的縱貫關係就成了境界形態的形而上學，它和西方實有形態的形而上學是大不同的；由不生之生決定了境界形態的定義，道家的智慧就在讓開一步，不禁性塞源，就開出一條路，這是很大的工夫；否則物即使會生，也不能生長。所謂的無為、自然都要由此處來了解。這樣講的才是道家的道，而不是客觀的指一個實體來創生萬物。從讓開一步講當然是主觀的。『道生』是個境界，道就寄託于這個主觀實踐所呈現的境界。」牟宗三：《才性與玄理》（臺北：臺灣學生書局，1983年），頁149；牟宗三：《中國哲學十九講》（臺北：臺灣學生書局，1983年），頁110～111。

〔註54〕王邦雄先生簡括表示：「不以為生他才生他，以不為為他才為他，不以為長他才長他；以不生生他，以不為為他，以不長長他，此中所『為』的就是『生』與『長』，而『長』就是『做主』，故總說老子的實現原理，就是不生之生，不主之主。」王邦雄、岑溢成、楊祖漢、高柏園：《中國哲學史上》（臺北：里仁書局，2007年），頁111。又說：「不有、不恃、不宰，就是不德，而生、為、長，就是有德。不得才有德，不以生他為德，就不求恃為己恩的福報，他不虧欠你，你才存全為他所做的一切。……以不生生他，以不為為他，以不長長他，此中所為的就是生與長，而長就是做主，故總說老子的實現原理，就是不生之生，不主之主。」王邦雄：《生命的實理與心靈的虛用》（臺北：立緒文化事業公司，1997年），頁98。

〔註55〕陳德和先生也說：「原始道家如老子既然主要是從『無』來了解道，道的核心概念落在『無』上面，那麼道之做為萬有的根本就不當是客觀實有者，否則就

物，以沖虛為性，萬物為宗主，以「沖虛無物，不主之主」方式呈現沖虛玄德；生而不有就是無心而生，為而不恃就是無為而事，長而不宰就是不主之主，無為而無不為；故沖虛玄德之為萬物之宗主，以非客觀地置定一存有型之實體名曰沖虛玄德，此沖虛玄德之為宗主實非「存有型」，而乃「境界型」者；蓋必本於主觀修證，（致虛守靜之修證），所證之沖虛之境界，由此沖虛之境界，而起沖虛之觀照，故沖虛玄德之內容意義完全由主觀修證而證實，非是客觀地對一實體之理論的觀想。〔註56〕故主觀境界形態是一種由實踐所開展出的內容性真理，透過工夫修持提升實踐價值。雖然實踐的方法不同會有些變化，但不影響本身差異性；當主觀的實踐使自身心靈徹底自在時，萬物也以其本來面目呈現，這時主觀心境與客觀世界渾然交融，精神世界一體而化。〔註57〕故要感通道，必須落實工夫的修持，這就是牟宗三先生強調的「主觀境界」形態。

　　針對上述觀點，袁保新先生研究中提出不同的觀點，筆者嘗試歸納為五點，依序呈述之：其一，他認為牟宗三先生撤銷了道的實體性與客觀性，會使得老子對於宇宙論的詮釋，全都要扭轉在主觀心境的沖虛玄德下，理解為「不生之生」；其二，如果因為強調老子的實踐性格，將老子形上概念完全限定在觀念發生過程中來了解，並收在主觀親證之下，而以「主觀心境」觀道，非以「道」觀道，這未必是老子本義；其三，在主觀境界的詮釋中，道乃價值世界呈顯不同異趣及進昇層次的最後基礎或超越根據，但因人有其差異性，故道會因人在世界中的修養路徑及程度而有不同的顯現；其四，對於「道」、「無」、「有」等形上概念，雖有思想史的外緣背景及實踐體證性格，卻不宜將其意義拘限在觀念的發生程序與認識的主觀條件上，甚至將客觀性與實體性一概視為「姿態」；其五，有關境界呈現方面，必須等待主觀實踐後才能彰顯，且所顯的境界卻是前主客二分（pre-predicative）的經驗，但皆直屬於價值世界的最

不免有『絕對的存有就是非存有』的矛盾，要不然就是會遇到非把道的重心轉移到『有』上面不可的困難，所以老子的道應該是人之主觀境界上的沖虛玄德，它之為萬物宗主而能生畜衣養萬物，它只有實現性而沒有創造性，客觀實有對它而言僅僅是貌似和姿態而已。」陳德和：《淮南子的哲學》（嘉義：南華管理學院，1999年）頁102。

〔註56〕詳細請看原文。牟宗三：《才性與玄理》（臺北：臺灣學生書局，1983年），頁140～141。

〔註57〕脈絡參考袁保新：《老子哲學之詮釋與重建》（臺北：文津出版社，1991年），頁51。

後根源「道」，因此，道的意涵應不限於主觀或客觀。〔註58〕故在詮釋主觀實踐時，仍須留意此觀點的盲點。

綜觀以上論點，筆者順著前段脈絡作延伸，有關唐君毅先生的「客觀實有」的立場，若能在思想史的反省中，考慮老子的興起背景，以及老子思想發生的特殊機緣，則具有生活修養以及價值根源涵義的道，就不會以虛而不實的理由被排除了。因此對於老子形上義理的整體詮釋而言，語義類析的進路能夠立其說於客觀的基礎之上，但建構性的詮釋仍必須類似牟宗三先生思想史的反省，才不會因個人理論的興趣，將老子從時代脈絡中抽離出來。另一方面，以牟宗三先生的「主觀境界」立場而言，若能將道的實體性與客觀性作更進一步的詮釋，可避免落入一概視為姿態的模糊觀點。而在面對精神價值世界的最後根源「道」是否還需主客二分，原則上應該是不分主客，甚至超越主客的。畢竟主觀心境其只能是『道』顯現的「場所」，並不是「道」的本身。〔註59〕針對兩方論述，筆者認為以道為本體而言，確實都有各自的形而上立足觀點。但就老子的生命智慧及本論文所關心的主題來說，著墨的不是道的客觀實體的面向，而是它遍常於世間萬物的法則，一切有效普遍性的面向，所以它是既超越於時空侷限之外，又可以彌細到最具體的事物上面，故主觀境界型態更能運用在本論文著重討論的健康促進上。然而，不論立場如何，透過兩位當代新儒學中最具義理原創性的大師精闢之詮釋，讓後代學者產生更多的討論與對話，兩位對於當代詮釋老學義理的面貌多了不同的開展，價值性實在功不可沒。在對「道」的義理的會通後，文義的疏證同等重要，接下來將依照經文內容剖析道的意義。

第三節　道在《老子》中的經文義涵

在《老子》一書的經文有五千多言，篇幅而言總計八十一章，分為上下篇，上篇言道，共 37 章，下篇言德，共 44 章。在老子經文當中，一共引用了 76 個「道」字，而道字廣佈在 81 章裡面，筆者整理歸納成表格呈現如下。接下來根據第二節「道」的概念之蘊義，將本文分成 37 個部分，當中這 76 個「道」

〔註58〕歸納參考袁保新：《老子哲學之詮釋與重建》（臺北：文津出版社，1991 年），頁 74～76。

〔註59〕脈絡參考袁保新：《老子哲學之詮釋與重建》（臺北：文津出版社，1991 年），頁 101。

字結合經文上下文字內容的表述，逐一梳理。

　　此節以王弼通行本排定的篇章及注解為主，搭配歷代註解作為輔助，試著將經文中的「道」字逐一列出詮釋，以求探索「道」在老子哲學中所呈現的思維脈絡：

表 2-1　《老子道德經注》出現道字篇章總表

王弼分章	道德經經文內容，共出現 76 個道字
第一章	道可道，非常道。
第四章	道沖，而用之或不盈。淵兮，似萬物之宗。
第八章	水善利萬物而不爭，處眾人之所惡，故幾於道。
第九章	持而盈之，不如其已；揣而銳之，不可長保；金玉滿堂，莫之能守；富貴而驕，自遺其咎。功成名遂，天之道。
第十四章	執古之道，以御今之有。能知古始，是謂道紀。
第十五章	保持道者，不欲盈。夫惟不盈，故能蔽而新成。
第十六章	知常容，容乃公，公乃王，王乃天，天乃道，道乃久。
第十八章	大道廢，有仁義；智慧出，有大偽。
第二十一章	孔德之容，惟道是從。道之為物，惟恍惟惚。
第二十三章	故從事於道，道者同於道；德者，同於德；失者，同於失。同於道者，道亦樂得之；同於德者，德亦樂德之；同於失者，失亦樂得之。
第二十四章	其在道也，曰：餘食贅行。物或惡之，故有道者不處。
第二十五章	無不知其名，字之曰道，強為之名曰大。大曰逝，逝曰遠，遠曰反。故道大、天大、地大、王亦大。域中有四大，而王居其一焉。人法地，地法天，天法道，道法自然。
第三十章	以道佐人主者，不以兵強天下。 物壯則老，是謂不道，不道早已。
第三十一章	夫佳兵者不祥之氣，物或惡之，故有道者不處。
第三十二章	道常無名，樸雖小。 譬道之在天下，猶川谷之於江海。
第三十四章	大道氾兮，其可左右。萬物恃之而生而不辭。功成不名有，衣養萬物而不為主。
第三十五章	執大象，天下往，往而不害安平太。樂與餌，過客止。道之出口，淡乎其無味。
第三十七章	道常無為而無不為。
第三十八章	故失道而後德，失德而後仁。 前識者，道之華，而愚之始。

第四十章	反者道之動，弱者道之用。天下萬物生於有，有生於無。
第四十一章	上士聞道，勤而行之，中士聞道，若存若亡，下士聞道，大笑之，不笑不足以為道。……明道若昧，進道若退，夷道若纇。……道隱無名，夫唯道善待且成。
第四十二章	道生一，一生二、二生三，三生萬物。
第四十六章	天下有道，卻走馬以糞，天下無道，戎馬生於郊。
第四十七章	不出戶，知天下；不闚牖，見天道。
第四十八章	為學日益，為道日損。
第五十一章	道生之，德蓄之，物形之，勢成之。是以萬物莫不尊道而貴德。道之尊，德之貴，夫莫之命而常自然。故道生之，德蓄之，長之、育之、亭之、毒之、養之、覆之。生而不有，為而不恃，長而不宰，是謂玄德。
第五十三章	使我介然有知，行於大道，惟施是畏。大道慎夷，而民好徑。……是謂盜夸非道也哉。
第五十五章	益生曰祥。心始氣曰強。物壯則老，謂之不道。不道早已。
第五十九章	是謂深根固柢，長生久視之道。
第六十章	治大國，若烹小鮮。以道蒞天下，其鬼不神。
第六十二章	道者，萬物之奧，善人之寶，不善人之所保。 故立天子，置三公，雖有拱璧以先駟馬，不如坐進此道。古之所以貴此道者何？
第六十五章	古之善為道者，非以明民，將以愚之。
第六十七章	天下皆謂我道大，似不肖。夫惟大，故似不肖。
第七十三章	天之道，不爭而善勝，不言而善應，不召而自來，繟然而善謀。
第七十七章	天之道，其猶張弓與！高者抑之，下者舉之；有餘者損之，不足者補之。天之道損有餘，而補不足；人之道則不然，損不足，以奉有餘。孰能有餘以奉天下？惟有道者。
第七十九章	天道無親，常與善人。
第八十一章	天之道，利而不害；聖人之道，為而不爭。

1.《老子·第一章》

　　此章主要是在說明道的體用，屬於形而上的實體之「道」，經文五千多言就由此延伸。

　　　　道可道，非常道。〔註60〕

────────────

〔註60〕（魏）王弼注：《老子道德經注》，收入於樓宇烈校釋：《王弼集校釋》（臺北：華正書局，1992年），頁1。

王弼注：「可道之道，可名之名，指事造形，非其常也。故不可道，不可名也。」
〔註61〕憨山注：「意謂真常之道，本無相無名，不可言說。凡可言者，則非真常之道矣。故非常道。」〔註62〕由註解可知「道」無形無象，也無名字，是無法言喻的，若可以說出來的就不是常「道」，此兩句是在說明道的無名無相之體，第一個「道」是名詞，是構成世界的實體，也就是宇宙的本源，故韓非子〈解老篇〉曰：「道者萬物之所以成也。」〔註63〕可知第一個「道」字是天地萬物的根源；第二個「道」是動詞，言說之意；第三個「道」字是常道，指的是恆常不變的道。值得注意的是，吳澄提出：「道猶路也。可道可踐行也。」〔註64〕，說明他用「路」的觀點去解釋「道」，並提出關鍵的「猶」字，指出「道」是意象並完全不等同於具象的「路」，但若硬要舉一個意象形容，最貼近它的就是路。換句話說，「路」是一個最能貼近「道」的意象，因為路是可以被行走的。再來，吳澄從路可以被人行走的角度，去思考道跟路的關係，所以提出可踐行的道被稱為「可見之道」；但也有一種不用踐行，它也就一直存在的道就叫做「常道」，這才是常久不變的道。

2.《老子‧第四章》

此章的「道」體是虛空的，是萬物的根源，屬於形而上的實體之「道」。

道沖而用之或不盈，淵兮似萬物之宗。〔註65〕

王弼注：「沖而用之，用乃不能窮滿以造實，實來則溢，故沖而用之，又復不盈，其為無窮亦已極矣。」〔註66〕吳澄注：「沖字本做盅器之虛也，或疑辭不敢必也。道之體虛，人之用此道者亦當虛而不盈，盈則非道矣。」〔註67〕筆者認為將「道」解做器虛之意太過牽強，故吳澄用「或」的疑辭代表不敢必然如

〔註61〕（魏）王弼注：《老子道德經注》，收入於樓宇烈校釋：《王弼集校釋》（臺北：華正書局，1992年），頁1。
〔註62〕（明）憨山大師：《老子道德經憨山解》（臺北：新文豐出版社，1982年），頁51。
〔註63〕（戰國）韓非子：《韓非子》，收入於嚴靈峯編輯：《無求備齋韓非子集成》第7冊（臺北：成文出版社，1982年），頁192。
〔註64〕（元）吳澄：《道德真經注》（臺北：廣文書局，1981年），頁8。
〔註65〕（魏）王弼注：《老子道德經注》，收入於樓宇烈校釋：《王弼集校釋》（臺北：華正書局，1992年），頁14。
〔註66〕憨山也注：「沖，虛也。盈，充滿也。」（魏）王弼注：《老子道德經注》，收入於樓宇烈校釋：《王弼集校釋》（臺北：華正書局，1992年），頁10；（明）憨山大師：《老子道德經憨山解》（臺北：新文豐出版社，1982年），頁56。
〔註67〕（元）吳澄：《道德真經注》（臺北：廣文書局，1981年），頁8。

此說，因為將「道」解釋成容器的「虛」太過實體，解釋成空虛的「虛」又太過空無，故老子用「沖」字當動詞用有「使之虛」的意思，用三點水的「沖」[註68]字來表現「虛」的狀態。「虛」不是沒有，「虛」是相對「實」而言，也就是站在實的非實面來說，實之非實，使得實之可用，這叫做「虛」。所以，原來「虛」談論的問題，是相對「實」而言的，而道家主要用「虛」來對應「實」，例如：如果心都被填滿了叫做「塞」，對於道家而言「虛」是用來對應堵塞的「實」，消解堵塞之實可以稱為「虛」；或者「實」是一種刻意妄為，那麼「虛」就是無為，也就是無掉刻意妄為。故此章談論「道」的沖虛之用，是形而上的實存之「道」，是萬物的總源頭。

3.《老子‧第八章》

此章的「道」從自然世界的現象，延伸至生存世界的生命智慧，展現「不爭」的特性，類通「德」，屬於生活處世之「道」。

> 水善利萬物而不爭，處眾人之所惡，故幾於道。[註69]

河上公注：「上善之人，如水之性。……水性幾於道同。」[註70]憨山注：「上，最上。謂謙虛不爭之德最為上善，譬如水也。……幾，近也。」[註71]吳澄注：「上善為第一等至極之善，……故幾於有道者之善。幾，近也。」[註72]歸納各家論點後，了解「不爭之德」要像水一樣，「大道泛分其可左右」[註73]，無往而不善，也就是說水不管留在任何地方，皆是為善的。水至少有三種特性，其一能滋養萬物、其二本質柔弱不爭、其三能處於眾人厭惡的卑下之處，所以「道」落入現象界成「上善」，故用「水」比喻，「水」最接近於「道」，因為水沒有使用的邊際，日常生活都離不開水的作用，但水與「道」最大的不同，

[註68] 一般而言，沖字與冲字是可以互用的，但在吳澄的《道德真經注》並不相通，例如：右第四章和右三十四章，可對照原典。（元）吳澄：《道德真經注》（臺北：廣文書局，1981 年），頁 8 及 77。

[註69] （魏）王弼注：《老子道德經注》，收入於樓宇烈校釋：《王弼集校釋》（臺北：華正書局，1992 年），頁 20。

[註70] （漢）河上公注、王卡點校：《老子道德經河上公章句》（北京：中華書局，1993 年），頁 29。

[註71] （明）憨山大師：《老子道德經憨山解》（臺北：新文豐出版社，1982 年），頁 60。

[註72] （元）吳澄：《道德真經注》（臺北：廣文書局，1981 年），頁 13。

[註73] （魏）王弼注：《老子道德經注》，收入於樓宇烈校釋：《王弼集校釋》（臺北：華正書局，1992 年），頁 86。

就是水不可穿透，而「道」是可穿透的；水是物體的狀態，「道」是一個虛無的狀態，所以在本質上還是不一樣，這就是王弼注的：「道無水有」〔註74〕的關係。故「上善」是「道」與人相處的作用；而「水」是「道」在自然界的作用，「上善」與「水」兩者都是道的作用，都接近道，但不等於道。

4.《老子・第九章》

此章說明恆久常保之道，包含了「適得其分」的喻意，涵義類通於「德」，屬於生活處世之「道」。

> 持而盈之，不如其已；揣而銳之，不可長保；金玉滿堂，莫之能守；
> 富貴而驕，自遺其咎。功成身退，天之道。〔註75〕

河上公注：「盈，滿也。已，止也。」〔註76〕吳澄注：「言槃水者不可以盈，盈之則易至於溢，不如已之而不使盈也。銳之則易至於挫，而不可長保其銳矣。」〔註77〕說明以杯子裝水，水太滿容易溢出，不如適可而止，吳澄甚至用淺盤形容器物的容納量小；鑄鐵成刀，刀鋒尖銳，容易折斷；金玉為富，與財富本身無關，問題是出於心態，太過守滿或驕縱終將導致禍害。唐人劉師立（？～640年）曾總結的說：「盈則必虛，戒之在滿。銳則必鈍，戒之在進。金玉必累，戒之在貪。富貴易淫，戒之在傲。」〔註78〕歷代學者們都用大自然的運行比喻

〔註74〕（魏）王弼注：《老子道德經注》，收入於樓宇烈校釋：《王弼集校釋》（臺北：華正書局，1992 年），頁 20。

〔註75〕（魏）王弼注：《老子道德經注》，收入於樓宇烈校釋：《王弼集校釋》（臺北：華正書局，1992 年），頁 21。

〔註76〕（漢）河上公注、王卡點校：《老子道德經河上公章句》（北京：中華書局，1993 年），頁 32。

〔註77〕特別一提，吳澄在此章提到的：「前者言富言貴，而富貴二字在中間一句，通貫前後。惟貴迺富，則富之中有貴，既貴必富，則貴之中有富。富貴二者相須而有，故驕盈不保其富，是即不保其貴也；身退不盈而長保其貴，是亦長保其富也。」吳澄認為金玉謂富，後面功成名遂是貴，中間連接是富貴，所以前面是富，後面是貴，由富貴二字連接前後文，他認為這是老子安排的句法，但老子的三件事情指的都是同一件事，只不過前面提富，後面提貴而已。所以在文法上去解構老子，吳澄已帶進自己的見解，先把富跟貴拆成前後，中間由富而貴，而且還說富和貴是相須而已，就現實生活面而言，光是有錢也可能遭來橫禍，有富不見得有貴，故由貴可能會顯富，由富未必保證貴，相須是吳澄想像，未必是事實，所以從吳澄觀點解老子，會出現解老與現實間的落差。但老子能與現實連結，因為老子不講富貴相須，只講不管是富、不管是貴，不管是富貴，抓得死牢是守不住的。參考（元）吳澄：《道德真經注》（臺北：廣文書局，1981 年），頁 15。

〔註78〕（明）焦竑：《老子翼》（北京：中華書局，1984 年），頁 32。

天之道，〔註79〕例如：太陽不執著強占白天，與月亮做好日夜的交替，四時的春夏秋冬變化也是；人也是，當完成一件事後，就很自然的退下來，交給下一棒，這才是自然之道。值得一提的是，在解讀文本過程，大多數的人都是跟著字詞解釋，會認為「持而盈之」是老子反對的，「不如其已」是老子贊成的，但筆者認為這樣的對立說法，類同於〈第二章〉說的「高下相傾、難易相成」〔註80〕，這些都不是老子講的常道，老子說的「道」是「玄之又玄」（〈第一章〉）〔註81〕，「有」和「無」是相生的。對老子而言，對與錯都不是事物的本來面貌，也不是天地運行的常道，不單指持而盈之、揣而銳之。例如：車子要加油才能行駛，加太多又容易溢出來，有時揣而銳之是好的，並非全然負向，所以重點應放在「適可而止」，也就是西方講的「取其平衡」，任何事情沒有對錯，能夠掌握將變未變之「幾」，並拿捏取其平衡，這就是道家說的「彈性」，依此原則可延伸所有事物都可以如此應對。最後，老子不只點出方向，更進一步給出適可而止的答案，就是「功成身退」〔註82〕，它的背後原則就是完成階段性的任務，可以自然的銜接下一個事物，讓事情連續性不斷的無縫接軌到下一件事，只要能順通不堵塞就能合乎天之道，這才是恆久常保之道。

5.《老子・第十四章》

此章前面用「夷」、「希」、「微」形容道體，後面的兩個「道」字，主要說

〔註79〕 河上公注：「譬如日中則移，月滿則虧，物盛則衰，樂極則哀。」王弼注：「四時更運。」憨山注：「獨不見四時乎，成功者退。」吳澄注：「故四時之序，成功者去。」（漢）河上公注、王卡點校：《老子道德經河上公章句》（北京：中華書局，1993 年），頁 32；（魏）王弼注：《老子道德經注》，收入於樓宇烈校釋：《王弼集校釋》（臺北：華正書局，1992 年），頁 21；（明）憨山大師：《老子道德經憨山解》（臺北：新文豐出版社，1982 年），頁 61～62；（元）吳澄：《道德真經注》（臺北：廣文書局，1981 年），頁 15。

〔註80〕 （魏）王弼注：《老子道德經注》，收入於樓宇烈校釋：《王弼集校釋》（臺北：華正書局，1992 年），頁 4。

〔註81〕 （魏）王弼注：《老子道德經注》，收入於樓宇烈校釋：《王弼集校釋》（臺北：華正書局，1992 年），頁 1。

〔註82〕 河上公注：「言人所為，功成事立，名跡稱遂，不退身避位，則遇於害，此乃天之常道也。」王弼注：「功成則移。」憨山注：「人殊不知天道惡盈而好謙。獨不見四時乎，成功者退。」吳澄注：「身退為不盈者。天之道虛而不盈，故四時之序，成功者去。」（漢）河上公注、王卡點校：《老子道德經河上公章句》（北京：中華書局，1993 年），頁 32；（魏）王弼注：《老子道德經注》，收入於樓宇烈校釋：《王弼集校釋》（臺北：華正書局，1992 年），頁 21；（明）憨山大師：《老子道德經憨山解》（臺北：新文豐出版社，1982 年），頁 61～62；（元）吳澄：《道德真經注》（臺北：廣文書局，1981 年），頁 15。

明「道」的運作軌跡，屬於規律之「道」。

　　執古之道，以御今之有。能知古始，是謂道紀。〔註83〕

王弼注：「無形無名者，萬物之宗也。雖今古不同，時移俗易，故莫不由乎此，以成其治者也。上古雖遠，其道存焉，故雖在，今可以知古始也。」〔註84〕有關此章對「道」的論述需與本章前面的「視之不見」、「聽之不聞」、「博之不得」談論的「夷」、「希」、「微」〔註85〕論析，這三者皆是描述身體感官無法察覺到的宇宙生化本質，即是談論道的本體，如同莊子〈齊物論〉的「天籟」〔註86〕。雖然無法看到、聽到、觸摸到，但它卻從古至今真真實實的存在，運行著現今現象界看到的有。這個實存之道仍可透過它作用於物所呈現的軌跡，讓吾人可依循，故此章兩個「道」字談的較屬於規律性的「道」。

6.《老子・第十五章》

　　此章說明「徐明」、「徐生」之道，展現「不盈」、「不爭」的特性，因落入現象界，故屬於生活處世之「道」。

〔註83〕（魏）王弼注：《老子道德經注》，收入於樓宇烈校釋：《王弼集校釋》（臺北：華正書局，1992年），頁32。

〔註84〕河上公注：「聖人執守古道，生一以御物，知今當有一也。人能知上古本始有一，是謂知道綱紀也。」憨山注：「然聖人所以為聖人者，蓋執此妙道以御世。吾人有能之此古始。始，是謂道紀。紀，綱紀。謂統緒也。」（魏）王弼注：《老子道德經注》，收入於樓宇烈校釋：《王弼集校釋》（臺北：華正書局，1992年）頁32；（漢）河上公注、王卡點校：《老子道德經河上公章句》（北京：中華書局，1993年），頁53～54；（明）憨山大師：《老子道德經憨山解》（臺北：新文豐出版社，1982年），頁66～67。

〔註85〕值得探討的是，王弼認為視之不見名曰「夷」、「希」、「微」，都是「道」；吳澄則認為這三者可名可狀是「德」，此三者都屬於「形而下」。吳澄認為形而下裡面未分為物的狀態叫做「德」，形而上形而下分成一開始的未分之先，叫做「元氣」也就是「混屯」，底下被分的就是氣或物就是「希」、「微」，所以原來在王弼形容道體的「希」、「微」在這裡變成「德」，變成了「象」、「氣」。總而言之，吳澄用「理氣二路論」去解釋老子的「道生天地論」，故他認為這章是為「德」的描述，是對「元氣」、「象」的描述，不同於王弼認為都是「道」的詮釋。（此章原文參考吳澄注：「古始者，道也。謂古先天地之所始也。道紀者，德也。謂道散為德，如理絲之縷有條而不紊也。能之此道則之此德，謂道之紀也。」（元）吳澄：《道德真經注》（臺北：廣文書局，1981年），頁22。

〔註86〕《莊子・齊物論》將聲音分成三種層次，分別為「天籟」、「地籟」、「人籟」。當中提到的「天籟」是指宇宙造化之聲，是一種近乎無聲的消息，類通於「幾」；「地籟」是指大自然的風雨搖曳、花草樹木、蟬鳴鳥叫的聲音；最後，「人籟」指的是人類情感慾望的表述或音樂的傳達。綜合（清）郭慶藩注：《莊子集釋》（新北市：商周出版，2018年），頁46～49。

　　　　保持道者，不欲盈。夫惟不盈，故能蔽而新成。〔註87〕

王弼注：「盈必溢也。蔽，覆蓋也。」〔註88〕吳澄注：「成謂完備。凡物蔽則缺，新則成，蔽而缺者不盈也，新而成者盈也，保守此道之人不欲其盈，故能蔽缺不為新成。」〔註89〕此章乃濁之徐明、動之徐生之道，意念動時要保持清明就是一個「靜」字，清明後要長久就是跟隨自然的運作，與萬物共生，生生不已，方能動之「徐」生。老子的哲學如同「玄之又玄」般，相互交錯，故靜非死靜，靜在動中，無也不是空無，有無相生，老子簡單用「徐」字貫穿，強調與萬物徐生時，始終要保持知足不求滿的狀態，故靜之於清和動之徐生以「不欲盈」總結。至於如何達到不求滿的方法，老子提出「蔽」字作為具體實踐的方針，河上公也注：「夫為不盈滿之人，能守蔽不為新成。蔽者，匿光榮也。」〔註90〕而「蔽」類似於不爭的修養功夫，適時遮蔽自身的光芒，不誇耀「新」〔註91〕的成就於人，不樹大招風。因時常沖虛為懷，守住不欲盈的心態，外人看來就深不可識，同時也呼應了此章前段的「微妙玄通」〔註92〕，達此境界便能與萬物合一共生。

7.《老子・第十六章》

　　此章主要談「虛靜」的自然之「道」，符合自然規律就能長久，這裡的兩個「道」字類通於規律之「道」。

　　　　知常容，容乃公，公乃王，王乃天，天乃道，道乃久，沒身不殆。

　　〔註93〕

〔註87〕（魏）王弼注：《老子道德經注》，收入於樓宇烈校釋：《王弼集校釋》（臺北：華正書局，1992年），頁34。

〔註88〕河上公也注：「保此徐生之道，不欲奢泰盈溢。夫為不盈滿之人，能守蔽不為新成。蔽者，匿光榮也。新成者，貴功名。」（魏）王弼注：《老子道德經注》，收入於樓宇烈校釋：《王弼集校釋》（臺北：華正書局，1992年），頁34；（漢）河上公注、王卡點校：《老子道德經河上公章句》（北京：中華書局，1993年），頁58～59。

〔註89〕（元）吳澄：《道德真經注》（臺北：廣文書局，1981年），頁26。

〔註90〕河上公注、王卡點校：《老子道德經河上公章句》（北京：中華書局，1993年），頁58～59。

〔註91〕對於道本身而言，並沒有新舊之分，「新」只是相對的概念，一切的成功本是順乎自然而成。

〔註92〕「微妙玄通」比喻修道者之全體大用。吳怡先生解釋成「微」是指思想的精微不可知，「妙」是指心的生化之妙，「玄」是指性的沖虛玄深，「通」是指事理的通達無礙。吳怡：《新譯老子解義》（臺北：三民書局，2013年），頁103。

〔註93〕（魏）王弼注：《老子道德經注》，收入於樓宇烈校釋：《王弼集校釋》（臺北：

對應到本章前段「致虛守靜」的境界,「虛」掉了對一切有的執著,不論物質或想法,使心「無欲」回歸到平「靜」,提醒自身在生命發展過程,隨時「歸根」〔註94〕,回到素樸本心,重返自然也就是道的懷抱,故王弼注:「言致虛物之極篤,守靜物之真正。」〔註95〕然而這一切都是動態的過程並非死靜,呈現生生不息川流不止的自然之道。心能達到「虛靜」境界,便能包容萬物,河上公注:「能知道之所常行,去情忘欲,無所不包容也。」〔註96〕「知常容」指的是透過前面的「觀」加上有所感「知」,才能真正感通萬物的事理。透過虛靜,讓心素樸後,再進一步涵養「虛能容有」的功夫,便能達到無所不包。莊子的〈齊物論〉也說:「天地與我並生,而萬物與我合一。」〔註97〕與天道合一,萬物共生,相容後就無「分別」〔註98〕心。「公乃王」〔註99〕指的是因無私心於萬物,然萬物為我所歸,便能達到天人合一的境界,故「王乃天」。當自身透過守靜、知常、能容、能公、能王、能天之後,一切合乎自然之道便

華正書局,1992 年),頁 37。

〔註94〕「歸根」一詞是個象徵,河上公注「根」為「更生」,王弼注「根」為「始」,皆抓緊了根字乃是生機之所發,生生不息之動力。以植物而言,落葉歸根化為春泥後再生是一個現象,然而人不能如同植物經過死亡在重生,但可以在有生之年透過每次的念頭生滅,修養自身,讓自己歸根,歸靜達復命,回歸自然的生命,就是自然就是常,本體也就是道。(漢)河上公注、王卡點校:《老子道德經河上公章句》(北京:中華書局,1993 年),頁 63;(魏)王弼注:《老子道德經注》,收入於樓宇烈校釋:《王弼集校釋》(臺北:華正書局,1992 年),頁 37。

〔註95〕心守在虛靜的境界時,才能去觀照天地萬物的生化,進而有所感通,故王弼又說:「以虛靜觀其反復,凡有起於虛,動起於靜。故萬物雖並動作,卒復歸於虛靜,是物之極篤也。」強調了「復」字,也就是歸根之意。(魏)王弼注:《老子道德經注》,收入於樓宇烈校釋:《王弼集校釋》(臺北:華正書局,1992 年),頁 37。吳怡先生認為就老子的思想來說,王弼能把「復」解作反本,把靜當作萬物的根本,認為靜不是和動相對語,而是動的根本,是非常精到的見解。吳怡:《新譯老子解義》(臺北:三民書局,2013 年),頁 113。

〔註96〕(漢)河上公注、王卡點校:《老子道德經河上公章句》(北京:中華書局,1993 年),頁 62。

〔註97〕(清)郭慶藩注:《莊子集釋》(新北市:商周出版,2018 年),頁 68。

〔註98〕王弼注:「無所不包通,乃至於蕩然公平也。」這裡的「公」是一個與私相對的概念,沒有分別心之意。(魏)王弼注:《老子道德經注》,收入於樓宇烈校釋:《王弼集校釋》(臺北:華正書局,1992 年),頁 37。

〔註99〕呼應了老子〈第三十六章〉:「終不自為大,故能成其大。」及〈第六十六章〉:「江海所以為百谷王。」(魏)王弼注:《老子道德經注》,收入於樓宇烈校釋:《王弼集校釋》(臺北:華正書局,1992 年),頁 170。

能「沒身不殆」〔註100〕，故此章講的是達「虛靜」後的永恆「自然之道」。

8.《老子‧第十八章》

此章說明「道」的「自然無為」，符合自然的運行就能長久，類通於規律之「道」。

> 大道廢，有仁義；智慧出，有大偽。〔註101〕

此章的大道和仁義呼應了〈第十七章〉「太上下之有之」及「其次親而譽之」〔註102〕。大道本就一直存在，這裡的「大道廢」指的是當大道不能行於人間時，仁義的道德觀念開始被提倡，故河上公注：「大道之時，家有孝子，戶有忠信，仁義不見也。大道廢不用，惡逆生，乃有仁義可傳道。」〔註103〕上位者用巧智條文治國，人民易鑽法律漏洞，這便是放棄「自然無為」之道行「有為」之治的開始，故王弼注：「失無為之事，更以施慧立善道，進物也。行術用明，以察姦偽；趣睹形見，物知避之。故智慧出則大偽生也。」〔註104〕本章主要指出治國之道，在於自然無為，太多的有為干涉，導致素樸本性喪失，故應無掉有為，處無為之事，行不言之教，讓社會安其居，回歸自然而然之道。

〔註100〕 憨山注：「天法道，合乎自然。人得此道，則身雖死而道常存。」吳澄注：「天謂與天為一也，與天地為一則道在我矣，道在我則與道同其久。」就道本身而言並無久或暫，人的生命有限，但從形而上的觀念而言，身死可做歸根，因復命所以不殆，與永恆之道共長久。（明）憨山大師，《老子道德經憨山解》（臺北：新文豐出版社，1982 年），頁 56；（元）吳澄：《道德真經注》（臺北：廣文書局，1981 年），頁 27。

〔註101〕 （魏）王弼注：《老子道德經注》，收入於樓宇烈校釋：《王弼集校釋》（臺北：華正書局，1992 年），頁 43。

〔註102〕 吳澄注：「不知有之者，大道也。親譽之者，仁義也。畏侮之者，智慧也。智慧又變大偽則共有四等也。」（元）吳澄：《道德真經注》（臺北：廣文書局，1981 年），頁 29。

〔註103〕 （漢）河上公注、王卡點校：《老子道德經河上公章句》（北京：中華書局，1993 年），頁 73。憨山也注：「大道無心愛物，而物物各得其所。仁義有心愛物，即有親疏區別之分。」（明）憨山大師：《老子道德經憨山解》（臺北：新文豐出版社，1982 年），頁 73。

〔註104〕 （魏）王弼注：《老子道德經注》，收入於樓宇烈校釋：《王弼集校釋》（臺北：華正書局，1992 年），頁 43。河上公注：「智慧之君賤德而貴言，賤質而貴文，下則應之以為大偽姦詐」；憨山注：「治天下者，乃以智巧設法以治之，殊不知民因法而作奸。」不論是智慧或智巧，皆指國君用巧智治國。（漢）河上公注、王卡點校：《老子道德經河上公章句》（北京：中華書局，1993 年），頁 73。（明）憨山大師：《老子道德經憨山解》（臺北：新文豐出版社，1982 年），頁 73。

9.《老子‧第二十一章》

此章指的是「道」之體，以「孔德」、「恍惚」的特質展現，屬於形而上之「道」。

> 孔德之容，惟道是從。道之為物，惟恍惟惚。〔註105〕

河上公注：「孔，大也。有大德之人，無所不容。」〔註106〕王弼注：「孔，空也，惟以空為德，然後乃能動作從道。」〔註107〕形而上的「道」落實在現象界就是「德」，「孔德」是大德，指的是「道」在現象界的用，故「道」與「德」是一種體和用的關係；一個是普遍性真理的「天之道」，一個是對應後變化的「人之德」，「道」是主，「德」是從。換句話說，「德」是跟著「道」走，「道」也可以透過人實踐「德」而彰顯，故大德的內容，也是根據道而來，就稱作「惟道是從」〔註108〕。後半段的「惟恍惟惚」與〈第十四章〉提到的「惚恍」〔註109〕等同，皆是談論「道」的「無狀之狀，無物之象」〔註110〕。道體本身不是物質，它沒有形象，可是又真實存在著，換句話說，道超越現象，又不離現象，故此章指的是形而上的道體。

10.《老子‧第二十三章》

此章展現的是「自然無為」，類通於自然規律之「道」。

> 故從事於道者，道者同於道；德者，同於德；失者，同於失。同於

〔註105〕（魏）王弼注：《老子道德經注》，收入於樓宇烈校釋：《王弼集校釋》（臺北：華正書局，1992 年），頁 52。吳澄注：「孔德猶言盛德。容謂有而可見者。從，由也。德由道出，而道無形也。德者，道所為物而似無似有，不可得而見。」（元）吳澄：《道德真經注》（臺北：廣文書局，1981 年），頁29。

〔註106〕（漢）河上公注、王卡點校：《老子道德經河上公章句》（北京：中華書局，1993 年），頁 85。

〔註107〕（魏）王弼注：《老子道德經注》，收入於樓宇烈校釋：《王弼集校釋》（臺北：華正書局，1992 年），頁 52。

〔註108〕河上公注：「唯，獨也。大德之人，不隨世俗所行，獨從於道也。道之於萬物，獨恍忽往來，於其無所定也。」（漢）河上公注、王卡點校：《老子道德經河上公章句》（北京：中華書局，1993 年），頁 85。

〔註109〕（魏）王弼注：《老子道德經注》，收入於樓宇烈校釋：《王弼集校釋》（臺北：華正書局，1992 年），頁 32。

〔註110〕老子的道講無也說有，故象不是虛假，而是其中有物。吳怡先生認為：「象也不是只有外表的顯象，也包含內在本質的展現，如同孔德之容的容，是外面的形容，也是裡面的內容。」故象是道在現象界的表現。（魏）王弼注：《老子道德經注》，收入於樓宇烈校釋：《王弼集校釋》（臺北：華正書局，1992年），頁 32；吳怡：《新譯老子解義》（臺北：三民書局，2013 年），頁 113。

道者，道亦樂得之；同於德者，德亦樂德之；同於失者，失亦樂得

之。〔註111〕

此章承接本文前段「飄風不終朝，驟雨不終日」，天地對於自然界的異象無法長久，對應到人也是，若過份加入人為造作，終究無法長久，所以不論人或天地都要合乎「自然之道」，故王弼注：「從事，謂舉動，從事於道者也。」〔註112〕吳澄注：「從事於道，謂以道為事也。」〔註113〕。老子接著用「道」、「德」、「失」三方面去解釋，呼應了〈第十七章〉「太上下之有之」、「其次親而譽之」及「其次畏之，其次侮之」〔註114〕。故行道之人，所行皆合乎於道的理路，換言之，順從於道的人能常與道的自然本體合一，自然就產生合乎常道的結果。

11.《老子‧第二十四章》

此章的「道」展現「不爭」的特性，類通於「德」，屬於生活處世之「道」。

企者不立；跨者不行；自見者不明；自是者不彰；自伐者無功；自

矜者不長。其在道也，曰：餘食贅行。物或惡之，故有道者不處。

〔註115〕

此章前段的「跂者」〔註116〕、「跨者」說明墊腳不能久站，跨步不能長行，這些都不是自然的行為，故不能長久。兩者皆是「自見」、「自是」、「自伐」、「自矜」的表現，故王弼注：「雖有功而自伐之，故更為肬贅者也。」〔註117〕呼應

〔註111〕 （魏）王弼注：《老子道德經注》，收入於樓宇烈校釋：《王弼集校釋》（臺北：華正書局，1992 年），頁 58。

〔註112〕 河上公也注：「從，為也。」呼應了〈第十七章〉的「惟道是從」。（（魏）王弼注、樓宇烈校釋，《王弼集校釋》，臺北：華正書局，1992 年，頁 58。（漢）河上公注、王卡點校：《老子道德經河上公章句》（北京：中華書局，1993 年），頁 94。

〔註113〕 （元）吳澄：《道德真經注》（臺北：廣文書局，1981 年），頁 43。

〔註114〕 王弼注：「故從事於道者，以無為為君，不言為教，綿綿若存而物得其真，與道同體，故曰同於道。言隨行其所，故同而應之。」強調學道的無為，行不言之教，順著自然之理，便能與道同。（魏）王弼注：《老子道德經注》，收入於樓宇烈校釋：《王弼集校釋》（臺北：華正書局，1992 年），頁 40、58。

〔註115〕 （魏）王弼注：《老子道德經注》，收入於樓宇烈校釋：《王弼集校釋》（臺北：華正書局，1992 年），頁 61。

〔註116〕 王弼說：「物尚進，則失安。」這裡的企從踮起腳跟引伸為企求之意，指的是人若有所企求，心便不能安穩。（魏）王弼注：《老子道德經注》，收入於樓宇烈校釋：《王弼集校釋》（臺北：華正書局，1992 年），頁 61。

〔註117〕 （魏）王弼注：《老子道德經注》，收入於樓宇烈校釋：《王弼集校釋》（臺北：華正書局，1992 年），頁 61。

了〈第二十二章〉「不自見故明，不自是故彰，不自伐故有功，不自矜故長」
〔註118〕。「贅行」〔註119〕對學道者而言，都是多餘的行為，有道者不與人爭，
因為爭奪是違反自然的行為；故有道者採「謙下」〔註120〕處世，順應自然，
呼應〈第十五章〉「蔽」的謙下特性。

12.《老子・第二十五章》

此章展現「順應自然」的運行，屬於自然規律之「道」。

> 有物混成，先天地生。寂兮寥兮，獨立不改，周行而不殆，可以為
> 天下母。無不知其名，字之曰道，強為之名曰大。大曰逝，逝曰遠，
> 遠曰反。故道大、天大、地大、王亦大。域中有四大，而王居其一
> 焉。人法地，地法天，天法道，道法自然。〔註121〕

此章的「物」類同於〈第二十一章〉的「道之為物」〔註122〕，不是指「道」
是具體物質性的東西，而是說明宇宙間有一個生化的本體，在天地之前就存
在，如〈第四章〉說的「象帝之先」。它是「有」和「無」的「混成」，王弼注：
「混然不可得而知，而萬物由之以成，故曰混成也。」〔註123〕說明「混成」

〔註118〕「自見」指的是以自己的觀感去評斷一切事物，「自是」是永遠都覺得自己是
　　　　對的，「自伐」是居功誇耀自己的成就，「自矜」是指驕矜自大不知反省自我，
　　　　這四者都是以自我為中心處世，就容引起爭端。若能損掉我執，少思寡欲，
　　　　便能見素抱樸，當處於不爭的境界時，自然天下就無法與之爭。（魏）王弼注：
　　　　《老子道德經注》，收入於樓宇烈校釋：《王弼集校釋》（臺北：華正書局，1992
　　　　年），頁 56。
〔註119〕河上公注：「贅，貪也。使此自矜伐之人，在治國之道，日賦欲餘祿食以為貪
　　　　行。」憨山注：「其在道也，如食之餘，如形之贅，皆人之所共惡。」吳澄注：
　　　　「食之不盡者曰餘，肉之附生者曰贅。若律之於自然之道，譬若食之已於者
　　　　不當食，行之如贅者不當行也。」說明「自見」、「自是」、「自伐」、「自矜」
　　　　對於學道者而言，如同多餘的食物，不必要的言行般，應時常自我提醒，避
　　　　免嚴以律人，寬以待己，落入眾人厭惡的行為中。（漢）河上公注、王卡點校：
　　　　《老子道德經河上公章句》（北京：中華書局，1993 年），頁 98～99；（明）
　　　　憨山大師：《老子道德經憨山解》（臺北：新文豐出版社，1982 年），頁 81；
　　　　（元）吳澄：《道德真經注》（臺北：廣文書局，1981 年），頁 44。
〔註120〕憨山注：「有道之士，以謙虛字守。」（明）憨山大師：《老子道德經憨山解》
　　　　（臺北：新文豐出版社，1982 年），頁 81。
〔註121〕（魏）王弼注：《老子道德經注》，收入於樓宇烈校釋：《王弼集校釋》（臺北：
　　　　華正書局，1992 年），頁 63。
〔註122〕（魏）王弼注：《老子道德經注》，收入於樓宇烈校釋：《王弼集校釋》（臺北：
　　　　華正書局，1992 年），頁 52。
〔註123〕（魏）王弼注：《老子道德經注》，收入於樓宇烈校釋：《王弼集校釋》（臺北：
　　　　華正書局，1992 年），頁 63。

不只是本體的自成，而是動態的與萬物共同生化而成。河上公注：「寂者，無音聲；寥，空無形。」〔註124〕王弼注：「寂寥，無形體也。」〔註125〕說明沒有聲音，也沒有形體，並在這無聲無形中同時綿延不絕，生生不息，所以叫「周行而不殆」〔註126〕。王弼注：「無物之匹，故曰獨立也。返化始終不失其常，故曰不改也。」〔註127〕它不倚靠萬物，又能維持永恆不滅〔註128〕，若勉強要說這個生化本體的名稱，就用「道」〔註129〕字代稱。又要用些文字形容，就用「大」〔註130〕字來表示道的無邊無際，是指一種跳脫大小相對概念的絕對性之「大」。大緊接著用「逝」連結，王弼注：「逝，行也。不守一大體而已。周行無所不至，故曰逝也。」〔註131〕吳澄注：「逝謂流行不息。」〔註132〕兩者皆說明道不是只有固定的「大」在那邊，是動態運行不止的，故能行的遠，且這個「遠」不是直線的時間軸流逝，而是超越時間和空間的無窮盡之遠。遠到極致又能復返，「反」〔註133〕字通「返」。上述的「大」、「逝」、「遠」、「反」

〔註124〕 （漢）河上公注、王卡點校：《老子道德經河上公章句》（北京：中華書局，1993 年），頁 101。

〔註125〕 （魏）王弼注：《老子道德經注》，收入於樓宇烈校釋：《王弼集校釋》（臺北：華正書局，1992 年），頁 63。

〔註126〕 「周行而不殆」在王弼注：「周行無所不至而免殆。」指的是道體的運行永無止息。此「殆」通「怠」，類通《論語・為政》：「思而不學則殆」。（魏）何晏集解、（宋）邢昺疏、（清）阮元校勘：《論語注疏》，收入於《十三經注疏》（臺北：藝文印書館，1965 年），頁 18。

〔註127〕 （魏）王弼注：《老子道德經注》，收入於樓宇烈校釋：《王弼集校釋》（臺北：華正書局，1992 年），頁 63。

〔註128〕 吳怡先生認為這個生化本體乃是天地之始的前面，換句話說，也就是天地的創造主。……天地仰賴它而立，萬物因它而成。所以在天地的成象成形後，這個生化本體，仍然一直發展下去……它的「獨立不改」是說道已超乎萬物生滅的現象之上，是永恆不滅的。吳怡：《新譯老子解義》（臺北：三民書局，2013 年），頁 174～175。

〔註129〕 王弼注：「名以定形，混成無形，不可得而定。」事實上，道本就無名無象，名稱是勉強定的。（魏）王弼注：《老子道德經注》，收入於樓宇烈校釋：《王弼集校釋》（臺北：華正書局，1992 年），頁 64。

〔註130〕 陳鼓應先生認為：「此章的『大』是形容道的沒有邊際，無所不包。」陳鼓應：《老子今註今譯及評介》（臺北：臺灣商務印書館，1997 年），頁 149。

〔註131〕 （魏）王弼注：《老子道德經注》，收入於樓宇烈校釋：《王弼集校釋》（臺北：華正書局，1992 年），頁 63。

〔註132〕 （元）吳澄：《道德真經注》（臺北：廣文書局，1981 年），頁 46。

〔註133〕 吳怡先生認為「反」字有兩個用法，一作相反的「反」；也包括反復的反；另一是回歸的「返」。吳怡：《新譯老子解義》（臺北：三民書局，2013 年），頁 178。

都是在描述道體周行不怠的運作過程。接下來用「道」、「天」、「地」、「王」來形容生化場域的四大，「域」有宇宙之內之意。當中「天」、「地」、「王」屬於現象界，而「道」的作用需透過「天」、「地」、「王」三者來彰顯。故王弼注：「法，謂法則也。人不違地，乃得全安，法地也。地不違天，乃得全載，法天也。天不違道，乃得全覆，法道也。道不違自然，乃得其性，法自然者。」[註134]說明人應效法地的不爭之德，地效法天的無私無為，天效法道的生而不有，而道的本質就是自然，順應本源，自然而然，故此章在講的是「道」順應自然的規律性。

13.《老子‧第三十章》

此章指的「道」展現「功成身退」的特質，類同於「德」，屬於生活處世之「道」。

> 以道佐人主者，不以兵強天下。……物壯則老，是謂不道，不道早已。[註135]

河上公注：「謂人主能以道自輔佐也。以道自佐之主，不以兵革，順天任德，敵人自服。」[註136]指出以道來治國的人，不會用軍事武力來鎮壓，都是用德行讓敵方臣服。「其事好還」[註137]說明常以武力傷人並強調戰爭的成果易遭報復，凡是軍隊走過的地方，都會變成廢墟，無法農耕的結果導致飢荒連年。以道輔佐國君得到的成果，絕不敢用武力來征服天下，並謹記不可「矜」、「驕」、「伐」，要做到「功成身退」才符合「天之道」。而「物壯則老」呼應〈第二十三章〉的「飄風不終朝，驟雨不終日」[註138]，意指不合乎道的事，都是無法長久的。王弼注：「壯，武力暴興，喻以兵強於天下者也。飄風不終朝，驟雨不終日，故暴興必不道早已也。」[註139]萬物由生到壯到老，本是一個自

〔註134〕（魏）王弼注：《老子道德經注》，收入於樓宇烈校釋：《王弼集校釋》（臺北：華正書局，1992 年），頁 63。

〔註135〕（魏）王弼注：《老子道德經注》，收入於樓宇烈校釋：《王弼集校釋》（臺北：華正書局，1992 年），頁 78。

〔註136〕（漢）河上公注、王卡點校：《老子道德經河上公章句》（北京：中華書局，1993 年），頁 121。

〔註137〕林希逸說：「我以害人，人亦將以害我，故曰其事好還也。」（宋）林希逸撰：《老子鬳齋口義二卷》（臺北：藝文印書館，1965 年），頁 18。

〔註138〕（魏）王弼注：《老子道德經注》，收入於樓宇烈校釋：《王弼集校釋》（臺北：華正書局，1992 年），頁 58。

〔註139〕憨山注：「聖人不為己甚。故誡之不可以兵強天下也。勢極則反。凡物恃其強壯而過動者，必易傷。」吳澄注：「長年物壯則必老，此不道者也。不道者早

然現象，王弼在這裡指的是以戰勝作為發兵的欲求，是不符合自然之道，終將導致衰敗。

14.《老子‧第三十一章》

故此章的「道」展現「恬淡」的特性，類通於「德」，屬於生活處世之「道」。

夫佳兵者不祥之氣，物或惡之，故有道者不處。〔註140〕

此篇字句雖多，但意思淺白，王弼沒有加注。河上公曰：「佳，飾也。祥，善也。」〔註141〕吳澄注：「佳猶云嘉之也。不祥謂無吉慶而有凶災也。」〔註142〕這裡使用「佳」字，指出人都喜歡佳美的東西，以軍隊而言，兵器越精銳，軍隊就越強大，有道之人往往不依靠它，故憨山注：「以其詐變不正，好殺不仁，故有道者不處。」〔註143〕換句話說有道之人都認為兵器是不祥的東西，通常都不仰賴。老子認為武器會帶禍害，是不祥之器，戰爭帶來的禍害，這裡指出老子的反戰思想。此章後面還有提到「非君子之器，不得已而用之，恬淡為上」〔註144〕，說明戰爭是很殘酷的，若真的不得已需發動，也應心懷恬淡，不可因好殺的個性而歌頌戰勝，這會違反了天地的好生之德，故此章的「道」類通於「德」，談的是「恬淡之道」。

15.《老子‧第三十二章》

此章第一個「道」之體，以「無名」和「樸」來展現，屬於形而上之「道」；第二個「道」〔註145〕落入現象界，展現「無欲」、「處下」的特質，類通「德」，屬於生活處世之「道」。

已，言其不能久也。」說明凡是氣過壯盛容易導致衰敗，不合乎於道的結果，終將無法長久。（明）憨山大師：《老子道德經憨山解》（臺北：新文豐出版社，1982年），頁89；（元）吳澄：《道德真經注》（臺北：廣文書局，1981年），頁57。

〔註140〕 （魏）王弼注：《老子道德經注》，收入於樓宇烈校釋：《王弼集校釋》（臺北：華正書局，1992年），頁80。

〔註141〕 （漢）河上公注、王卡點校：《老子道德經河上公章句》（北京：中華書局，1993年），頁125。

〔註142〕 （元）吳澄：《道德真經注》（臺北：廣文書局，1981年），頁8。

〔註143〕 （明）憨山大師：《老子道德經憨山解》（臺北：新文豐出版社，1982年），頁59。

〔註144〕 憨山注：「恬淡者，言其心和平，不以功利為美，而厭飽之意。」（明）憨山大師：《老子道德經憨山解》（臺北：新文豐出版社，1982年），頁90。

〔註145〕 陳鼓應先生本章最末這兩句，疑是錯簡，和上面的文義似不一貫。陳鼓應：《老子今註今譯及評介》（臺北：臺灣商務印書館，1997年），頁18。

　　　　道常無名，樸雖小。……譬道之在天下，猶川谷之於江海。〔註146〕

王弼注：「道無形不繫常，不可名，以無名為常。故曰道常無名也。」〔註147〕

「常」是老子強調的字，代表恆常不變，說明道的作用生生不息的寄存於無名

的樸之中。換句話說，老子的常道，無形無象沒有名稱，所以用「無名」和「樸」

來講「道」的體。憨山注：「樸，乃無名之譬。木之未制成器者，謂之樸。」

〔註148〕當一開始創始萬物及擬定制度時，需要界定名稱，就是從「無名」到

「有名」，「樸」到「器」的進展，這當中不宜過度發展，以免加入過多的有為

引起爭端，故反推回去「無名」就是一種歸本的意思。而「樸」從源頭談起，

就是自然未經過雕塑，從運用面來說，就是「自然無為」。另外，此章還呼應

了〈第二十九章〉「無名之樸，夫亦將無欲」〔註149〕當中提到「無名」和「樸」

就是「無欲」，若能「無欲」小到微不足道，那就「無欲則剛」。若能守樸，就

如同江海無心無欲，河川卻自然而然流向它，道雖無欲而萬物自化。

16.《老子・第三十四章》

　　此章主要描述「道」的體，以「汎」及「不恃」特質呈現，屬於形而上之

「道」。

　　　　大道氾兮，其可左右。萬物恃之而生而不辭。功成不名有，衣養萬

　　　　物而不為主。〔註150〕

〔註146〕　（魏）王弼注：《老子道德經注》，收入於樓宇烈校釋：《王弼集校釋》（臺北：
　　　　　華正書局，1992 年），頁 81～82。

〔註147〕　河上公也注：「道能陰能陽，能弛能張，能存能亡，故無常名也。」（漢）河
　　　　　上公注、王卡點校：《老子道德經河上公章句》（北京：中華書局，1993 年），
　　　　　頁 130；（魏）王弼注：《老子道德經注》，收入於樓宇烈校釋：《王弼集校釋》
　　　　　（臺北：華正書局，1992 年），頁 81～82。

〔註148〕　王弼注：「樸之為物，以無為心也，亦無名。」吳怡先生認為：「無名和樸兩
　　　　　詞自有其不同的意義。用無名時，是一種歸本的方法，所謂〈第十四章〉的
　　　　　『道隱無名』，也是第一章的『常無，欲以觀其妙』。而用樸卻是一種由體發
　　　　　用的方法，所謂〈第三十七章〉『鎮之以無名之樸』，就是一種運用。」（明）
　　　　　憨山大師：《老子道德經憨山解》（臺北：新文豐出版社，1982 年），頁 90；
　　　　　（魏）王弼注：《老子道德經注》，收入於樓宇烈校釋：《王弼集校釋》（臺北：
　　　　　華正書局，1992 年），頁 82；吳怡：《新譯老子解義》（臺北：三民書局，2013
　　　　　年），頁 220。

〔註149〕　〈第三十七章〉的「不欲以靜」，在老子思想中靜就是無欲，而守樸就是要守
　　　　　住這個無欲之靜。（魏）王弼注：《老子道德經注》，收入於樓宇烈校釋：《王
　　　　　弼集校釋》（臺北：華正書局，1992 年），頁 92。

〔註150〕　（魏）王弼注：《老子道德經注》，收入於樓宇烈校釋：《王弼集校釋》（臺北：
　　　　　華正書局，1992 年），頁 86。

王弼注:「言道氾濫,無所不適,可左右上下周旋而用,則無所不至也。」
〔註151〕此章的「氾兮」指的是「道」無所不在,不論是時間上的生生不息,
在空間上無所不包,「道」更應該是超越時間空間限制的「恆常之道」。道生育
天地萬物,卻不主宰,萬物也依靠道而生,正好也呼應〈第二章〉的「萬物作
焉而不辭」〔註152〕,使萬物欣欣向榮,道本身也參贊其中而不居功,道無心
生萬物,萬物卻仰賴它而生,不需有意為之,一切自然而然生長。此篇也連貫
了〈第九章〉的「生而不有,為而不恃」〔註153〕,王弼注:「不塞其原,則物
自生,何功之有?不禁其性,則物自濟,何為之恃?」〔註154〕認為「生之」
是不干涉,「蓄之」是不阻斷讓萬物各依自身的本性、才能發展,故「生」是
萬物的自生,「為」是萬物的自為,依此脈絡便無所謂的佔有或把持。

17.《老子·第三十五章》

此章主要描述「道」的體,用「無」的特質呈現,屬於形而上之「道」。

> 執大象,天下往,往而不害,安平太。樂與餌,過客止。道之出口,
> 淡乎其無味。〔註155〕

河上公注:「象,道也。」〔註156〕吳澄注:「大象喻道也」〔註157〕大象是指「道」
在現象界中的「象」,呼應〈第二十一章〉的「其中有象」〔註158〕。兩者差別
在於「道」無形不可執,「象」有形可執,故大象是「道」與萬物間的橋梁。

〔註151〕 吳澄也指出:「汎,廣也,謂如水之汎溢洋溢。道之廣無不在,或左或右,隨
　　　　　處而有,取之左右,無所不可也。」皆是形容道的廣大無邊。(魏) 王弼注:
　　　　　《老子道德經注》,收入於樓宇烈校釋:《王弼集校釋》(臺北:華正書局,1992
　　　　　年),頁86;(元) 吳澄:《道德真經注》(臺北:廣文書局,1981年),頁64。

〔註152〕 憨山也注:「以道大無方,體虛而無繫著,故其應用無所不至。生物功成而不
　　　　　己有,故雖愛養萬物而不為主。」說明萬物依它而生,卻不佔有。(明) 憨山
　　　　　大師:《老子道德經憨山解》(臺北:新文豐出版社,1982年),頁94。

〔註153〕 河上公注:「恃,待也。萬物皆待道而生。道不辭謝而逆止也。有道不名其有
　　　　　功也。」(漢) 河上公注、王卡點校:《老子道德經河上公章句》(北京:中華
　　　　　書局,1993年),頁136。

〔註154〕 (魏) 王弼注:《老子道德經注》,收入於樓宇烈校釋:《王弼集校釋》(臺北:
　　　　　華正書局,1992年),頁22。

〔註155〕 (魏) 王弼注:《老子道德經注》,收入於樓宇烈校釋:《王弼集校釋》(臺北:
　　　　　華正書局,1992年),頁88。

〔註156〕 (漢) 河上公注、王卡點校:《老子道德經河上公章句》(北京:中華書局,
　　　　　1993年),頁139。

〔註157〕 (元) 吳澄:《道德真經注》(臺北:廣文書局,1981年),頁67。

〔註158〕 (魏) 王弼注:《老子道德經注》,收入於樓宇烈校釋:《王弼集校釋》(臺北:
　　　　　華正書局,1992年),頁52。

王弼注：「言道之深大，人聞道之言乃更不如樂與餌應時感悅人心也。樂與餌則能令過客止，而道之出言，淡然無味」〔註159〕文章中段用「樂」與「餌」的五音五味，來對比「道」的無聲無味；然而「道」的無聲無味，卻不是「虛空」，它真實存在著；雖然平淡，但妙用無窮。如同人看不見空氣，卻不能離開它；水雖平淡，卻是所有飲料中最解渴的，有形的物質都如此了，更何況是無形的「道」。故道的清靜無為，在長養萬物的過程，生而不佔有，只是讓自己身在萬物之中，與萬物一同發展；然而萬物並沒有感覺「道」的存在，道卻一直助成萬物的生化，使萬物得以仰賴而生生不息。

18.《老子·第三十七章》

此章主要描述「道」的體，以「無名」和「樸」的特質呈現，屬於形而上之「道」。

> 道常無為而無不為。〔註160〕

王弼注：「順自然也。萬物無不由為，以治以成也。」〔註161〕「無為」是道的作用，「無不為」是道作用後的結果，是體用關係，不可刻意區分。生存原本是正常的本能，若是在發揮本能的過程，加入人為的造作，起了格外的貪婪之念，該如何化解，老子也給出明確的答案，用「無名之樸」對應。關於「樸」字，馮友蘭先生認為：「就宇宙之發生而言，則道為無名，萬物為有名，就社會進化而言，則社會原始為無名，所謂樸。」〔註162〕故借用「樸」回到道的本質應對，「無欲」之心就是回到「虛」的境界，讓心回到「空虛清明」就能歸於平靜，也就是「無為」。

19.《老子·第三十八章》

此章兩個「道」字指的都是「自然無為」之「道」，符合自然運行，類通

〔註159〕河上公注：「道出入於口，淡淡非如五味有酸鹹苦甘辛也。」說明道的無味。（魏）王弼注：《老子道德經注》，收入於樓宇烈校釋：《王弼集校釋》（臺北：華正書局，1992年），頁88；（漢）河上公注、王卡點校：《老子道德經河上公章句》（北京：中華書局，1993年），頁139。

〔註160〕（魏）王弼注：《老子道德經注》，收入於樓宇烈校釋：《王弼集校釋》（臺北：華正書局，1992年），頁91。

〔註161〕河上公注：「道以無為為常也。」皆說明道的恆常無為，又能自然作用於萬物，故無不為。（魏）王弼注：《老子道德經注》，收入於樓宇烈校釋：《王弼集校釋》（臺北：華正書局，1992年），頁91；（漢）河上公注、王卡點校：《老子道德經河上公章句》（北京：中華書局，1993年），頁144。

〔註162〕馮友蘭：《中國哲學史》（上冊）（北京：中華書局，1992年），頁233。

規律之「道」。

> 故失道而後德，失德而後仁，失仁而後義，失義而後禮。夫禮者，
> 忠信之薄，而亂之首。前識者，道之華，而愚之始。是以大丈夫處
> 其厚，不居其薄；處其實，不居其華。〔註163〕

王弼注：「德者，得也。常得而無喪，利而無害，故以德為名焉。」〔註164〕此篇是下篇之首，所談的是「德」的層次，一開始王弼就定義「德」等於「得」，後面接著說是「常得」，直接將「德」推到形而上的境界。此章談的「上德」，吳怡先生認為：「王弼特別加以界定『以無為用』，也就是說老子強調的『德』是『虛其心』的德，也就是無欲之德。」〔註165〕這就是老子「無欲之德」與儒家「四端之德」不同的地方。故上德者回到道的本質，以「無欲」之心達到「虛」的境界，以虛體道，展現不執著德相的精神，所以他的「不德」之行，也是「道」的自然流露，這是老子所推崇的。另外，「下德」指的是一般被世俗教條僵化的仁德，「失德」指的是患得患失，害怕失去德相的表現；若是為了獲得名聲，而去執行那就是「有以為」。如果表現「有以為」就是失去「自然無為」之道的結果，那麼人們就不能活在道中，於是便開始推崇「上德」，再不行就往下提倡下德中「分辨是非之義」、「外在教條制約的禮」以及「忠信薄弱」的幾種層次。

有關「前識」一句，王弼注：「竭其聰明以為前識，役其智力以營庶事，⋯⋯識道之華而愚之首」〔註166〕由此可推論「前識」類通於智巧成見，若以巧智治國，容易讓道德淪落為工具，過分誇耀外在而不注重道的實質，這是愚昧的開始；反之，有道之人，回到道的自然無為，處於根本不拘於末流，這才是實

〔註163〕（魏）王弼注：《老子道德經注》，收入於樓宇烈校釋：《王弼集校釋》（臺北：華正書局，1992年），頁93。

〔註164〕（魏）王弼注：《老子道德經注》，收入於樓宇烈校釋：《王弼集校釋》（臺北：華正書局，1992年），頁93。

〔註165〕王弼更進一步注：「何以得德？由乎道也。何以盡德？以無為用。以無為用則莫不載也，故物無焉，則無物不經，有焉，則不足以免其生。」（魏）王弼注：《老子道德經注》，收入於樓宇烈校釋：《王弼集校釋》（臺北：華正書局，1992年），頁93；吳怡：《新譯老子解義》（臺北：三民書局，2013年），頁250。

〔註166〕河上公注：「不知而言知為前識，此人失道之時，得道之華。言前識之人，愚闇之倡始也。」說明巧智治國，導致愚昧的禍端。（魏）王弼注：《老子道德經注》，收入於樓宇烈校釋：《王弼集校釋》（臺北：華正書局，1992年），頁93；（漢）河上公注、王卡點校：《老子道德經河上公章句》（北京：中華書局，1993年），頁109。

在道地的展現，呼應了〈第十九章〉的「絕聖棄智、絕仁棄義、絕巧棄利」〔註167〕，強調回到見素抱樸的自然無為之中。

20.《老子·第四十章》

此章說明「道」的運行規律，以「正反」、「強弱」、「有無」展現，屬於自然規律之「道」。

> 反者道之動，弱者道之用。天下萬物生於有，有生於無。〔註168〕

王弼注：「高以下為基，貴以賤為本，有以無為用，此其反也。動皆知其所無，則物通矣。故曰，反者道之動也。」〔註169〕「反」是人類觀念中的相對概念，以「生」而言是正面，那麼「死亡」就是反面；以「福」是正面，「禍」就是反面。「反」是人類貪圖「正」產生的一種加入人為造作的想法，「反」不見得不好，長遠看都是「道」的另外一種「動」。然而，就「道」的體來說，「道」本身並無時間和空間的區分，「道」是由「動」中去呈現永恆，代表宇宙生生不息的變化原則。而「弱」只是將「反者道之動」〔註170〕的原則化為具體詮釋，以「弱」做為「道」的作用，故人若能了解「道」運行的規律，感通「正言若反」、「有無相生」、「福禍相倚」之道，便能不執著絕對立場，隨時站穩定位，從容以對。

21.《老子·第四十一章》

前面七個「道」，以「昧」、「退」、「類」、「谷」、「辱」、「不足」的特質形容，類通於「德」，屬於生活處世之「道」；最後兩個「道」指的是道體，以「隱」及「無名」方式呈現，屬於形而上的「道」。

> 上士聞道，勤而行之，中士聞道，若存若亡，下士聞道，大笑之，不笑不足以為道。……明道若昧，進道若退，夷道若類。……道隱

〔註167〕（魏）王弼注：《老子道德經注》，收入於樓宇烈校釋：《王弼集校釋》（臺北：華正書局，1992年），頁45。

〔註168〕（魏）王弼注：《老子道德經注》，收入於樓宇烈校釋：《王弼集校釋》（臺北：華正書局，1992年），頁109。

〔註169〕河上公注：「反，本也。本者，道之所以動，動生萬物，背之則亡也。」（魏）王弼注：《老子道德經注》，收入於樓宇烈校釋：《王弼集校釋》（臺北：華正書局，1992年），頁109。（漢）河上公注、王卡點校：《老子道德經河上公章句》（北京：中華書局，1993年），頁161。

〔註170〕「反者道之動」呼應〈第二章〉的「有無相生」及〈第五十八章〉的「福禍相倚」，因為「有和無」、「福和禍」也是一種動態的相生狀態，呈現生生不息的自然之道。（魏）王弼注：《老子道德經注》，收入於樓宇烈校釋：《王弼集校釋》（臺北：華正書局，1992年），頁109。

無名，夫唯道善待且成。〔註171〕

此章就「道」本身而言不可聞，就「道」體本身而論，也沒有進退概念，如同〈第四十章〉詮釋的「正言若反」的精神，會有「進或退」一定是加入人為的價值觀而衡量的，因為道本身是超越時間與空間的。若了解大道運行的規律，便能將「退」當作是「進」的一種準備，將此脈絡可套用在「明與昧」、「夷與類」上。老子前半段用「若昧」、「若退」、「若類」、「若谷」、「若辱」、「若不足」、「若偷」、「若渝」來形容德行的展現，道體往往感受到的與一般人認知是不同的，主要是鋪陳最後呼之欲出的「隱」，河上公注：「道潛隱，使人無能指名也。成，就也。言道善稟貸人精氣，且成就之也。」〔註172〕；後半段用「無隅」、「大成」〔註173〕「希聲」〔註174〕、「無形」來形容「道」的本體在現象界的作用，指出道雖無法用身體感官覺知，但卻真實存在。此章用「隱」來詮釋道體，隱藏於「無名」，才不會為名所困，「道」將自己帶給萬物，因此萬物的生生不息，就是道的川流不止。

22.《老子・第四十二章》

此章主要描述「道」創生萬物的過程，屬於形而上之「道」。

道生一，一生二、二生三，三生萬物。〔註175〕

河上公注：「道使所生者一也。一生陰與陽也。」〔註176〕王弼注：「萬物萬形，其歸一也，何由致一，由於無也。由無乃一，一可謂無，已謂之一，豈得無言乎。」〔註177〕說明道體是超越「有」和「無」，也包含「有」和「無」，而「一」

〔註171〕（魏）王弼注：《老子道德經注》，收入於樓宇烈校釋：《王弼集校釋》（臺北：華正書局，1992年），頁111。

〔註172〕（漢）河上公注、王卡點校：《老子道德經河上公章句》（北京：中華書局，1993年），頁163。

〔註173〕陳柱先生認為：「『晚』者，『免』之借。『免成』猶無成，與上文之『無隅』，下文之『無聲』、『無形』一例，『無隅』與『大方』相反，『無形』與『大象』相反，故知『免』與『大器』相反也。『晚』借為『免』，義通於無。」余培林：《新譯老子讀本》（臺北：三民書局，1987年），頁74。

〔註174〕呼應了〈第十四章〉的「聽之不聞名曰希」及「無物之象」（魏）王弼注：《老子道德經注》，收入於樓宇烈校釋：《王弼集校釋》（臺北：華正書局，1992年），頁32。

〔註175〕（魏）王弼注：《老子道德經注》，收入於樓宇烈校釋：《王弼集校釋》（臺北：華正書局，1992年），頁117。

〔註176〕（漢）河上公注、王卡點校：《老子道德經河上公章句》（北京：中華書局，1993年），頁168～170。

〔註177〕（魏）王弼注：《老子道德經注》，收入於樓宇烈校釋：《王弼集校釋》（臺北：

就是道在現象界作用的開端，是「無」到「有」的發展的，是生生的開始。所以王弼依據「有」和「無」的概念解釋一二，類通於莊子〈齊物論〉中的「一與言為二，二與一為三」〔註178〕的脈絡。王弼對「二」的「有無」論點呼應了〈第一章〉中「無名天地之始，有名萬物之母」〔註179〕的「有無」；吳澄注：「道自無中生出沖虛之一氣，沖虛一氣生陽生陰，分而為二。」〔註180〕在吳澄《道德真經註》裡將二解釋成陰陽二氣，故用兩點水的「沖」〔註181〕字解釋，可呼應文章後半段的「負陰而抱陽」。有關「三」的詮釋，河上公注：「陰陽生和、清、濁三氣，分為天地人也。天地人共生萬物也，天施地化，人長養之也。」〔註182〕吳澄注：「陰陽二氣和沖虛一氣為三，故曰生三，非二與之外別有三也。萬物皆以三者而生，故其生也，後負陰，前抱陽，而沖氣在中以為和。」〔註183〕把「三」解釋為陰陽交錯產生的「和氣」，也就是這股和氣裡陰中有陽，陽中有陰；王弼注：「有言有一，非二如何，有一有二，遂生乎三，從無之有，數盡乎斯。」〔註184〕把「三」解釋為「有無相生」動態的交互作用。透過二的激盪產生三，再透過連續不斷的激盪創生萬物。吳怡先生說：「就

華正書局，1992年），頁117。

〔註178〕　（清）郭慶藩注：《莊子集釋》（新北市：商周出版，2018年），頁68。

〔註179〕　（魏）王弼注：《老子道德經注》，收入於樓宇烈校釋：《王弼集校釋》（臺北：華正書局，1992年），頁1。

〔註180〕　（元）吳澄：《道德真經注》（臺北：廣文書局，1981年），頁82。

〔註181〕　在吳澄的《道德真經註》裡，兩個「沖」字的文本是不一樣的，所以並不是互可通假，二氣的對立是兩點，所以負陰抱陽沖氣以為和，在吳澄的系統裡，用兩點的「沖」字代表的是兩種不同性質的氣，不斷的交互運動，這叫一陰一陽之謂道。所以吳澄說：「沖虛一氣生陽生陰，分而為二，陰陽二氣和沖虛一氣為三。」而三點「沖」字是陰和陽的意思，不斷的交會叫做「一陰一陽之謂道」。為什麼陰陽不是道，一陰一陽才是道，陰陽只是氣，例如：呼吸是互動的過程，光呼沒有吸是不可以的，平常活著就是透過一呼一吸，所以不是交錯而已，是一個連綿性的活動，所以剛才講它不需要有第三種東西，不需要有第三種性質，只要兩種對立相反不斷連綿交錯，自動之中就會產生恆常，有兩樣東西而見一，所以這是一個互為表裡的關係，而用吳澄的註文裡的形容叫做「沖」。（元）吳澄：《道德真經注》（臺北：廣文書局，1981年），頁77及82。

〔註182〕　（漢）河上公注、王卡點校：《老子道德經河上公章句》（北京：中華書局，1993年），頁1。

〔註183〕　（元）吳澄：《道德真經注》（臺北：廣文書局，1981年），頁82。

〔註184〕　這裡的沖字同於〈第四章〉的「道沖而用之」，都是將「沖」字當動詞用有使之虛的意思。（魏）王弼注：《老子道德經注》，收入於樓宇烈校釋：《王弼集校釋》（臺北：華正書局，1992年），頁117。

氣化而言，氣是『有』。必須能虛其氣，才能使氣產生轉化，才能使陽轉化為陰，陰轉化為陽，否則氣不能虛，陰陽便會偏鋒發展，而破壞了陰陽連續的和諧性。」〔註185〕故氣轉化後的和諧性是重要的，陰陽調和以萬物而言，能生生不息；以人來說，不論是對內的身體或對外的事物皆可以達到「中和之道」。故萬物和人都要能「虛」才能和諧，老子提出「守虛」的實踐方法，就是「損」字，論〈第四十八章〉時再加以闡述。

23.《老子‧第四十六章》

此章說明「道」的運行規律，以「有」、「無」在軌道上展現，屬於自然規律的「道」。

> 天下有道，卻走馬以糞，天下無道，戎馬生於郊。〔註186〕

王弼注：「天下有道，知足知止，無求於外，各修其內而已，故卻走馬以治田糞也。」〔註187〕說明天下有道在正軌上時，人民知足安頓，馬的功能是協助耕作或養在農場，用馬的糞便來施肥。河上公注：「戰伐不止，戎馬生於郊境之上，久不還也。」〔註188〕王弼注：「貪欲無厭，不修其內，各求於外，故戎馬生於郊也。」〔註189〕吳澄注：「無道之世寇敵日侵，郊外數戰，戎馬不得歸育於國廄，而生育於郊外。」〔註190〕相反的，天下若失去正軌時，所有的馬都變成戰馬，在城外隨時待戰，連母馬都得要在戰場上生產。此兩句是要提醒

〔註185〕 吳怡：《新譯老子解義》（臺北：三民書局，2013 年），頁 296～297。

〔註186〕 （魏）王弼注：《老子道德經注》，收入於樓宇烈校釋：《王弼集校釋》（臺北：華正書局，1992 年），頁 125。

〔註187〕 河上公注：「謂人主有道也。糞者，糞田也。兵甲不用，卻走馬治農田，治身者卻陽精以糞其身。」憨山注：「上古之世，有道之君，清淨無欲，無為而化。故民安其生，樂其業，棄卻走馬而糞田疇。」吳澄注：「却，退也。走馬，善走之馬。糞車，載糞之車。」吳澄的《道德真經註》雖是「却」及「糞車」，但差異不大，三者皆在說明天下有道時，人民的安居光景。（魏）王弼注：《老子道德經注》，收入於樓宇烈校釋：《王弼集校釋》（臺北：華正書局，1992年），頁 125；（漢）河上公注、王卡點校：《老子道德經河上公章句》（北京：中華書局，1993 年），頁 181～182；（明）憨山大師：《老子道德經憨山解》（臺北：新文豐出版社，1982 年），頁 107；（元）吳澄：《道德真經註》（臺北：廣文書局，1981 年），頁 87。

〔註188〕 （漢）河上公注、王卡點校：《老子道德經河上公章句》（北京：中華書局，1993 年），頁 181～182。

〔註189〕 （魏）王弼注：《老子道德經注》，收入於樓宇烈校釋：《王弼集校釋》（臺北：華正書局，1992 年），頁 125。

〔註190〕 （元）吳澄：《道德真經註》（臺北：廣文書局，1981 年），頁 87。

世人禍患往往來自人的貪念欲求，應少思寡欲，主要鋪陳後段的「知足」之意。

24.《老子・第四十七章》

此章說明「道」的自然法則，屬於運行規律之「道」。

> 不出戶，知天下；不闚牖，見天道。〔註191〕

王弼注：「事有宗，而物有主，途雖殊而同歸也，慮雖百而其致一也。道有大常，理有大致，執古之道，可以御今，雖處於今，可以知古始」〔註192〕這裡的不出戶不是都不要出門，而是將所行的經驗知識轉化成內在的智慧，洞悉萬事萬物自然發展的法則，就能掌握將變未變之「幾」。明瞭萬事萬物都有它的道理和原則，體會「道」〔註193〕是萬事萬物運行的總原理後，就不是單用肉眼去觀物，而是用感通去體物；放下自身的價值判斷，不見事物的外在表相，而是去分別後見到事物的真體真常，這就是後半段提到的「不見而名」。

25.《老子・第四十八章》

此章主要描述「道」的行為準則，以「無為」方式展現，類通「德」，屬於生活處世之「道」。

> 為學日益，為道日損。〔註194〕

河上公注：「學謂政教禮樂之學也。日益者，情欲文飾日以益多。道謂之自然之道也。日損者，情欲文飾日以消損。」〔註195〕王弼注：「務欲進其所能，益

〔註191〕（魏）王弼注：《老子道德經注》，收入於樓宇烈校釋：《王弼集校釋》（臺北：華正書局，1992年），頁125。

〔註192〕河上公注：「聖人不出戶以知天下者，以己身知人身，以己家知人家，所以見天下也。天道與人道同，天人相通，精氣相貫。」吳澄注：「天道者，萬理之一原。內觀而得，非如在外之有形者，必窺牖而後見也。」都在說明事本同源，故往外追逐不如向內觀照，天人合一，人道通天道達。（魏）王弼注：《老子道德經注》，收入於樓宇烈校釋：《王弼集校釋》（臺北：華正書局，1992年），頁125；（漢）河上公注、王卡點校：《老子道德經河上公章句》（北京：中華書局，1993年），頁183～184；（元）吳澄：《道德真經注》（臺北：廣文書局，1981年），頁89。

〔註193〕同〈莊子・天地篇〉說的「通於一而萬事畢」。（清）郭慶藩注：《莊子集釋》（新北市：商周出版，2018年），頁284。

〔註194〕（魏）王弼注：《老子道德經注》，收入於樓宇烈校釋：《王弼集校釋》（臺北：華正書局，1992年），頁127。

〔註195〕憨山注：「為學者，增長知見，故日益。為道者，克去情欲，墮形泯智，故日損。」吳澄注：「為學者患寡而務博，故日日有所增益。為道者自有而反無，故日日有所減損。」此兩者和河上公皆將學和損相對，第一句的「為學日益」是為了襯托下一句的「為道日損」。（漢）河上公注、王卡點校：《老子道德經河上公章句》（北京：中華書局，1993年），頁186；（明）憨山大師：《老子

其所習。務欲反虛無也。」〔註196〕王弼通行本沒有將「學」與「道」相對，河上公注有將「學」與「道」的「益」與「損」相對，隨著所學增長，對於知識獲得衍生的欲望追求就逐漸增加。筆者認為知識只是一種工具，端看如何使用，只有「學」而無「道」容易成為空有資訊堆疊的記憶體，擁有它卻無法發揮應有的作用；反觀，只有「道」而無「學」，容易心境過於超然，與世界無法接軌。故應該在追求知識的過程，還能做到「為道損欲」的功夫，便可符合現今社會的人類所需。至於「損」的功夫上，吳怡先生認為：「有兩種情形，一是人欲很多，今天損一件，明天損一件，就像宋明理學加的格物，今日格一件，明日格一件。……二是人欲的根本只是一個，……所以針對這個根本的欲念去除，今天損一點，明天再損一點。」〔註197〕由此脈絡論述，前者的欲望是身體感官接觸到外在事物引起，主要是由外向內；後者的欲念是由內直接產生，是人心根本上的不知足所引起。若能下工夫在這兩者的修為上，「損」到最後連「損」的想法都沒了，那就是做到「無為」的境界。

26.《老子‧第五十一章》

此章主要描述宇宙萬物的生成，屬於形而上之「道」。

> 道生之，德蓄之，物形之，勢成之。是以萬物莫不尊道而貴德。道之尊，德之貴，夫莫之命而常自然。故道生之，德蓄之，長之、育之、亭之、毒之、養之、覆之。〔註198〕

王弼注：「物也；何使而成，勢也。唯因也，故能無物而不形；唯勢也，故能無物而不成。凡物之所以生，功之所以成，皆有所由，有所由焉，則莫不由乎道也。」〔註199〕說明形勢給予萬物發展的環境，物質賦予萬物形體展現，德畜養著萬物，道則生長著萬物。此章指出「道」是生育萬物的總源頭，但不是

　　　　道德經憨山解》（臺北：新文豐出版社，1982 年），頁 108；（元）吳澄：《道德真經注》（臺北：廣文書局，1981 年），頁 90。

〔註196〕（魏）王弼注：《老子道德經注》，收入於樓宇烈校釋：《王弼集校釋》（臺北：華正書局，1992 年），頁 127。

〔註197〕吳怡：《新譯老子解義》（臺北：三民書局，2013 年），頁 320。

〔註198〕（魏）王弼注：《老子道德經注》，收入於樓宇烈校釋：《王弼集校釋》（臺北：華正書局，1992 年），頁 136。

〔註199〕此章的「道」生育萬物類通於〈第四十二章〉「道生一，一生二，二生三，三生萬物。」的過程，皆說明「道」是生育萬物的總源頭。（魏）王弼注：《老子道德經注》，收入於樓宇烈校釋：《王弼集校釋》（臺北：華正書局，1992 年），頁 125、136。

直接生萬物，而是賦予萬物生生不息的原理，萬物仰賴這原理而生長。吳澄注：「道德二而一者也，春生者方自一本而散，故曰道生之，然道即德也；秋收者將自萬殊而斂，故曰德蓄之，然德即道也。」〔註200〕是透過一衍生，一分陰陽或有無，陽往上陰往下，陰陽合和或者有無相生，這個相互作用也就是「德」的積蓄，「蓄之」就是順著萬物的生而發展，透過「德」賦予形體產生個別的獨立個體，並搭配合適有利的環境得以發展。王弼注：「道者，物之所由也。德者，物之所得也。由之乃得，故曰不得不失，尊之則害，不得不貴也。」〔註201〕換言之，「道」是萬物的根本，「德」是道在經驗界的具體實踐，兩者不可分；再論「物」是氣的凝結，「勢」是氣的作用，而能夠形成都是在「道」和「德」創造下產生。後段還提到「道」無心生育萬物，萬物因此而發展；「道」不主宰萬物，萬物因此而生成，故道尊德貴，當中展現了「自然無為」之道，這是老子一直強調的核心精神。

27.《老子·第五十三章》

　　此章的第一個及第三個「道」代表一種道理或行為準則，屬於規律的「道」；中間第二個「道」有落入現象界用「路」呈現，主要在說明「無為」的重要。

> 使我介然有知，行於大道，惟施是畏。大道甚夷，而民好徑。……
> 是謂盜夸非道也哉。〔註202〕

「知」是道之用非道之體；「施為」〔註203〕就是好施知巧，也就是喜歡把知巧拿來施用，要以此為戒。「介然」〔註204〕有微小、忽然之意。指出行於大道時，

〔註200〕　（元）吳澄：《道德真經注》（臺北：廣文書局，1981年），頁95。
〔註201〕　（魏）王弼注：《老子道德經注》，收入於樓宇烈校釋：《王弼集校釋》（臺北：華正書局，1992年），頁136～137。
〔註202〕　（魏）王弼注：《老子道德經注》，收入於樓宇烈校釋：《王弼集校釋》（臺北：華正書局，1992年），頁141。
〔註203〕　河上公注：「獨畏有所施為。」王弼注：「施為之是畏也。」兩者意指好施知巧之意。（漢）河上公注、王卡點校：《老子道德經河上公章句》（北京：中華書局，1993年），頁196～197；（魏）王弼注：《老子道德經注》，收入於樓宇烈校釋：《王弼集校釋》（臺北：華正書局，1992年），頁136～137。）
〔註204〕　「介然」一詞，憨山注：「介然，猶些小。乃微小之意，蓋謙辭也。老子意謂使我少有所知識，而欲行此大道於天下。」另一說法，吳澄注：「介然倐然之頃也。」故有微小、突然之意。（明）憨山大師：《老子道德經憨山解》（臺北：新文豐出版社，1982年），頁114～115；（元）吳澄：《道德真經注》（臺北：廣文書局，1981年），頁99。

要隨時警戒自身，不將微小的知見拿來亂用。緊接著，王弼注：「言大道蕩然正平，而民猶尚舍之而不由，好從邪徑，況復施為以塞大道之中乎。」〔註205〕大道是平坦的，此道的形容將道體落入現象界的「路」，主要相對一般人的走小路，例如：追求豪華的生活、迷戀外在形象的裝扮、配戴利劍與人鬥狠、貪得美食和財富，這都是捨本逐末的作法，老子統一稱這些都是偷竊來的虛榮，不會長久。河上公注：「百姓而君有餘者，是由劫盜以為服飾，持行夸人。」〔註206〕王弼注：「夸而不以其道得之，竊位也。」〔註207〕夸指的都是誇大之意，此章用「施」、「勁」、「盜」的不道有為做法，襯托出「無為」的有道行為。

28.《老子·第五十五章》

此章說明「道」的運行規律，主要以「益」、「強」、「壯」的「不道」作為來強調「自然無為」，類通於自然規律之「道」。

> 益生曰祥。心始氣曰強。物壯則老，謂之不道。不道早已。〔註208〕

王弼注：「生不可益，益之則夭也。」〔註209〕「益生」二字就字面上的解釋是正向的意思，莊子〈德充符〉提到「常因自然而不益生」〔註210〕，指的是刻意追逐生命的延長，是屬於不自然行為，因順應自然不刻意作人為的添加。此字正好呼應下一句的「強」，老子認為心使的強是一種意志的強，心若執著，容易阻塞氣的運行，要弱其志才能讓氣通達不至於堵塞，放下外在感官及心的執著，感覺到隱約有一股沖虛之氣在凝聚，此時的氣無須壓抑得到全然釋放，

〔註205〕吳澄注：「勁者，小路，與大道相反。」捷徑雖然快，卻往往難行，處事亦同，投機取巧的後果往往好費心神，損失更大。（魏）王弼注：《老子道德經注》，收入於樓宇烈校釋：《王弼集校釋》（臺北：華正書局，1992 年），頁 141；（元）吳澄：《道德真經注》（臺北：廣文書局，1981 年），頁 99。

〔註206〕（漢）河上公注、王卡點校：《老子道德經河上公章句》（北京：中華書局，1993 年），頁 196～197。

〔註207〕（魏）王弼注：《老子道德經注》，收入於樓宇烈校釋：《王弼集校釋》（臺北：華正書局，1992 年），頁 136～137。

〔註208〕（魏）王弼注：《老子道德經注》，收入於樓宇烈校釋：《王弼集校釋》（臺北：華正書局，1992 年），頁 146。

〔註209〕憨山注：「言益生反為生之害也。」說明為了增加壽命，使用多種人為的方法，是不自然為反常道的。（魏）王弼注：《老子道德經注》，收入於樓宇烈校釋：《王弼集校釋》（臺北：華正書局，1992 年），頁 146；（明）憨山大師：《老子道德經憨山解》（臺北：新文豐出版社，1982 年），頁 116～117。

〔註210〕（清）郭慶藩注：《莊子集釋》（新北市：商周出版，2018 年），頁 160。

回歸到氣的自在，如同莊子〈人間世〉說的「虛而待物」〔註211〕。心要變成虛空，準備迎接萬物，因沒有成見，故能容納萬有，這才是真正的強。老子運用「益」、「強」、「壯」語詞，反向提醒世人不要違背常道，尊重生命演變的自然歷程，才合乎自然無為之道。

29.《老子・第五十九章》

此章的「道」代表一種道理，主要用「無為」方式呈現，類通於規律運行之「道」。

> 是謂深根固柢，長生久視之道。〔註212〕

此段要先連接前段的「嗇」、「服」、「德」，從儉省精神、降伏欲望、培養無欲之德，最後達無為之境界，再來談長生。吳澄注：「如果有蒂，養形以滋蒂，則蒂故不脫。根不拔則木永不枯瘁，蒂不脫則果永不損落，此身所以長生，目所以久視，而能度是不死也。」〔註213〕此章提到的「長生」呼應〈第七章〉的「天地之所以能常且久者，以其不自生，故能長生」〔註214〕，明確指出天地之所以能長久，就是因為天地不以它們自己的存在為存在，正因為沒有私心，不以自己為生命為生命，反而能藉萬物生生不息；換句話說，只要萬物存在，它就存在。因為無私無為，也就貫穿前端的「嗇」、「服」、「德」字，從減少慾望到「無為」上，能「無為」便能達到「虛」的境界，達虛空便能生妙有，讓一切生生不息，故能長生，眼睛得以久視。

30.《老子・第六十章》

此章的「道」類通「德」，以「小鮮」來呈現「無為」，屬於生活處世之「道」。

> 治大國，若烹小鮮。以道蒞天下，其鬼不神。〔註215〕

〔註211〕 出自莊子〈人間世〉的「心齋」，原文為：「若一志，無无聽之以耳而聽之以心，无聽之以心而聽之以氣！聽止於耳，心止於符。氣也者，虛而待物者也。唯道集虛。虛者，心齋也。」而「虛而待物」等於心要變成虛空，準備迎接萬物，因為無成見，所以外面出現什麼，心就如同鏡子反射出原形原貌，呼應老子〈第十六章〉的「致虛守靜」的境界功夫。（清）郭慶藩注：《莊子集釋》（新北市：商周出版，2018年），頁112。

〔註212〕 （魏）王弼注：《老子道德經注》，收入於樓宇烈校釋：《王弼集校釋》（臺北：華正書局，1992年），頁156。

〔註213〕 （元）吳澄：《道德真經注》（臺北：廣文書局，1981年），頁112。

〔註214〕 （魏）王弼注：《老子道德經注》，收入於樓宇烈校釋：《王弼集校釋》（臺北：華正書局，1992年），頁19。

〔註215〕 （魏）王弼注：《老子道德經注》，收入於樓宇烈校釋：《王弼集校釋》（臺北：華正書局，1992年），頁157。

此章的「鮮」〔註216〕就是指魚的意思，王弼注：「不擾也，躁則多害，靜則全真，故其國彌大，而其主彌靜，然後乃能廣得眾心矣。」〔註217〕說明治國就像煎小魚，有經驗的人都知道，烹飪過程不斷翻攪小魚，過多的干擾下容易使之破碎，故應以「靜」的方式等待。而這種等待是一種持續性的靜靜等候，同時也帶出了「徐」〔註218〕字的重要。另外，煎小魚的時候還要在一旁警慎的注意火候，避免燒焦也說明了「慎」〔註219〕字的關鍵。然而不論是「靜」、「徐」或「慎」皆強調「自然無為」的重要。將此比喻轉到治國，道本無形，用道來治國，要先落入經驗界成「德」來顯現，王邦雄先生認為：「以清靜無為來治理天下的時候，天下的牛鬼蛇神就不會發揮它的威力。」〔註220〕換言之，以無為之德待人，內心自在自得，不把「鬼」〔註221〕當成惡勢力，縱然有這股力量存在，也產生不了作用，因為不會受限於某些怪力亂神之說。依此脈絡延續到後半段得知，重點是不傷人，以道治國的聖人因為無為而治，不傷萬物，化解了鬼的邪惡之勢，一般的人也同時得到德的感化，故以「道」治國雖無為，但卻達到萬物自化的無不為之境。

31.《老子·第六十二章》

此章的「道」，以「自然無為」的方式呈現，類通於自然規律之「道」。

道者，萬物之奧，善人之寶，不善人之所保。……故立天子，置三

〔註216〕河上公注：「鮮，魚。烹小魚不去腸、不去鱗、不敢撓，恐其糜也。治國煩則下亂，治身煩則精散。」吳澄注：「小鮮，小魚也。治大國當以簡靜，不可擾動其民，如烹小魚，唯恐其壞爛而不敢擾動之也。」皆注解「鮮」就是指小魚。（漢）河上公注、王卡點校：《老子道德經河上公章句》（北京：中華書局，1993 年），頁 235～236；（元）吳澄：《道德真經注》（臺北：廣文書局，1981年），頁 115。

〔註217〕（魏）王弼注：《老子道德經注》，收入於樓宇烈校釋：《王弼集校釋》（臺北：華正書局，1992 年），頁 157。

〔註218〕原文為：「熟能濁以止，靜之徐清，熟能安以久，動之徐生。」（〈第十六章〉）這裡同時強調靜和徐的重要性。（魏）王弼注：《老子道德經注》，收入於樓宇烈校釋：《王弼集校釋》（臺北：華正書局，1992 年），頁 37。

〔註219〕原文為：「奈何萬乘之王而以身輕天下，輕則失本，躁則失君。」（〈第二十六章〉）這裡同時強調「靜」和「徐」的重要性。（魏）王弼注：《老子道德經注》，收入於樓宇烈校釋：《王弼集校釋》（臺北：華正書局，1992 年），頁 66。

〔註220〕王邦雄：《老子的哲學》（臺北：東大圖書公司，1983 年），頁 23。

〔註221〕吳怡先生認為：「老子全書不談宗教的鬼神之說，所以這裡的鬼是一個比喻，是指惡人或邪惡的勢力。神在這裡也不是指神性的神，而是指精神作用。」吳怡：《新譯老子解義》（臺北：三民書局，2013 年），頁 386。

公，雖有拱璧以先駟馬，不如坐進此道。古之所以貴此道者何？〔註222〕

王弼注：「奧，猶曖也。可得庇蔭之辭。」〔註223〕文中的「奧」字有深藏、深妙和寶貴之意，都在描述「道」的深妙是非常寶貴，方能無所不包。也正因為道是萬物的奧藏，才能包容天下萬物，能容是因為它的「虛」，虛空才能生妙有。接著王弼注：「寶以為用也。保以全也。」〔註224〕換言之，善人把「道」當成寶，不善之人，也可以因為「道」而保全性命。中間的坐進此道的「坐」，吳怡先生認為：「是相對於行，表示安於靜，而不向外追求；『進』則是指德的日進於道。」〔註225〕說明縱然擁有璧玉駟馬的財富尊榮，都不如修德靜坐，安然的往內探求萬物之奧的「道」。當一心修德順道時，會逐漸超越價值判斷，就沒有所謂的善人與不善之人之分別；也就是說，善人可以在道的範疇裡展現最真實的生命，不善的人也可以在道的庇護下不受傷害。因為「道」是自然無為的，以「無為」之心達虛空之靜，讓人每一刻都是重新的開始，這便是「道」最寶貴的地方。

32.《老子・第六十五章》

此章主要說明「道」的作用，以「愚」的特質展現，類通「德」，屬於生活處世之道。

古之善為道者，非以明民，將以愚之。〔註226〕

王弼注：「明，謂多見巧詐，蔽其樸也。愚謂無知守真，順自然也。」〔註227〕

註222〕（魏）王弼注：《老子道德經注》，收入於樓宇烈校釋：《王弼集校釋》（臺北：華正書局，1992年），頁161。
〔註223〕河上公注：「奧，藏也。道為萬物之藏，無所不容也。」吳澄注：「萬物之奧，萬物之最貴者。」「奧」除了王弼注的深妙之意，還有深藏和寶貴的意思。（魏）王弼注：《老子道德經注》，收入於樓宇烈校釋：《王弼集校釋》（臺北：華正書局，1992年），頁161；（漢）河上公注、王卡點校：《老子道德經河上公章句》（北京：中華書局，1993年），頁241～242；（元）吳澄：《道德真經注》（臺北：廣文書局，1981年），頁118。
〔註224〕（魏）王弼注：《老子道德經注》，收入於樓宇烈校釋：《王弼集校釋》（臺北：華正書局，1992年），頁161。
〔註225〕吳怡：《新譯老子解義》（臺北：三民書局，2013年），頁392～393。
〔註226〕（魏）王弼注：《老子道德經注》，收入於樓宇烈校釋：《王弼集校釋》（臺北：華正書局，1992年），頁254。
〔註227〕河上公注：「明，知巧詐也。」與王弼皆強調智巧之意。（魏）王弼注：《老子道德經注》，收入於樓宇烈校釋：《王弼集校釋》（臺北：華正書局，1992年），頁167；（漢）河上公注、王卡點校：《老子道德經河上公章句》（北京：中華

本章強調治理國政在於質樸，勿用巧知治理。句中當「明」與「愚」相對的時候，「明」就變成了巧知的聰明，老子反而賦予「愚」正向的意義，表示一種質樸的智慧。河上公注：「說古之善以道治身及治國者，不以道教民明智巧詐也，將以道德教民，使質朴不詐偽。」〔註228〕表示善於運用道的方法治國的上位者，不會用巧詐治國；相反的，用德行感召百姓，好的政風影響百姓歸於淳樸。故「非以明民，將以愚之」並非愚民政策使人無知，反倒是強調德政提升到玄德境界的無為之治。更進一步說明，道體並無「善」與「不善」或「明」與「愚」之分，「道」本身是超越對待的，這裡落入作用的道，用「明」與「愚」作對比。當中的「明」指的是「知識巧知」，此章的「愚」相對於「智巧」，是正面的意義，強調樸實，自然無為之道。

33.《老子·第六十七章》

此章主要描述的「道」體，展現「慈」、「儉」、「不敢為天下先」的特質，屬於形而上之「道」。

　　　　　天下皆謂我道大，似不肖。夫惟大，故似不肖。〔註229〕

王弼注：「久矣其細，猶曰其細久矣。肖則失其所以為大矣，故曰，若肖久矣，其細也夫。」〔註230〕說明道正因不像物，才能不被侷限而成其大，指出道體的無形無象，憨山注：「道大，如巍巍乎惟天為大，蕩蕩乎民無稱焉，言其廣大難以名狀也。」〔註231〕此章「道」的「大」類通〈第二十五章〉的「強為之名曰大。大曰逝，逝曰遠，遠曰反。故道大，天大，地大，王亦大。」〔註232〕其實「道」本並無大小形體之分，若一定要用相對概念來形容「道」，那麼這裡的「大」指的就是「道體」無邊際的「大」，是一種絕對性的「大」，「不肖」

　　　　　書局，1993年），頁254。

〔註228〕（漢）河上公注、王卡點校：《老子道德經河上公章句》（北京：中華書局，1993年），頁254。

〔註229〕（魏）王弼注：《老子道德經注》，收入於樓宇烈校釋：《王弼集校釋》（臺北：華正書局，1992年），頁170。

〔註230〕吳澄注：「不肖，無所肖似。」（魏）王弼注：《老子道德經注》，收入於樓宇烈校釋：《王弼集校釋》（臺北：華正書局，1992年），頁170；（元）吳澄：《道德真經註》（臺北：廣文書局，1981年），頁128。

〔註231〕（明）憨山大師：《老子道德經憨山解》（臺北：新文豐出版社，1982年），頁133。

〔註232〕（魏）王弼注：《老子道德經注》，收入於樓宇烈校釋：《王弼集校釋》（臺北：華正書局，1992年），頁64。

就是沒有物體形象的限制。後半段用慈形容道體的大慈大勇；用儉表現道體的寡欲後的無為之廣；最後用不敢為天下先的柔弱來彰顯道體的不爭。

34.《老子・第七十三章》

此章說明「道」的作用，以「不爭」、「不言」、「不召」、「繟然」及「天網」來展現，屬於運行規律之「道」。

　　　　天之道，不爭而善勝，不言而善應，不召而自來，繟然而善謀。〔註233〕

王弼注：「天唯不爭，故天下莫能與之爭。」〔註234〕表示就「道」而言，「道」之所以能立於不敗之地，是因為它不與萬物爭，所以萬物也沒辦法與它爭，王弼注：「順則吉，逆則凶，不言而善應也。處下則物自歸。垂象而見吉凶，先事而設誠，安而不忘危，未召而謀之。」〔註235〕說明天道運行自然，不需要言語表達，呼應〈第二十三章〉的「希言自然」〔註236〕，並用處下來形容萬物發展歸向天道的道理。後半段連用「不爭」、「不言」、「不召」、「繟然」說明道在現象界的展現，其實「道」本無欲無心，根本不會用「爭」、「言」、「召」、「繟」來對待萬事萬物。最後說的「天網」，其實指的是萬物皆在「道」中，依照道體的自然原則運作。

35.《老子・第七十七章》

此章節的「天之道」和「有道者」都在說明「道」的運行規律，以「張弓」來展現；「人之道」則在說明人的運行規則，類通於一般世俗的作法。

　　　　天之道，其猶張弓與！高者抑之，下者舉之；有餘者損之，不足者

〔註233〕（魏）王弼注：《老子道德經注》，收入於樓宇烈校釋：《王弼集校釋》（臺北：華正書局，1992 年），頁 178。

〔註234〕（魏）王弼注：《老子道德經注》，收入於樓宇烈校釋：《王弼集校釋》（臺北：華正書局，1992 年），頁 178。

〔註235〕河上公注：「天不與人爭貴賤，而人自畏之。天不言，萬物自動以應時。天不呼召，萬物皆負陰而向陽。繟，寬也。天道雖寬博，善謀慮人事，修善行惡，各蒙其報也。」憨山注：「逆天者亡，故不爭而善勝。感應冥府，故不言而善應。吉凶禍福如影響，故不召而自來。然報愈遲，而惡愈深，禍愈慘，故繟然而善謀。」在此章註解較偏向因果業報，說明天命可畏，報應昭然，不可輕忽。（魏）王弼注：《老子道德經注》，收入於樓宇烈校釋：《王弼集校釋》（臺北：華正書局，1992 年），頁 178；（漢）河上公注、王卡點校：《老子道德經河上公章句》（北京：中華書局，1993 年），頁 282～283；（明）憨山大師：《老子道德經憨山解》（臺北：新文豐出版社，1982 年），頁 137～138。

〔註236〕（魏）王弼注：《老子道德經注》，收入於樓宇烈校釋：《王弼集校釋》（臺北：華正書局，1992 年），頁 34。

補之。天之道損有餘，而補不足；人之道則不然，損不足，以奉有
餘。孰能有餘以奉天下？惟有道者。〔註237〕

王弼注：「與天地合德，乃能包之，如天之道。言唯能處盈而全虛，損有以補
無，和光同塵，蕩而均者，唯其道也。」〔註238〕道本身就沒有所謂的損餘補
足的概念，那是因為加入人為價值觀界定後的結果，故用張弓隱喻「抑之」、
「舉之」、「損之」、「補之」都是在形容生命的「中和之道」〔註239〕，也就是
老子整部經典一再展現的應變及包容性。每件事情沒有對錯，只是站在角度觀
點而已，在應對過程可運用反向思維增加我們對於事情觀感的彈性，達到平衡
的結果。反之，人容易因為加入人為造作後，變得沒有節制，陷入無止盡的貪
求中。故心要達到「有餘」必須先化掉人心的貪欲，回歸到知足的狀態，才能
感受「有餘」。而「有餘」除了指自身的錢財外，也可以是個人的天賦，行有
餘力，發揮所長，貢獻社會，非但不會讓自己不足，反而因為越付出，回饋更
多，無形中將小我的利益在大我中獲得更好的發展。故當效法「道」的無私，
故能成其私。

36.《老子・第七十九章》

此章說明「道」的自然無為，以「無私」來展現，類通於運行規律之「道」。

天道無親，常與善人。〔註240〕

此篇一開始說明怨恨形成後縱然化解還是會有餘怨，若能在怨恨還沒成形前
先化解那才是老子所重視的。接下來提到「聖人執左契」〔註241〕，指的是聖
人通常只顧好他的那一半契約，做該做之事，不強加責備於人。最後河上公注：

〔註237〕 （魏）王弼注：《老子道德經注》，收入於樓宇烈校釋：《王弼集校釋》（臺北：
　　　　　華正書局，1992 年），頁 186。

〔註238〕 （魏）王弼注：《老子道德經注》，收入於樓宇烈校釋：《王弼集校釋》（臺北：
　　　　　華正書局，1992 年），頁 186。

〔註239〕 河上公注：「天道暗昧，舉物類以為喻也。天道損有餘而益謙，常以中和為上。
　　　　　言誰能居有餘之位，自省爵祿以奉天下不足者乎？唯有道之君能行也。」用
　　　　　不足和有餘來調和生命，並且時刻覺察自身的欲念，避免落入無止盡的貪求
　　　　　中，在知足之時，往往會覺得自己有餘，聖人無欲故能自然的發揮損有餘而
　　　　　補不足的作用。（漢）河上公注、王卡點校：《老子道德經河上公章句》（北京：
　　　　　中華書局，1993 年），頁 294～295。

〔註240〕 （魏）王弼注：《老子道德經注》，收入於樓宇烈校釋：《王弼集校釋》（臺北：
　　　　　華正書局，1992 年），頁 189。

〔註241〕 執右契的人是憑契卷來取物，執左契的人是等別人來取物。吳怡：《新譯老子
　　　　　解義》（臺北：三民書局，2013 年），頁 460。

「天道無有親疏，唯與善人，則與司契同也。」〔註242〕道體是自然無為的，與萬物本就沒有親疏關係，道對於萬物本就無私對待，類通於〈第五章〉的「天地不仁」〔註243〕。吳澄注：「天道無所私親，常救助善人。聖人雖無心於為善人，而天常為之，必不令惡人得以肆毒也。」〔註244〕而「善」常依附在「德」之下，「德」是「道」在經驗界的作用，故善人行善自然就接近於道，與道一樣無為無私。換言之，道並不會神格化去幫助善人，這是行善之人自己無私的結果。

37.《老子‧第八十一章》

此章說明「道」的自然無為，以「無私」的特質展現，屬於運行規律之「道」。

> 天之道，利而不害；聖人之道，為而不爭。〔註245〕

此篇前段用「信言不美」、「善者不辯」、「知者不博」說明真正的話語在真實而不在於外表的華麗；真正善行在於實踐而不是言詞的強辯；真正的知識淵博在於日損執著而不在於累積。故後段用聖人的「不積之道」〔註246〕，呼應前段的「不美」、「不辯」、「不博」，因不積藏名，無所求下，才能真「信」、真「善」、真「知」，故「積」也是「虛」的功夫。聖人能行不積之道呼應到天之道，憨山注：「以天道不積，其體至虛。故四時運不竭，利盡萬物而中不傷其體。故曰天之道利而不害。」〔註247〕說明道以自然無為的方式生育萬物，因無私對於萬物就有利而無害，故能成其大；河上公注：「聖人法天所施為，化成事就，

〔註242〕（漢）河上公注、王卡點校：《老子道德經河上公章句》（北京：中華書局，1993 年），頁 301。

〔註243〕（魏）王弼注：《老子道德經注》，收入於樓宇烈校釋：《王弼集校釋》（臺北：華正書局，1992 年），頁 13。

〔註244〕（元）吳澄：《道德真經注》（臺北：廣文書局，1981 年），頁 144。

〔註245〕（魏）王弼注：《老子道德經注》，收入於樓宇烈校釋：《王弼集校釋》（臺北：華正書局，1992 年），頁 192。

〔註246〕吳怡先生認為：「積是藏的意思，也就是藏於己。把貨物藏於己，就是貪貨；把名望藏於己，就是愛名，就是多欲。所謂的積藏，所求的就是欲。求美、求辯、求博也是為了去積這個名。……聖人不積就是虛，就是虛其心、虛其欲。」吳怡：《新譯老子解義》（臺北：三民書局，2013 年），頁 470。

〔註247〕王弼注：「動常生成之也。順天之利不相傷也。」說明天之道雖利於萬物，同時也不傷害萬物。（明）憨山大師：《老子道德經憨山解》（臺北：新文豐出版社，1982 年），頁 149；（魏）王弼注：《老子道德經注》，收入於樓宇烈校釋：《王弼集校釋》（臺北：華正書局，1992 年），頁 192。

不與下爭功名，故能全其聖功也。」〔註248〕聖人之道若能效法天之道，從奉獻中學習，讓自身與他人皆能發揮更大的生命價值，過程中也不必與他人爭奪，因為做的越多，相對也收穫越多，這是「道」運行的自然法則。

綜觀以上37點論述，筆者針依據第二節將「道」分成三大類的脈絡，嘗試套用在本節分析老子的81章中的道字中，一共獲得三點結論，如下：

一、形而上之「道」：包含前述01〈第一章〉共三個道字〔註249〕、02〈第四章〉、09〈第二十一章〉共兩個道字、15〈第三十二章〉的第一個道字、16〈第三十四章〉、17〈第三十五章〉、18〈第三十七章〉、21〈第四十一章〉的第八個和第九個道字、22〈第四十二章〉、26〈第五十一章〉共四個道字、33〈第六十七章〉，綜合以上推論共有18個道字。第一種的「道」是指道體，無形無象，卻真實恆常存在著；這個「道」是萬物的根源，先天地而生，長養萬物卻不主宰；而「道」不可說也不可名，因為若可說可名，就落入有形有象的生存世界，成為侷限性的生滅之體，故真常之「道」是不可言喻，但為了闡述，就勉強用「道」這個字解釋。

二、變動規律之「道」：05〈第十四章〉有兩個道字、07〈第十六章〉有兩個道字、08〈第十八章〉、10〈第二十三章〉有五個道字、12〈第二十五章〉有四個道字、19〈第三十八章〉有兩個道字、20〈第四十章〉有兩個道字、23〈第四十六章〉有兩個道字、24〈第四十七章〉、27〈第五十三章〉有兩個道字、28〈第五十五章〉有兩個道、29〈第五十九章〉、31〈第六十二章〉有三個道字、34〈第七十三章〉、35〈第七十七章〉有四個道字、36〈第七十九章〉、37〈第八十一章〉有兩個道字，綜合以上推論共有37個道字。第二種的「道」雖是恆常存在，不受外力改變，但它本身是一個「動」體，不是永遠靜態，定在那裏不動，所有宇宙萬物都依「道」而產生「變動」，也因這個變動，產生了天地萬物；這個「道」也提供了吾人循環往復、變化相反的自然法則。

三、生活處世之「道」：03〈第八章〉、04〈第九章〉、06〈第十五章〉、11〈第二十四章〉有兩個道字、13〈第三十章〉有三個道字、14〈第三十一章〉、15〈第三十二章〉的第二個道字、21〈第四十一章〉的第一個到第七個道

〔註248〕（漢）河上公注、王卡點校：《老子道德經河上公章句》（北京：中華書局，1993年），頁308。

〔註249〕以下為了簡潔明晰，依01〈第一章〉形式呈述，不再以第01項的〈第一章〉做呈述。

字、25〈第四十八章〉、27〈第五十三章〉、30〈第六十章〉、32〈第六十五章〉，共 21 個道字。最後一種的「道」是落入生存世界後產生的「德」，因為「道」是抽象的概念，還是得透過「德」產生可讓人類效法的特性，透過實踐後才能對人真正產生影響力；當常「道」作用在生活層面時，可以作為立身處世之「道」時，可為吾人指引人生的方向。故「道」與「德」是一體兩面的，「德」是「道」的作用，「道」也因「德」而展現；「道」與「德」只有整全和已分的差異〔註250〕，在本質上都是相同的。

綜觀以上三點結論，得知「道」字在經文不同文字中呈現的脈絡呈現的義涵，屬於第一種形而上之「道」共有 18 個道字；屬於第二種變動規律之「道」共有 37 個道字；屬於第三種生活處世之「道」共有 21 個道字。值得注意的是，道字主要是以比例側重的不同作為歸類的基準，並非彼此間相互排斥。會通道的義理及文義的疏證後，接下來的章節將逐一闡述「道」從自然界落入生存世界後呈現的功夫特質。

〔註250〕徐復觀先生認為：「道與德，僅有全與分之別，而沒有本質上之別」徐復觀：《中國人性論史》（臺北：臺灣商務印書館，1988 年），頁 338。王邦雄先生認為此說可修正為：「道是超越之體，德是內在之用，道是無，德是有，道以其實現原理，內在於萬物，萬物所得來自於道的德。……德就個別體說，玄德就整體而言。玄德有別於德者，就在全與分，全者不為器所限定，故謂之玄德。」王邦雄：《老子的哲學》（臺北：東大圖書公司，1983 年），頁 81。

第三章　老子工夫論義理精要

　　不明老子義理的人常將老子的形上哲學轉換成空論，坐落在人的生命之外，導致吾人是吾人，老子是老子的平行線。王邦雄先生說：「老子哲學是經由主體的修証，對道有其形而上的體會證悟，才發為思想玄理的。」〔註1〕換言之，老子的哲學思維並非來自於空有的玄理思想，而是來自於生命經驗的體證而得，藉由有限的生命裡，透過主體的實踐，進而體道證德，活出無限的生命價值。故應當在研讀經典時，除了義理架構的詮釋外，更應將所學知識扣回生命經驗，內化成自身實踐的進路，方能與古聖先賢的智慧相為呼應。自古以來，人類不斷面臨三大衝突，一是人與自己的衝突、二是人與人的衝突、三是人與自然的衝突。不同教派、不同國家因理念不同引發各國間的戰爭，炫耀武力，大肆擴軍使得戰爭之處，如老子所說：「師之所處，荊棘生焉。」(〈第三十章〉)〔註2〕故本章節透過老子形而上的道論之體會，化為「自然無為」、「致虛守靜」、「持儉守柔」工夫落實於實踐進路上，作為面臨三大衝突時的因應之道，依序如下。

〔註 1〕王邦雄：《老子的哲學》(臺北：東大圖書公司，1983 年)，頁 113。

〔註 2〕(魏)王弼注：《老子道德經注》，收入於樓宇烈校釋：《王弼集校釋》(臺北：華正書局，1992 年)，頁 78。筆者認為衝突有如恐怖分子的殺戮之兇殘，讓人膽顫心驚，以暴制暴的作為，造成從人與人的衝突演變成國與國的仇恨。人與自然的衝突來自於人對地球資源的過度開墾，造成大自然的反撲，例如：氣候異常、全球暖化、南亞海嘯、土石流等，征服自然的欲望攀升，使得人與自然不再和諧共處。

第一節　自然無為

　　「自然」是《老子》一書的核心思想，老子認為人要效法天道運行，順應自然，方能安享天年，故云：「人法地，地法天，天法道，道法自然。」（〈第二十五章〉）〔註3〕對於宇宙萬物規律變化的永恆原則，老子稱作「常」，若能知常便能順應常道，合乎自然；反之，容易導致禍害，故老子云：「不知常，妄作凶。」（〈第十六章〉）〔註4〕換言之，說明生活應該知常道，合乎自然運轉，日常作息要規律，飲食要有節制，才能提升人體的免疫力，身體自然強健。老子〈第五十一章〉也有提到：「萬物莫不尊道而貴德。」〔註5〕一個人若能具備養生的知識，又能崇尚道德，身正自然心就正，心正氣就足，氣足神就旺，如同《黃帝內經集注》〔註6〕所說：「上古之人，其知道者，法與陰陽，和與術數，起居有常，飲食有節，不妄作勞」、「形與神俱，而盡終其天年，度百歲乃去」。〔註7〕陳鼓應先生也說：「自然無為是老子哲學中最重要的一個觀念。老子認為任何事物都應該順任它自身的情狀去發展，不必參以外界的意志去制約它。」〔註8〕可見萬物都有它原本的天性，順著自身具有的物性運行，不必依靠外在的原因，是一種沒有強制力量約束而順其自然的狀態，就是「自然無為」之道。故本節將聚焦「自然」和「無為」兩方面作為分析，共分成兩小節四小段，先探究自然一詞的來源查證及經文之語義解析，再探究無為的義涵及以《老子》經文當中對無為的詮解。

一、自然逍遙的境界

　　《老子》一書中的自然思想並非外在物理世界的自然，其「自然」學說絕

〔註3〕　（魏）王弼注：《老子道德經注》，收入於樓宇烈校釋：《王弼集校釋》（臺北：華正書局，1992年），頁64。

〔註4〕　（魏）王弼注：《老子道德經注》，收入於樓宇烈校釋：《王弼集校釋》（臺北：華正書局，1992年），頁36。

〔註5〕　（魏）王弼注：《老子道德經注》，收入於樓宇烈校釋：《王弼集校釋》（臺北：華正書局，1992年），頁137。

〔註6〕　《黃帝內經集注》跟老子的關聯在於它引證了很多老子式的想法，可參考張鴻愷：〈《老子》思想對醫界的影響──《黃帝內經》思想述評〉，《宗教哲學》50期，2009年12月、王璟：《漢代養生思想研究──以黃老思想為主題》（臺北：臺灣師範大學國文學系博士論文，2006年）等研究資料。

〔註7〕　（清）張志聰集注：《黃帝內經集注》（杭州：浙江古籍出版社，2002年），頁1～2。

〔註8〕　陳鼓應：《老子今註今譯及評介》（臺北：臺灣商務印書館，1997年），頁25～26。

不單單只是自然界的知識，更包含了生命的本然，最原始的自在和美好，它是一切德性的根源，也是我們體道證德的核心價值所在。〔註9〕故要了解老子對道的取法，可從了解「自然」二字經文中的詮釋找到解答，接下來將依照「字詞的來源查證」及「經文之語意解析」探究自然一詞在《老子》書中的真實義。

（一）自然字詞的來源查證

要討論老子的自然觀前，先從其他先秦典籍找尋與《老子》一致的自然思想背景，再從中相互參照老子的自然觀點，以做為更客觀的描述，故接下來要探討的章節，就是針對「自然」一詞的源頭進行資料的查證，目前雖無法完全考定，但大致上，可以確定的是「自然」一詞的使用〔註10〕，在先秦文獻當中，發現十三經中的《易經》、《尚書》、《詩經》、《春秋》、《禮記》尚未出現使用「自然」一詞的狀況，反而在春秋、戰國的諸子書中尋得足跡。主要集中在春秋、戰國年間的諸子書中，尤其是《老子》、《荀子》、《莊子》、《列子》、《墨子》、《管子》、《韓非子》、《文子》、《呂氏春秋》等，當中又以老子、莊子、列子、韓非子使用頻率最高。換言之，其中以道家思想家們被認為率先在思想性、哲學性的文章中提到「自然」的概念。丁原植先生考察後認為：「迄今尚存的文字資料，在《老子》成書前所有著作中，並未發現由自與然二字結合成的固定語詞。」〔註11〕然而是否源於老子，至今礙於老子其人其書的定論，仍無充分證據及研究可證明，但可知「自然」〔註12〕

〔註 9〕綜合概念參見牟宗三：《才性與玄理》（臺北：臺灣學生書局，1978 年），頁 144；王邦雄、陳德和合著：《老莊與人生》（新北市：國立空中大學，2013 年），頁 99。

〔註10〕「自然」一詞的狀況，主要集中在春秋、戰國年間的諸子書中，《荀子》兩次、《春秋繁露》十二次、《老子》五次、《莊子》八次、《文子》十四次、《列子》六次、《墨子》一次、《管子》一次、《韓非子》八次、《呂氏春秋》六次。

〔註11〕丁原植：〈《老子》哲學中「自然」的觀念〉，《哲學與文化》第 20 卷第 1 期，1993 年 1 月，頁 108。

〔註12〕暫且先不論「自然」二字對後代老學是否有一定程度的影響力，單純針對先秦對於「自然」一詞的解釋，黃裕宜經過考察後歸列出五點，如下：「一、字面上的解釋是『自己如此』。表示某種原初樣態的描述，這樣的樣態因其『本性』而表現，不必說明就可明白。因此，『自然』具有『本質性』的意義。二、指向獨立於人之外的客觀『事理』，可做為知識上的判斷標準。三、強調排斥外力的驅使，而是個體本身獨立、自發之存有展現。四、從純粹樣態的描述，衍伸出樣態的載體意義，即『自然者』的對象化用法。五、通常與天、天之道有密切的關係，足以說明『自然』的概念，可能由天概念發展而來。」參考黃裕宜：《《老子》自然思想的考察》，收錄於《中國學術思想研究輯刊》（臺北：花木蘭文化出版社，2010 年），頁 12。

二字在《老子》一書的出現，已深具時代意義。

（二）經文之語意解析

《老子》一書中對於自然思想的表達隨處可見，其本意並非外在物理世界的自然，陳政揚老師認為：「人對道的取法，可通過《道德經》中自然意義的開展，得到詮解與回答。」〔註13〕當中直接提到「自然」二字在經文裡前後共出現五次，分別為〈第十七章〉、〈第二十三章〉、〈第二十五章〉、〈第五十一章〉、〈第六十四章〉依序解析之。

1. 老子在〈第十七章〉提到

太上，不知有之；其次，親而譽之；其次，畏之；其次，侮之。信不足焉，有不信焉。悠兮其貴言。功成事遂，百姓皆謂：我自然。〔註14〕

此章節出現了四個治理的層次，第一，就是底下的百姓僅僅知道有個君王存在，卻不知他做了什麼；其次，讓百姓想要親近、讚譽有加且會想歌功頌德的明君；再次，設「專任刑法」〔註15〕不講德治，讓「百姓害怕」〔註16〕的昏君；最後，除了法令嚴厲外，還不遵守法度，一意孤行，讓百姓無可依循，最終忍無可忍，導致民怨沸騰起來反抗，那就是暴君的作為了。故王邦雄先生認為：「百姓不知道自己過得這麼好是有一個政府在推動，這才是最好的政治，這樣的政府叫做『正善治』。」〔註17〕由此可知，最好的上位者並非無所事事，而是悠然不輕易發號政令，默默化育百姓，順著百姓的性能發展，讓百姓不覺得有壓迫及干涉感，事情完成了，百姓也會覺得吾人本來就是這樣，故這裡的「自然」偏向「自己如此」的無為狀態。

值得一提，一般人單就字詞上詮釋，容易將自己如此的自然，解讀成看似

〔註13〕陳政揚：〈《黃帝四經》與《老子》治道之異同〉，《鵝湖月刊》324 期，2002 年 6 月，頁 35。

〔註14〕（魏）王弼注：《老子道德經注》，收入於樓宇烈校釋：《王弼集校釋》（臺北：華正書局，1992 年），頁 40～41。

〔註15〕河上公注：「其次，畏之。設刑法以治也。」（魏）河上公注，王卡點校：《老子道德經河上公章句》（北京：中華書局，1993 年），頁 68。

〔註16〕王弼注：「其次，畏之；不能復以恩仁，令物而賴威權也。」（魏）王弼注：《老子道德經注》，收入於樓宇烈校釋：《王弼集校釋》（臺北：華正書局，1992 年），頁 40。

〔註17〕王邦雄先生進一步說明：「你的政要治於無為之治，自然無為之治就是『太上下知有之的政治』，是『百姓皆謂我自然的政治』」。王邦雄：《老子十二講》（臺北：遠流出版社，2011 年），頁 124。

排斥任何外在的他力，〔註18〕故自己如此的「自然」並不是絕對的排除外來的作用，而是指在面臨他力干涉過程依舊能平靜從容應對的最大域值，例如：醫學上的自我調節功能，指的就是人在面臨外力介入時，自主神經系統的含納度，會影響自身的抗壓力。若以此脈絡陳述，筆者認為較符合人性化的需求，畢竟人活在世上，除非到深山孤島，否則很難單獨生存；人是群居動物，與人與事接觸，必然會有他力及外緣的影響。如何維持悠然自得，可以透過不斷損之又損、無掉有為造作的功夫，放下過往形塑的價值成見，回歸質樸的心看待世界。當不再用過往的價值判斷定義一切並企圖掌握所有時，對於世界的變化就是一種全然的接納，用此心境處世便能提升自身應對他力的範圍域值，進而回歸到「自己如此」的逍遙境界。故此章主要是以君王對百姓的角度來詮釋「自然」，這裡的「自然」指的是一種「自己如此」的狀態。

　　2.《老子‧第二十三章》表示

> 希言自然。故飄風不終朝，驟雨不終日。孰為此者？天地。天地尚
> 不能久，而況於人乎？故從事於道者，道者同於道；德者，同於德；
> 失者，同於失。同於道者，道亦樂得之；同於德者，德亦樂得之；
> 同於失者，失亦樂得之。信不足焉，有不信焉。〔註19〕

有關「希」字在〈第十四章〉「聽之不聞，名曰希。」〔註20〕及〈第四十一章〉「大音希聲。」〔註21〕都有出現過，主要在形容道體的作用，指出道是不易聽到的，或者說道存在的本身就是一種表達。以此脈絡推論「希言自然」，王弼說：「然則無味不足聽之言，乃是自然之至言也。」〔註22〕吳澄也說：「聽之不聞曰希，希言，無言也。得道者忘言，因其自然而已。」〔註23〕皆表示自然的

〔註18〕劉笑敢先生認為：「按照傳統的解釋，只要外力作用不引起人們的直接感覺作可以算作自然。所以，自然並不一概排斥外力，不排斥可以從容的接受外在的影響，而只是排斥外在的強力干涉。(劉笑敢：《老子》(臺北：東大圖書公司，2007年)，頁71。

〔註19〕（魏）王弼注：《老子道德經注》，收入於樓宇烈校釋：《王弼集校釋》(臺北：華正書局，1992年)，頁57。

〔註20〕（魏）王弼注：《老子道德經注》，收入於樓宇烈校釋：《王弼集校釋》(臺北：華正書局，1992年)，頁31。

〔註21〕（魏）王弼注：《老子道德經注》，收入於樓宇烈校釋：《王弼集校釋》(臺北：華正書局，1992年)，頁113。

〔註22〕（魏）王弼注：《老子道德經注》，收入於樓宇烈校釋：《王弼集校釋》(臺北：華正書局，1992年)，頁57。

〔註23〕（元）吳澄：《道德真經註》(臺北：廣文書局，1981年)，頁42。

聲音是不容易察覺到的，甚至有可能不是用耳朵去聽，而是要用心去感受。「希言」類通於《莊子·齊物論》的「天籟」，王邦雄先生認為：「天籟是無聲之聲；它通過大地，通過萬竅，通過每一個人，才發得出聲音。」〔註24〕故真正的聲音是不易聽見的，並不是少言，而是根本不需要言詞，因為道本身不需要透過聲音的方式傳達，它運行呈現的作用，正無言的述說一個永恆的真理，而這個作用的顯現就是自然。

至於「言」字在經文中共出現四次，除了本章的「希言」之外，還有〈第二章〉「不言之教」〔註25〕、〈第五章〉「多言數窮」〔註26〕、〈第十七章〉「悠兮其貴言」〔註27〕。筆者認為本章的「希言」除了較類通於「不言之教」和「貴言」外，在融合政治後，「希言」的「清靜無為」政治理想，也就是「少施政令教條」的管理方式，與〈第十七章〉「百姓皆謂我自然」〔註28〕的「自然」都有共同的思想概念，皆將自然觀念融入上位者與百姓的關係，是「自己如此」的治理原則。故此章主要是以「自然」呈現天地自然運行的原理，這裡的「自然」指的是道的作用，一種「自己如此」的運作法則。

3.《老子·第二十五章》提到

> 有物混成，先天地生。寂兮寥兮，獨立不改，周行而不殆，可以為天下母。無不知其名，字之曰道，強為之名曰大。大曰逝，逝曰遠，遠曰反。故道大，天大，地大，王亦大。人法地，地法天，天法道，道法自然。〔註29〕

此章先用「寂兮寥兮」來形容道體，再用「獨立不改」及「周行不殆」來描述

〔註24〕 王邦雄、岑溢成、楊祖漢、高柏園合著：《中國哲學史上》（臺北，里仁書局，2007年），頁111。陳政揚老師進一步認為：「天籟指的就是消除了一切形器，去掉所有詮釋，真正的風聲。」陳政揚：〈「人籟、地籟、天籟」與「吾喪我」之內在相似性的另類詮釋〉，《鵝湖月刊》第25卷第2期，1999年8月，頁35。

〔註25〕 （魏）王弼注：《老子道德經注》，收入於樓宇烈校釋：《王弼集校釋》（臺北：華正書局，1992年），頁6。

〔註26〕 （魏）王弼注：《老子道德經注》，收入於樓宇烈校釋：《王弼集校釋》（臺北：華正書局，1992年），頁14。

〔註27〕 （魏）王弼注：《老子道德經注》，收入於樓宇烈校釋：《王弼集校釋》（臺北：華正書局，1992年），頁41。

〔註28〕 （魏）王弼注：《老子道德經注》，收入於樓宇烈校釋：《王弼集校釋》（臺北：華正書局，1992年），頁41。

〔註29〕 （魏）王弼注：《老子道德經注》，收入於樓宇烈校釋：《王弼集校釋》（臺北：華正書局，1992年），頁63～64。

道的作用，更進一步用「大」、「逝」、「遠」、「反」來闡述道在周行不怠的運作特質，最後再用「道」、「天」、「地」、「王」來比擬宇宙的四大帶出最後一句「人法地，地法天，天法道，道法自然」〔註30〕。針對「法」字而言，一般人會解作取法或效法，但容易在「道法自然」上產生矛盾，王弼則很巧妙將「法」解作「法則」，後將「法」詮釋成「不違」，王弼注：「法，謂法則也。人不違地，乃得全安，法地也。」〔註31〕若不違背「地之德」〔註32〕，河上公注：「人當法地安靜和柔也，種之得五穀，掘之得甘泉，勞而不怨也，有功而不置也。」〔註33〕以地的寧靜柔和，謙卑處下為法則，如此的不爭之德，正是人與萬物共處的和諧之道。其次，王弼注：「地不違天，乃得全載，法天也。」〔註34〕說明「天」〔註35〕的厚德載物，對於萬物長而不宰，而地承順天的特性，以柔和載物，故能「全載」；也因為天不違背道的運行法則，才能「全覆」萬物，故

〔註30〕 （魏）王弼注：《老子道德經注》，收入於樓宇烈校釋：《王弼集校釋》（臺北：華正書局，1992年），頁64。

〔註31〕 王弼注：「法，謂法則也。人不違地，乃得全安，法地也。地不違天，乃得全載，法天也。天不違道，乃得全覆，法道也。道不違自然，乃得其性，法自然者。」（魏）王弼注：《老子道德經注》，收入於樓宇烈校釋：《王弼集校釋》（臺北：華正書局，1992年），頁65。

〔註32〕 「地」的德在《老子》一書中，分別提到兩次，一次是在〈第八章〉「居善地」指地的處下不爭及〈第三十九章〉「地得一以寧」指地的寧靜柔和。（魏）王弼注：《老子道德經注》，收入於樓宇烈校釋：《王弼集校釋》（臺北：華正書局，1992年），頁20、106。

〔註33〕 （漢）河上公注、王卡點校：《老子道德經河上公章句》（北京：中華書局，1993年），頁101～103。

〔註34〕 河上公也注：「天澹泊不動，施而不求報，生長萬物，無所收取。」（魏）王弼注：《老子道德經注》，收入於樓宇烈校釋：《王弼集校釋》（臺北：華正書局，1992年），頁63～64；（漢）河上公注、王卡點校：《老子道德經河上公章句》（北京：中華書局，1993年），頁101～102。

〔註35〕 「天」字在《老子》一書中，加上本章，一共出現十八次，分別為〈第九章〉「功遂身退，天之道」、〈第十章〉「天門開闔，能無雌乎？」〈第十六章〉「王乃天，天乃道」、〈第三十九章〉「天得一以清……天無以清將恐裂」、〈第四十七章〉「不闚牖，見天道」、〈第五十九章〉「治人事天莫若嗇」、〈第六十七章〉「天下皆謂我道大，……不敢為天下先。不敢為天下先……天將救之，以慈衛之」、〈第六十八章〉「是謂配天古之極」、〈第七十三章〉「天之所惡，孰知其故？……天之道，不爭而善勝。……天網恢恢，疏而不失」、〈第七十七章〉「天之道，其猶張弓與！……天之道損有餘，而補不足」、〈第七十九章〉「天道無親，常與善人」、〈第八十章〉「天之道，利而不害」。老子常將天和道連在一起，以天詮釋道的作用。（魏）王弼注：《老子道德經注》，收入於樓宇烈校釋：《王弼集校釋》（臺北：華正書局，1992年），頁21、23、36、106、125、155、170～171、172、182、189及190。

王弼注：「天不違道，乃得全覆，法道也」。〔註36〕上述的「全安」、「全載」、「全覆」都在形容道的作用。至於「道法自然」一句，王弼注：「道不違自然，乃得其性，法自然者。在方而法方，在圓而法圓，於自然無所違也。」〔註37〕吳澄也注：「道之所以大，以其自然，故曰『法自然』。非道之外別有自然也。」〔註38〕說明並非道上面還有一個自然在主宰，而是以道本身來說，它沒有意識沒有目的，不會主宰萬物，反之順任萬物自然生長；以虛為體，以自然方式呈現生化本體的法則，故上文「域中」只說有四大，並不是五大。換言之，「道法自然」之法是讓法彰顯之義，亦即道以自然而然的樣貌呈現自體，屬於形而上的詭辭。此章主要是道體作用來詮釋「自然」，這裡的「自然」指的是一種自己如此的運行狀態。

4.《老子·第五十一章》云

> 道生之，德畜之，物形之，勢成之。是以萬物莫不尊道而貴德。道之尊，德之貴，夫莫之命而常自然。故道生之，德畜之；長之育之；亭之毒之；養之覆之。生而不有，為而不恃，長而不宰。是謂玄德。
>
> 〔註39〕

有關「道之尊，德之貴，夫莫之命而常自然」一句王弼只注：「命並作爵。」〔註40〕成玄英有進一步詮釋曰：「世上尊榮必需品秩，所以非久，而道的尊貴無關爵命，故常自然。」〔註41〕說明「道」和「德」的地位本就來自於自然，並不會因為賦予爵命而變得尊貴。河上公注：「道一不命召萬物，而常自然應之如影響。」〔註42〕指出道雖能「生之」、「蓄之」但卻不「恃之」、「宰之」，

〔註36〕（魏）王弼注：《老子道德經注》，收入於樓宇烈校釋：《王弼集校釋》（臺北：華正書局，1992 年），頁 63～64。

〔註37〕（魏）王弼注：《老子道德經注》，收入於樓宇烈校釋：《王弼集校釋》（臺北：華正書局，1992 年），頁 63～64。

〔註38〕（元）吳澄：《道德真經注》（臺北：廣文書局，1981 年），頁 45。

〔註39〕（魏）王弼注：《老子道德經注》，收入於樓宇烈校釋：《王弼集校釋》（臺北：華正書局，1992 年），頁 136～137。

〔註40〕（魏）王弼注：《老子道德經注》，收入於樓宇烈校釋：《王弼集校釋》（臺北：華正書局，1992 年），頁 136。

〔註41〕（晉）郭象撰、（唐）成玄英疏：《南華真經注疏十卷》，收入於嚴靈峯編輯：《無求備齋老列莊三子集成補編》第 20 冊（臺北：成文出版社，1982 年），頁 78。

〔註42〕（漢）河上公注、王卡點校：《老子道德經河上公章句》（北京：中華書局，1993 年），頁 125。

道不會干涉或加以命令萬物,反倒是在整個創生萬物的過程,都是自然而然的回應萬物並各適其性的長養之。此句老子特別強調的「莫之命」三字,無論是「不需因爵命而尊貴」的說法,或者指的是「道」和「德」不會採取高壓的命令方式左右萬物,都是在鋪陳最後的「常自然」。這句話說明道和德不論有無受到尊重,都不改變它本來生育萬物的常態;換句話說,道和德不會受到他力影響,而保持它原本自然如此的狀態。故此章主要是以「自然」呈現道與萬物的自發性,這裡的「自然」指的是道和德的作用,一種「自己如此」的狀態。

5.《老子‧第六十四章》提到

> 其安易持,其未兆易謀,其脆易泮,其微易散,為之於未有,治之於未亂。合抱之木,生於毫末;九層之臺,起於累土;千里之行,始於足下。為者敗之,執者失之。是以聖人無為故無敗,無執故無失。民之從事,常於幾成而敗之;慎終如始,則無敗事。是以聖人欲不欲,不貴難得之貨;學不學,復眾人之所過。以輔萬物之自然而不敢為。〔註43〕

此章的「為之於未有,治之於未亂」就在強調如何掌握事情將變未變之「幾」的「慎始」;以及事情發生後應對解消之策的「慎終」。換句話說,就是在「其安」、「其未兆」、「其脆」、「其微」之時,皆能有洞察的敏銳力,能夠一路慎始就能最後慎終,每一個終又是一個始,反覆循環,這個「慎」字說明老子「無為」中的「有為」,「無事」中的「有事」。最後的「是以聖人欲不欲,不貴難得之貨;學不學,復眾人之所過」一段老子指引出一個「慎始、慎終」的關鍵,就在於「不欲」及「不學」。「不欲」呼應了〈第三章〉「不見可欲及無知無欲」〔註44〕,這裡的「不欲」並不是完全沒有慾望,而是在滿足基本需要後,不追求過分的貪慾。同樣的「不學」,呼應了〈第二十章〉「絕學無憂」〔註45〕及〈第

〔註43〕(魏)王弼注:《老子道德經注》,收入於樓宇烈校釋:《王弼集校釋》(臺北:華正書局,1992 年),頁 165～166。

〔註44〕原文為:「不尚賢,使民不爭;不貴難得之貨,使民不為盜;不見可欲,使心不亂。是以聖人之治,虛其心,實其腹,弱其志,強其骨。常使民無知無欲,使夫知者不敢為也。為無為則無不治。」(魏)王弼注:《老子道德經注》,收入於樓宇烈校釋:《王弼集校釋》(臺北:華正書局,1992 年),頁 65。

〔註45〕(魏)王弼注:《老子道德經注》,收入於樓宇烈校釋:《王弼集校釋》(臺北:華正書局,1992 年),頁 46。

四十八章〉「為學日益，為道日損」〔註46〕。這裡的「不學」並不是要吾人完全放棄學習，成為一個沒有知識的庸人，而是在獲得知識後，運用「損」的功夫，放下對於現象界產生的價值判斷，避免產生執著後，更陷入無法自拔的貪求鬥爭中。故唯有超越名相的知識之學，才能處於「無為」，呼應了無為中的「有為」。進一步說明，這時候所學知識顯然已轉化成內德，有道之人將德行展現時，還能夠感染周遭親近之人自省改過。當聖人能達到「不欲」及「不學」時，不以自己的意念試圖主宰萬物，並能將所學內化成智慧，進而行出後感化人心。換句話說，聖人的「無執」及「無為」，使得萬物不受干擾，萬物方能各適其性的發展，因「無為」使得萬物「無个為」。故這裡的「以輔萬物之自然」〔註47〕其實就是「順應萬物的自然」，因為「自然而然」本身就是最好的穩定狀態，而聖人則是用「無為」的方式來維護這種「自然」的狀態。故此章主要是以聖人的角度來詮釋與「自然」間的關係，這裡的「自然」指的是一種「自己如此」的狀態，運用「無為」的功夫展現。

　　研究經文中的「自然」後發現，大多指自然而然、自己如此、不著人為的概念，以及天地運作背後，還有一個恆常不變的原理，就是道的本體以自然顯現的作用。《老子》一書所談論的自然指的是一種存在的自然而然狀態，在老子的「自然」總則下，人若能不被私心所擾，順應自然便能「無為」，故劉笑敢先生說：「自然是老子哲學的中心價值和根本理想，『無為』則是實現這一理想和價值的原則性手段。」〔註48〕從上述了解，自然與無為是一種體用的關係，是一個實現生命之途的連結。換言之，自然是對天地運行的自然狀態而說，無為是對人的活動狀況而說；自然是老子推崇的中心價值，而無為則是實現價值的原則性方法。而這樣的方法，不但是思想概念，更是生活中可以實踐的行

〔註46〕（魏）王弼注：《老子道德經注》，收入於樓宇烈校釋：《王弼集校釋》（臺北：華正書局，1992年），頁127～128。
〔註47〕劉笑敢先生進一步認為「『以輔萬物之自然』的說法更包含了一種信心，這就是自然的狀態不只是有益的，是值得肯定的，而且是穩定的，是可以預見的。它是本來狀態和通常狀態的延續，因此代表了一種可以持續的趨勢，這就是自然的勢當如此的意含，勢當如此反映的是一種可以預料和把握的狀態，它既不是不可改變必然性，也不是無法推斷的偶然性，也不是所謂的清晰可見的必然性與偶然性的結合，它只是一種可大致預見的、朦朧而又穩定持續的大趨勢。從老子哲學的立場來看，這種穩定的大趨勢就是道的作用或體現。」劉笑敢：《老子》（臺北：東大圖書公司，2007年），頁73。
〔註48〕劉笑敢：《老子》（臺北：東大圖書公司，2007年），頁120。

為，具體方式為一種心靈解放的精神安頓，一種無為而無不為的境界。

二、無為解消的工夫

「無為」[註49] 是老學中的核心思想，是一種高度精神的生活境界，也是一種人生的覺悟和超越。以下針對「無為之義涵」及「經文中的無為語義分析」兩部分探討之：

（一）無為之義涵

「無為」是老子哲學的重要觀念，「無」是動詞，有無掉、化掉、去掉的意思，[註50] 是「無為」的精簡，也是一個實踐上的概念。無為是針對「有為」而發，[註51] 它不是完全沒有作為，從工夫上指的是無掉有為的人為造作，回歸自然。陳德和先生認為：

> 無為和自然是一體兩面，無為；絕非無所行動或毫無作為，而是在
> 工夫上「無掉人為造作」，在境界上「無執以成化」；惟無掉人為造
> 作就是恢復天真本德，無執以化成則顯示心靈之無限。[註52]

換言之，自然和無為是密不可分的關係，自然是老子推崇的中心價值，而無為則是實現自然無執的原則性方法，如果將工夫和目的結合並述就是老子說的「無為而無不為」。王邦雄先生認為：

> 道家就從「無為」講「無」，從「無不為」講「有」，「無為」是工夫，
> 「無」是境界，通過「無為」的工夫，開顯「無」的境界，再由「無
> 為」的「無」，去朗現「無不為」的「有」。[註53]

換言之，道家的工夫在於「無」字，衍伸「無為」二字，若將無當作動詞來看，無為即是藉由無掉有為的造作，進而實現「無不為」的有，這也是生命尋求化解的智慧之道。故道家的「無」不是邏輯上完全否定的無，也不是無中生有的

[註49] 無為一詞，並非道家獨有字詞，諸子各家也曾出現過，例如：《論語》1 次、《孟子》2 次、《禮記》4 次、《荀子》11 次、《春秋繁露》7 次、《韓詩外傳》4 次、《墨家》1 次、《莊子》61 次、《文子》35 次、《列子》1 次、《韓非子》20 次、《管子》15 次、《呂氏春秋》14 次。

[註50] 王邦雄、陳德和合著：《老莊與人生》（新北市：國立空中大學，2013 年），頁 81。

[註51] 牟宗三先生認為無為是針對有為而發，當時主要是扣緊周文疲弊而發。有為就是造作，也就是不自然，虛偽之意。（參考牟宗三：《中國哲學十九講》（臺北：臺灣學生書局，1984 年），頁 89。

[註52] 王邦雄、陳德和合著：《老莊與人生》（新北市：國立空中大學，2013 年），頁 88。

[註53] 王邦雄：《老子的哲學》（臺北：東大圖書公司，1983 年），頁 17。

無，而是透過無心無執的修養工夫，解消自身與他人的束縛，回到自然而然的狀態。

　　無為之所以能夠無不為，乃至於無心，也就是無掉心中的執著，方能無事。其差別，吳怡先生認為：

> 「無為」是「心」上的功夫，「無事」是「事」上的工夫。「無為」是處「無」而為「有」，使「無」到「有」的發展，自然而然，沒有一點阻礙。「無事」是處「有」而歸「無」，使有了問題時，能知幾知微，洞察將變未變之時，把它消解掉，化為無事。〔註54〕

換言之，無為到無事是一種「從無到有」的發展，而無事到無為則是「有歸於無」的歷程，它體現了老子哲學中的兩種人生智慧，前者指的是能夠掌握時局，洞察將變未變之「幾」，後者則偏向面對外境時，擁有放下執著的解消智慧。透過「無心」、「無為」、「無事」回歸原本素樸天真之本心，進而達到自然而然的逍遙境界。

（二）經文中的無為語義解析

　　「無為」是老子的思想中心，「無為」二字在《老子》一書當中一共出現11次，分別為：

1.《老子·第二章》

　　聖人處無為之事，行不言之教。〔註55〕

這裡說明聖人以無為的方法處事，並不是什麼都沒做，也不是毫無作為，而是為的非常自然，是一種極高明的處事智慧。聖人崇尚自然素樸，在推行政令上不以教條法令來約束百姓，讓百姓得以自化。

2.《老子·第三章》

　　為無為，則無不治。〔註56〕

此句是第三章的總結，說明「尚賢」、「貴貨」、「可欲」都是有為的為，皆因貪

〔註54〕吳怡：《新譯老子解義》（臺北：三民書局，2013年），頁402。

〔註55〕王弼注：「自然已足，為則敗也。」（魏）王弼注：《老子道德經注》，收入於樓宇烈校釋：《王弼集校釋》（臺北：華正書局，1992年），頁6。河上公注：「以道治也。」（漢）河上公注、王卡點校：《老子道德經河上公章句》（北京：中華書局，1993年），頁5。

〔註56〕（魏）王弼注：《老子道德經注》，收入於樓宇烈校釋：《王弼集校釋》（臺北：華正書局，1992年），頁8。吳澄注：「為無為謂為爭為盜者皆無為之之心，如此則天下無不治矣。」（元）吳澄：《道德真經注》（臺北：廣文書局，1981年），頁7。

念而起的欲望。應回歸素樸，滿足基本需求即可，不用可欲的方式治國，人民不爭不奪，天下自然太平。

3.《老子‧第十章》

> 明白四達，能無為乎？〔註57〕

表示明白四達是對於事物的通盤掌握，廣達四方沒有疑惑，故稱真知，而真知的作用，在於洞悉將變未變之幾，解決問題於未然前，或者能夠順應自然，不去干擾萬物。

4.《老子‧第三十七章》

> 道常無為而無不為。〔註58〕

說明道乃真常，看似無為卻一直運用自然的方式作用於萬物，故它的無為就是它的為。無為與為乃一體兩面，兩者並非毫無交集，換言之，道的無為就是道的無不為。

5.《老子‧第三十八章》

> 上德無為而無以為；下德為之而有以為。〔註59〕

此章需探討的是「無為」與「無以為」之間的關聯性，「以」〔註60〕字代表緣由或方法。說明上德之人的為是自然的，並無刻意去用任何目的或方法而為之，這才是真正的無為。

6.《老子‧第四十三章》

> 吾是以知無為之有益。不言之教，無為之益，天下希及知。〔註61〕

〔註57〕 王弼注：「言至明四達，無迷無惑，能無以為乎，則物化矣。」河上公和吳澄的注將原文寫作：「明白四達，能無知乎？」指的無知乃是真知。（魏）王弼注：《老子道德經注》，收入於樓宇烈校釋：《王弼集校釋》（臺北：華正書局，1992年），頁22；（漢）河上公注、王卡點校：《老子道德經河上公章句》（北京：中華書局，1993年），頁34；（元）吳澄：《道德真經注》（臺北：廣文書局，1981年），頁16。

〔註58〕 王弼注：「順自然也。萬物無不由為以治以成之也。」（魏）王弼注：《老子道德經注》，收入於樓宇烈校釋：《王弼集校釋》（臺北：華正書局，1992年），頁91。

〔註59〕 王弼注：「是以上德之人，唯道是用，不德其德，無執無用，故能有德而無不為。」（魏）王弼注：《老子道德經注》，收入於樓宇烈校釋：《王弼集校釋》（臺北：華正書局，1992年），頁155。

〔註60〕 吳怡先生認為：「無以為的以字，含有緣由（如所以的以字）、方法（如用以的以字）。」吳怡：《新譯老子解義》（臺北：三民書局，2013年），頁253。

〔註61〕 王弼注：「虛無柔弱，無所不通。無有不可窮，至柔不可折。以此推之，故知無為之有益也。」（魏）王弼注：《老子道德經注》，收入於樓宇烈校釋：《王弼

此章強調水的柔軟之德，所到之處出入無間，同時也因至柔故能駕馭最堅強的有為物質。水的至柔展現的兩種特性是就經驗界而論，同時也是無為的作用。後半段加上不言之教，類通「為無為，則無不治。」〔註62〕（〈第三章〉）的無為之治，也就是從無為之心到無言之為進而彰顯無為之益。

7.《老子·第四十八章》

> 損之又損。以至於無為。無為而無不為。〔註63〕

此章強調無為的具體作法，可運用損的工夫實踐。面對內在的貪欲，減除又再減除，減到後來連損字都損掉了，方可到達自然無為的境界。所以「損」字表面上看似減損，事實上是人格修養境界的提升。

8.《老子·第五十七章》

> 我無為民自化，我好靜而民自正，我無事而民自富，我無欲而民自樸。〔註64〕

此章針對聖人而說，實行無為之治，不用過多的法令干擾百姓，百姓自然自化於道。此句的「無為」是後面的「好靜」、「無事」、「無欲」之根本，達到無為，百姓自然「自化」、「自正」、「自富」、「自樸」。

9.《老子·第六十三章》

> 為無為，事無事，味無味。〔註65〕

說明無為是一種心上的工夫，同時無為包含了後面的「無事」和「無味」。以無欲之心看事，方能自然無為、平常心處事及食之真味。換言之，以無為之心用在個人身上，能解消有為的執著，用在治國上，能不過度干擾百姓，順其發展。

集校釋》（臺北：華正書局，1992 年），頁 120。

〔註62〕（魏）王弼注：《老子道德經注》，收入於樓宇烈校釋：《王弼集校釋》（臺北：華正書局，1992 年），頁 8。

〔註63〕王弼注：「有為則有所失，故無為乃無所不為也。」（魏）王弼注：《老子道德經注》，收入於樓宇烈校釋：《王弼集校釋》（臺北：華正書局，1992 年），頁 127。

〔註64〕王弼注：「我之所欲，唯無欲，而民亦無欲而自樸也。此四者，崇本以息末也。」（魏）王弼注：《老子道德經注》，收入於樓宇烈校釋：《王弼集校釋》（臺北：華正書局，1992 年），頁 149。

〔註65〕王弼注：「以無為為居，以不言為教，以恬淡為味，治之極也。」（魏）王弼注：《老子道德經注》，收入於樓宇烈校釋：《王弼集校釋》（臺北：華正書局，1992 年），頁 163。

10.《老子・第六十四章》

是以聖人無為故無敗；無執故無失。〔註66〕

此章以無為作為根本，化除了人心的貪欲執著。針對治國而言，不以執法來約束百姓，讓百姓得以各適其性的發展，方無敗事或失誤的事情發生。

透過當代學者詮釋無為義涵及經文上的語意解析後得知，老子哲學思想以「無為」為要，「無為」是一種心上的修養工夫，並不是什麼都不作，而是以自然的方式為之。透過無掉心中的執著，解消有為的造作，讓人回歸到無知的素樸境界。無為與為乃一體兩面，無為是一種處事的態度和方法，無不為是產生的效果，透過無為的為進而達到無不為。老子直到最後一章仍提到「聖人之道，為而不爭」（〈第八十一章〉）〔註67〕，故由經文脈絡推測，筆者認為老子並不是消極的反對世人什麼都不做，相反的，是鼓勵世人去為去做，發揮自身的所長，貢獻自己的力量。同時老子也提醒我們在為的過程，不要陷入爭奪、干預，對於一切的成就產生佔有的控制欲，時時留意自身是否持續守住無為的工夫，如此方為經文當中老子強調的「無為之道」。

綜合以上脈絡得之，「自然」是老子推崇的核心思維，「無為」則是實現自然的原則方法。自然與無為乃體用關係，自然的逍遙境界，需透過無為而為的妙用展現。在老子的「自然」總則下，人若能不被私心所擾，順應自然，便能「無為」，故老子曰：「我無為，而民自化；我好靜，而民自正；我無事，而民自富；我無欲，而民自樸。」（〈第五十七章〉）〔註68〕當中提到的無為就是「人法自然」的作用，最好的功效就是達到「自化」、「自正」、「自富」、「自樸」。從上述了解，自然與無為除了是一種體用的關係，更是實現生命之途的連結。牟宗三先生也認為：「道的本質是無，道的作用是無為，但是，道雖屬自然，不像人間世追逐名利的有為，其有為的成果和功能卻是有為的，而且是無所不為的，因而說出道常無為而無不為（第三十七章）。」〔註69〕故無為一定伴隨

〔註66〕王弼注：「不慎終也。」（魏）王弼注：《老子道德經注》，收入於樓宇烈校釋：《王弼集校釋》（臺北：華正書局，1992年），頁165。

〔註67〕（魏）王弼注：《老子道德經注》，收入於樓宇烈校釋：《王弼集校釋》（臺北：華正書局，1992年），頁190。

〔註68〕（魏）王弼注：《老子道德經注》，收入於樓宇烈校釋：《王弼集校釋》（臺北：華正書局，1992年），頁150。

〔註69〕牟宗三先生更進一步指出：「道之所以最高以其法自然，無為而無不為，無為故無敗（為者敗之），無執故無失（執者失之）之故也，此明示道為圓滿之境。」牟宗三：《圓善論》（臺北：臺灣學生書局，1985年），頁280。

著無不為，運用無為的本，展現無不為的用。換言之，「無為」和「無不為」並列時，「無為」是在「無」之時，「無不為」則進入了「有」之勢。而《老子》通過無和有的觀念，讓世人了解道的雙重性，如同「玄之又玄」。至於無的境界該如何展現呢？就是下一節將提到的「虛」字，透過虛和靜的工夫，讓心虛空，不被意念造作佔滿，達到自然無為之境。

第二節　致虛守靜

面對現今紛擾的社會，在長期讓頭腦塞進過多的資訊，負荷超標的生活壓力下，外在的刺激讓身體的感官一再失衡，而身陷其中的我們，早已失去了原本舊有的生命節奏，老子說：「躁勝寒，靜勝熱，清淨為天下正。」（〈第四十五章〉）〔註70〕煩躁容易讓人心生不安，相反的「靜」則使人身心平和，放掉煩憂，可見「守靜」對於現代人而言是迫切值得學習的人生功課。內心能常保持平靜者，心無罣礙，生命自然回歸本位，要想恢復自身虛靈明覺之性，可透過「致虛守靜」的功夫，解消生命的躁動，進而開發潛意識的潛能，讓生活更加美好。針對形體部分，煩躁的心思，過多的追求，容易讓身心過於失衡，於是疾病就找上門來，《河上公章句》說：「谷，養也。人能養神則不死也。神，謂五藏之神也。肝藏魂，肺藏迫，心藏神，腎藏精，脾藏志，五藏盡傷，則五神去矣。」〔註71〕故調心養神的方法就是要透過虛靜的修養功夫，守護自身五臟，養氣養神，精氣神足，身體自然能夠健康。本文主要分成三節，先探討老子「致虛守靜」的義涵，其次將壓力對身心的影響做個案分析，最後藉由探究道家的「虛靜」修養工夫融入社會現況，從中獲得對解消壓力之啟發，作為安頓身心，實踐生命厚度之指引。然而，「虛」或「靜」對於老子哲學思想中皆具獨特的義理色彩，是老學中極為重要的修養工夫，以下筆者將「虛靜」的概念以「虛靜之義涵」、「虛靜在經文中的語義解析」兩點論述之。

一、致虛守靜之義涵

老莊都認為「道」是萬物之根本，而「虛靜」〔註72〕是認識天道的途徑之

〔註70〕（魏）王弼注：《老子道德經注》，收入於樓宇烈校釋：《王弼集校釋》（臺北：華正書局，1992 年），頁 123。

〔註71〕王國軒：《老子道德經河上公章句》（北京：中華書局，1993 年），頁 22。

〔註72〕「虛」和「靜」在先秦諸子各家出現多次，至於「虛靜」一詞，也曾同時出現

一，故莊子在《人間世》提出「唯道集虛，虛者，心齋也。」〔註73〕。心齋的
功夫正是無掉心中的執著及人為的造作，解消各種欲望、情緒、妄念，成見，
讓心越來越單純。透過心虛空恢復清明，變成體證的道心，一般稱之為「道心」。
換言之，透過虛靜觀，從體「道」的角度出發，運用主體自身的「虛靜」境界，
去領悟「道」的「虛靜」，即莊子在《達生》中提到的「以天合天」〔註74〕。
故老莊「虛靜」觀是一種「合天」的途徑，藉由虛靜養神，進而體道，透過虛
靜心性工夫，遮撥一切內外干擾，使人的精神狀態能夠超脫外物與現實的束
縛，獲得一種精神自由和諧的狀態，方為道家理想的人生境界。老子學說十分
重視虛靜的妙用，虛者並非空無一物也。

　　老子云：「天地之間，其猶橐籥乎？虛而不屈，動而愈出，多言數窮，不
如守中。」（〈第五章〉）〔註75〕元代儒者吳澄將「橐籥」解釋為：「橐籥，治鑄
所以吹風治火之器也。為涵以周罩於外者，橐也；為轄以鼓扇於內者，籥也。」
〔註76〕類似現在的風箱；曹魏儒者王弼則表示：「籥，樂籥也。」〔註77〕也是
取樂器中空的虛之意涵，當中的虛與風箱中的「空」等同。橐籥必須空虛，也
必須一伸一縮，才能發揮它全部的功能，所以虛不只是空間，更包含一張一縮
過程中的消解。老子也提到：「谷神不死是為玄牝，玄牝之門，是謂天地根，
綿綿若存，用之不勤。」（〈第六章〉）〔註78〕清代儒者嚴復解釋：「以其虛，故
曰谷；以其因應無窮，故稱神；以其不屈愈出，故曰不死。三者皆道之德也。」
〔註79〕可看出「谷」就是虛，「神」就是妙用之意，不論是山谷的空、神的妙
用、不死的生生不絕都是形容「虛」的妙用。上述發現老子以橐籥一伸一張的

　　　　過，例如：《說苑》1次、《春秋繁露》2次、《莊子》3次、《文子》6次、《韓
　　　　非子》4次。

〔註73〕（清）郭慶藩集釋、王孝魚整理：《莊子集釋》（新北市：頂淵文化事業公司，
　　　　2001年），頁147。

〔註74〕（清）郭慶藩集釋、王孝魚整理：《莊子集釋》（新北市：頂淵文化事業公司，
　　　　2001年），頁445。

〔註75〕（魏）王弼注：《老子道德經注》，收入於樓宇烈校釋：《王弼集校釋》（臺北：
　　　　華正書局，1992年），頁14。

〔註76〕（元）吳澄：《道德真經注》（臺北：廣文書局，1981年），頁10。

〔註77〕（魏）王弼注：《老子道德經注》，收入於樓宇烈校釋：《王弼集校釋》（臺北：
　　　　華正書局，1992年），頁15。

〔註78〕（魏）王弼注：《老子道德經注》，收入於樓宇烈校釋：《王弼集校釋》（臺北：
　　　　華正書局，1992年），頁16。

〔註79〕（清）嚴復：《老子道德經評點》（臺北：藝文印書館，1966年），頁22。

虛來比喻道化生萬物之功用；也以「谷」之虛，來形容虛無的妙用。以修身養性而言，吳怡先生認為：「『致虛』就是虛其心，虛掉心中的觀念執著。」〔註80〕扣回前面談論「橐籥」一張一縮的功夫，所謂解消就是脹跟消的拿捏，太多就把它減損掉，太少就補不足，也就是放下個人的真知灼見，讓心無罣礙，少私寡欲後就能見素抱樸，回復本來面目，以達到虛空的極點。但值得注意的是，這裡的「虛」並非頑空，老子指的「虛」是「無欲」的意思。「無」就是無掉、化掉、去掉的意思，〔註81〕藉由不斷無掉人為造作，逐漸的「去甚、去奢、去泰」（〈二十九章〉）〔註82〕，放下妄念巧知，讓心慢慢歸於平靜，但不是死寂到一念不生，因為念頭往往是接二連三的，只有離開人世才能一念不生，故虛者並非空也，絕非空無一物，而是沒有私欲。西晉儒學郭象（字子玄，252～312）注：「虛其心則至道集於懷也。」〔註83〕明代大師釋德清注：「虛乃道之體也。」〔註84〕道在虛靜下才能彰顯出來，進而「精神生於道」，讓自身修煉到什麼都沒有的情況，反而能讓道在生命裡顯現它的力量，因為道無所不在。另一方面又能讓精神層次的靈性展現出來，所謂的靈就是身心達至和諧狀態，透過心齋將身體與心智跟外在隔閡，達到身心一如即身心靈的整體觀，與天地萬物的造化合而為一，這就是因人體證道的修養，而讓天道的原理實現在人間的具體表現。

老子云：「不欲以靜。」（〈三十七章〉）〔註85〕及「我好靜而民自正。」（〈五十七章〉）〔註86〕當喜歡守靜時，心自然恢復純樸之心，莊子的〈刻意篇〉也說：「純粹而不雜，靜一而不變，淡而無為，動以天行，此養神之道也。」〔註87〕

〔註80〕 吳怡：《新譯老子解義》（臺北：三民書局，2013年），頁110。

〔註81〕 王邦雄、陳德和合著：《老莊與人生》（新北市：國立空中大學，2013年），頁81。

〔註82〕 （魏）王弼注：《老子道德經注》，收入於樓宇烈校釋：《王弼集校釋》（臺北：華正書局，1992年），頁76。

〔註83〕 （晉）郭象撰、（唐）成玄英疏：《南華真經注疏十卷》，收入於嚴靈峯編輯：《無求備齋老列莊三子集成補編》第20冊（臺北：成文出版社，1982年），頁109。

〔註84〕 （明）憨山大師：《莊子內篇憨山註》（臺北：新文豐出版社，1982年），頁15。

〔註85〕 （魏）王弼注：《老子道德經注》，收入於樓宇烈校釋：《王弼集校釋》（臺北：華正書局，1992年），頁91。

〔註86〕 （魏）王弼注：《老子道德經注》，收入於樓宇烈校釋：《王弼集校釋》（臺北：華正書局，1992年），頁150。

〔註87〕 （清）郭慶藩注：《莊子集釋》（新北市：商周出版，2018年），頁376。

明白指出養神之道在於心念單純而不雜亂，守住虛靜無為，凡是不強求，事來則應，應而無心，事去則靜，靜而守一，如同天道的運行，一切順著生命的流動，自在且逍遙。

由此可知，「靜」能洞悉世間萬物的變化，謀定而後動，引領天下人走向安定，「守靜」就是守住清明純樸的狀態，「歸根曰靜，是謂復命」（〈第十六章〉）〔註88〕，例如：儒家《大學》講的「知止而後有定，定而後能靜，靜而後能安，安而後能慮，慮而後能得。」〔註89〕佛家也講「禪定智慧」。有關虛靜之意，高延第（字子上，1823～1886）更是直接點出：「蓋虛者，掃除私見然後能洞察物情，非空虛無薄之謂也。靜者，屏除物累然後能灼見事理非冥然枯寂之謂也。」〔註90〕故「虛」為修身之體，「靜」乃其主要之用，若從體用關係而言，「虛」是實現靜的功夫，「靜」是達到虛的境界，但從體用一如來說，功夫即是境界，虛與靜並非截然意指兩層，虛與靜是同時並生的，當生命透過無為解消躁動，也同時進入靜的無躁境界中。

二、虛靜在經文中的語義解析

在《老子》經文中，提到「虛」或「靜」的部分一共有9處，分別為〈第三章〉、〈第五章〉、〈第十五章〉、〈第十六章〉、〈二十六章〉、〈三十七章〉、〈四十五章〉、〈五十七章〉、〈六十一章〉，其語義解析如下：

（一）《老子・第三章》

是以聖人之治：虛其心，實其腹，弱其志，強其骨。〔註91〕

老子的聖人之治指的是無為之治，無為和虛靜是一體相貫的，皆強調解消人為造作，兼具工夫和境界之義。此章的「虛」意在清理人的內心貪欲，乃扣回前段的「不尚賢」、「不貴難得之貨」及「不見可欲」而論。然而老子並非要人完全無欲，故後面緊接「實其腹」，說明人的基本需求應該滿足。由此可知，修行的工夫在於用虛來化除過多的貪欲，透過虛使得心能安在，將我執置之度

〔註88〕（魏）王弼注：《老子道德經注》，收入於樓宇烈校釋：《王弼集校釋》（臺北：華正書局，1992年），頁36。

〔註89〕（宋）朱熹：《大學章句》，收入朱傑人、顏佑之、劉永翔編：《朱子全書》第6冊（上海：上海古籍出版社，2002年），頁16。

〔註90〕（清）高延第：《老子證義》，收入於《無求備齋老子集成》（臺北：藝文印書館，1970年），頁8。

〔註91〕王弼注：「心懷智而腹懷食，虛有智而實無知也。」（魏）王弼注：《老子道德經注》，收入於樓宇烈校釋：《王弼集校釋》（臺北：華正書局，1992年），頁8。

外，回歸自在逍遙的狀態。

（二）《老子‧第五章》

> 天地之間，其猶橐籥乎！虛而不屈，動而愈出。多言數窮，不如守
> 中。〔註92〕

此處將天地比喻為風箱，說明動態的自然運化過程。這裡的「虛」並非頑空或死無，其妙用乃在引發「動」和「有」的開始，在動的當中，又能適時虛之，維持動的恆動。最後一句則是從天地回到自身，藉由虛的工夫，讓心達到虛靜平和之狀態。「中」是承接前面的橐籥而來，是指中空的意思，同時這裡的「中」是相對多言而說，指的是心中的虛靜。「守中」方是讓心虛空，回到自身，讓自己少思寡欲，以無為而無不為。

（三）《老子‧第十五章》

> 孰能濁以止，靜之徐清，孰能安以久，動之徐生。保持道者，不欲
> 盈。〔註93〕

此章強調面對「濁」的化解之道，乃在一個「靜」字。而濁字指的當吾人的心與外界接觸時，意念容易受攪動，進而產生過多的貪欲，如同混濁的水擾亂心湖，要使心歸於平靜不是用力翻攪它，而是「靜之徐清」。「徐」字重點在慢慢的順其自然地回復清澈，這就是靜的工夫。然而，此靜並非死寂，是靜中有動，動中有靜，透過「徐」字將「靜」、「動」二字串聯起來，在若靜若動中徐徐而生。表面看似毫無動靜，卻又遇萬物相融生生不息，這就是道的妙用，至於如何常保此道，老子也給出了答案，就在「不欲盈」三個字。

（四）《老子‧第十六章》

> 致虛極，守靜篤。萬物並作，吾以觀復。夫物芸芸，各復歸其根。
> 歸根曰靜，是謂復命。〔註94〕

說明心性修養的工夫在「致虛」和「守靜」上，「致虛」乃是虛到心中的人為

〔註92〕 王弼注：「橐籥之中，空洞無情，無為故虛，而不得窮，屈動而不可竭盡也。」（魏）王弼注：《老子道德經注》，收入於樓宇烈校釋：《王弼集校釋》（臺北：華正書局，1992年），頁13。

〔註93〕 王弼注：「夫晦以理物則得明，濁以靜物則得清，安以動物則得生，此自然之道也。」（魏）王弼注：《老子道德經注》，收入於樓宇烈校釋：《王弼集校釋》（臺北：華正書局，1992年），頁33。

〔註94〕 王弼注：「言致虛，物之極篤；守靜，物之真正也。」（魏）王弼注：《老子道德經注》，收入於樓宇烈校釋：《王弼集校釋》（臺北：華正書局，1992年），頁35。

造作，「守靜」則是除私欲，讓心歸於平靜。然而，虛並非頑空，靜也非死寂，透過「極」、「篤」二字達到純一的境界。荀子〈解蔽篇〉說：「虛一而靜，謂之大清明。」〔註95〕運用虛靜工夫讓心達到清明境界，如同一面明鏡，同老子的「滌除玄覽」（〈第十章〉）〔註96〕之意，讓心鏡所照明者，皆不受掩蓋，如實呈現，故「知常曰明。」（〈第十六章〉）〔註97〕莊子也提到：「至人之用心若鏡，不將不迎，應而不藏，故能勝物而不傷。」（〈應帝王篇〉）〔註98〕意指心猶如明鏡比喻，無個人好惡偏見，不排斥所有事物，如實照射相對應的現象。因為心達虛靜，方能觀照天地造化之妙，進一步感通萬物復返的發展之理。王弼云：「以虛靜觀其反復。凡有起於虛，動起於靜。故萬物雖並動作，卒復歸於虛靜，是物之極篤也。」〔註99〕換言之，王弼認為復等同於反，動與靜並非相對，而是把靜當作動的根本。而「歸根」是一個象徵之詞，藉由落葉歸根之象回到自身，提醒吾人在有限生命中，應修養自己，透過持續虛靜工夫，回到純一的清明境界，重拾真實自在的生命。

（五）《老子・第二十六章》

> 重為輕根，靜為躁君。〔註100〕

此章藉由觀看物理現象反推自身修養之道，若以樹木比喻，樹根重而樹枝輕，說明重可以是輕的根本；若以他人之寵辱而活，容易處在躁動不安中，不如以靜制躁，以虛靜主宰有為的躁動，透過少思寡欲回到自身素樸之心。

（六）《老子・第三十七章》

> 無名之樸，夫亦將無欲。不欲以靜，天下將自定。〔註101〕

〔註95〕（唐）楊倞注：《荀子注》，收入於嚴靈峰編輯：《無求備齋荀子集成》第 5 冊（臺北：成文出版社，1977 年），頁 369。

〔註96〕（魏）王弼注：《老子道德經注》，收入於樓宇烈校釋：《王弼集校釋》（臺北：華正書局，1992 年），頁 23。

〔註97〕（魏）王弼注：《老子道德經注》，收入於樓宇烈校釋：《王弼集校釋》（臺北：華正書局，1992 年），頁 36。

〔註98〕（清）郭慶藩注：《莊子集釋》（新北市：商周出版，2018 年），頁 219。

〔註99〕（魏）王弼注：《老子道德經注》，收入於樓宇烈校釋：《王弼集校釋》（臺北：華正書局，1992 年），頁 35。

〔註100〕（魏）王弼注：《老子道德經注》，收入於樓宇烈校釋：《王弼集校釋》（臺北：華正書局，1992 年），頁 69。

〔註101〕（魏）王弼注：《老子道德經注》，收入於樓宇烈校釋：《王弼集校釋》（臺北：華正書局，1992 年），頁 91。

此章「樸」字乃是老子獨特的義理用語，它象徵著道的自然無為，以及人的素樸本性。如何回到樸的境界，老子提出無欲，透過虛掉人為造作的貪欲，同「不見可欲」（《第三章》）〔註102〕。以治國而言，使民心不亂歸於寧靜，天下方能趨於安定。

（七）《老子・第四十五章》

　　躁勝寒，靜勝熱，清靜為天下正。〔註103〕

此章重點在「清靜」二字，藉由「寒」與「熱」帶出「躁」與「靜」〔註104〕，

〔註102〕　（魏）王弼注：《老子道德經注》，收入於樓宇烈校釋：《王弼集校釋》（臺北：華正書局，1992年），頁8。

〔註103〕　王弼注：「躁罷然後勝寒，靜無為以勝熱，以此推之，則清靜為天下正也。」（魏）王弼注：《老子道德經注》，收入於樓宇烈校釋：《王弼集校釋》（臺北：華正書局，1992年），頁122。

〔註104〕　有關正文引用及解釋，學界有不同詮釋，觀點如下：一、馬敘倫（885～1970）認為：「『躁勝寒，靖勝熱，知清靖為天下正。』以義推之，當作寒勝躁。躁說文作趮，疾也，今通作躁。此當作燥，說文曰乾也。靖借為靚，《說文》：『冷寒也。』」馬敘倫：《老子覈》，收入於熊鐵基、陳紅星主編：《老子集成》第十二卷（北京：宗教文化出版社，2011年），頁803～804。二、蔣錫昌先生認為：「二十六章：『靜為躁君。』靜和躁相對而言，其證一也。六十章王注：『躁則多害，靜則全真。』六十一章：『雄躁動貪欲，雌常以靜；故能勝雄也。』七十二章王注：『離其清淨，行其躁欲。』皆靜躁對言；其證二也。《管子・心術》上：『趮者不靜。』；《淮南・主術》：『人主靜漠而不躁。』亦靜躁而言，其證三也。躁乃擾動之意，正與靜字相反。靜勝躁，寒勝熱言靜可以勝動，寒可以勝熱也。《廣雅釋詁》三：『躁，擾也。』《一切經音義》十四引《國語》賈注：『躁，擾也，亦動也。』是躁乃躁動之義，正與靜相反。乃擾動之義，正與靜相反，靜勝躁，寒勝熱，言靜可勝動，寒可勝熱也。二句詞異誼同，皆所以喻清靜無為勝於擾動有為也。」蔣錫昌：《老子校詁》，收入於熊鐵基、陳紅星主編：《老子集成》第十四卷（北京：宗教文化出版社，2011年），頁637。三、嚴靈峰先生、陳鼓應先生、張松如先生皆認同此說法，並引用。嚴靈峰：《老子達解》（臺北：華正書局，1983年），頁249；陳鼓應：《老子今註今譯及評介》（臺北：臺灣商務，1997年），頁233；張松如：《老子說解》（高雄：麗文文化，1993年），頁283～284。四、《韓非子・解老篇》：「眾人用之神也『躁』，『躁』則多費；多費謂之侈。聖人之用神也靜，『靜』則少費；少費則嗇。亦靜、躁對言。」（戰國）韓非子：《韓非子》，收入於嚴靈峯編輯：《無求備齋韓非子集成》第7冊（臺北：成文出版社，1982年），頁90。五、《淮南子・原道訓》：「夫精神氣志者，『靜』以日充者以壯；『躁』以日耗者以老。」《淮南子・兵略訓》：「靜以合躁，彼躁我靜。又云靜為躁奇。」《淮南子・詮言訓》：「後之制先，靜之勝躁；數也。」以上皆為靜和躁對文。（漢）高誘：《淮南子注》（臺北：藝文印書館，1968年），頁34、54及65。

說明寒冷時可藉由躁動克服,而躁動又可透過虛靜而止息,故常保清靜之心方為治理天下之王道。當心處於清明寧靜時,前段的「若缺」、「若沖」、「若屈」、「若拙」、「若訥」狀態自然展現,無須刻意,這就是道的作用。

依上述觀點及註腳不同論點而言,筆者傾向王弼版的「躁勝寒,靜勝熱」主張,其原因有二:一、帛書老子為西漢中期的出土文物,內容版本為:「趮勝寒,靜勝炅,請靚可以為天下正。」〔註105〕同時郭店竹簡乃戰國時代出土文獻,內容版本為:「喿(燥)剩(勝)蒼(滄),青(清)剩(勝)然(熱),清清(靜)為天下定(正)。」〔註106〕此兩個版本的時間性皆比王弼版早,卻都與王弼雷同,至少證明王弼版本至少可以追朔到戰國時代,故由時代考察兩個帛書老子及郭店竹簡版本,正好印證王弼版的準確性。另外,以時間出土而言,註腳104不同學者的所有觀點及提出的證據,並無早於帛書及郭店本,況且出土文物被竄改機率極低,反而《韓非》、《淮南子》流傳的版本可能會被改動。故由時間出土而論,帛書老子與郭店竹簡老子兩邊的證據是對等,更可以與王弼版做個印證。其二,以內容詮釋而論,「靜」與「躁」指的是內在主體狀態,「寒」與「熱」指的是外在客體影響,憑藉內在主體心境適應外在客體條件,進而改變自身面對外在的狀態,筆者認為依此義理推論更為貼近老子書中的義理詮釋。故本文運用清代王國維「二重證據法」取地底下的材料,與現存的文獻相互印證,運用出土文獻佐證王弼版本的準確性外,更主客關係的義理詮釋,故筆者傾向王弼文本「躁勝寒,靜勝熱」的正文引用。此章節「躁、寒、靜、熱」的義理思維與養生之道及健康促進思維皆有直接的關係,故特地提出作為探討。

(八)《老子・第五十七章》

> 我好靜而民自正。〔註107〕

說明國君「好靜」與「民正」的關係。「好靜」亦指喜歡安靜,不躁動,國君若能喜歡安定,就不會一天到晚更改政令,不干擾百姓的生活,民風自然純正。此章透過「好靜」彰顯無為而治的重要。

〔註105〕丁原植:《郭店竹簡老子釋析與研究》(臺北:萬卷樓圖書公司,1998年),頁308。

〔註106〕《馬王堆帛書老子甲本殘卷》,收入於熊鐵基、陳紅星主編:《老子集成》第一卷(北京:宗教文化出版社,2011年),頁9。

〔註107〕(魏)王弼注:《老子道德經注》,收入於樓宇烈校釋:《王弼集校釋》(臺北:華正書局,1992年),頁149。

（九）《老子‧第六十一章》

> 牝常以靜勝牡，以靜為下。〔註108〕

說明「牝」是雌，「牡」是雄之意，通常雄看似比雌剛強，王弼認為：「雄，躁動貪欲，雌常以靜，故能勝雄也。」〔註109〕換言之，雄容易因躁動起貪欲，雌則以虛靜的特質保持能量，等待雄的能量殆盡，未損能量的雌方能戰勝剛強的雄。國君「好靜」與「民正」的關係。另外，句中的「牝」類通於〈第八章〉的「谷神不死，是謂玄牝」〔註110〕，皆有虛靜之意。而「靜」能「虛」，「虛」方能「處下」，自然萬物歸焉而成其大，呼應此章前段的「天下之交」。

第三節　持儉守柔

在《老子》經文闡述中，能讓老子開宗明義點出視為珍寶的思想，就有值得世人探究之價值。老子在〈六十七章〉云：

> 我有三寶，持而保之：一曰慈，二曰儉，三曰不敢為天下先。慈故能勇，儉故能廣，不敢為天下先，故能成器長。今舍慈且勇，舍儉且廣，舍後且先，死矣！〔註111〕

表示當能慈於物，方能與地球上的萬物和平相處，用感恩之心來保養同時也愛惜自身的器物；慈於自身，方能珍惜自身形軀，慈以待己，進而慈以待人，建立人與人之間的和諧關係。王邦雄先生認為：

> 老子知其生命精神的內在根源，在母德之慈；其發用於外的道紀法則，在無為之儉；其表現而出的生命情態，在守柔之弱。〔註112〕

說明三者互為體用關係，「慈」、「儉」、「不敢無天下先」這三樣工夫是老子視

〔註108〕王弼注：「以其靜故能為下也。」（魏）王弼注：《老子道德經注》，收入於樓宇烈校釋：《王弼集校釋》（臺北：華正書局，1992年），頁159。

〔註109〕（魏）王弼注：《老子道德經注》，收入於樓宇烈校釋：《王弼集校釋》（臺北：華正書局，1992年），頁159。

〔註110〕（魏）王弼注：《老子道德經注》，收入於樓宇烈校釋：《王弼集校釋》（臺北：華正書局，1992年），頁20。

〔註111〕（魏）王弼注：《老子道德經注》，收入於樓宇烈校釋：《王弼集校釋》（臺北：華正書局，1992年），頁170。

〔註112〕王邦雄先生進一步說明：「母德之慈，是無心的偏在；無為之儉，是無為而無不為；守柔之弱，是不爭而常和。此分別說為三，統言之實一，以其無心無為，守柔不爭，根本是體用不可分，故既是慈，亦是儉，又是不敢為天下先。」王邦雄：《老子的哲學》（臺北：東大圖書公司，1983年），頁154。

為珍寶，持續善守而不流失的實踐進路。當能行無為之儉，方是無不為的展現，同時能夠守柔之弱，方能不爭而常保和諧，故透過儉於萬物、儉於器皿之行為，守柔處下、不爭於人之作法，方能彰顯慈的境界。藉由上述可知「儉」是一種節制的美德，也是一種生命精神的內斂，故老子視「儉」為三寶之二，本文將以「持儉」二字詮釋儉字；以「守柔」詮釋不敢為天下先展現的謙讓不爭之德。接下來本節主要針對「持儉」、「守柔」兩大部分進行深入闡述，以作為老子三寶智慧的呈現。

一、持儉寡欲的素樸

　　「儉」〔註113〕字在《老子》經文中雖只出現 1 章，共 3 個字，卻被老子奉為三大珍寶中的其中一寶，並鼓勵世人要堅持之，善守之，不要輕易讓它流失。吳怡先生認為「儉」是收斂之德，除了節省金錢、物資外，還有不浪費精神之義。〔註114〕故透過儉於萬物、儉於器皿之行為，能彰顯慈的境界。藉由上述可知「儉」是一種節制的美德，也是一種生命精神的內斂，故老子視「儉」為三寶之一，本文接下來將主要針對「持儉」依序分為「儉的義涵」、「嗇與儉的關係」、「經文中儉樸的象徵」三方面進行探討，以作為老子三寶智慧的呈現。

（一）儉的義涵

　　人類原本置身於一個素樸的世界中，每個人都能走出一條屬於自己的路，做他自己，然而隨著年齡的增長，心所沾染執著的事物越多，造成痛苦的根源。筆者認為經文中呈現的執著起因至少有四種，如下。其一，是人的心知產生的是非價值判斷，老子說：

> 天下皆知美之為美，斯惡已；皆知善之為善，斯不善已。故有無相
> 生，難易相成，長短相較，高下相傾，音聲相和，前後相隨。是以
> 聖人處無為之事，行不言之教。（〈第二章〉）〔註115〕

從小生長背景，所見所聞學到的經驗，都成了價值判斷的標準，當自身有一套美的標準時，另一套醜的標準也同時產生，這都是人跌入相對世界中後所塑造

〔註113〕「儉」字在先秦諸子百家就曾出現過，例如：《論語》6 次、《孟子》7 次、《禮記》10 次、《荀子》21 次、《韓非子》15 次、《管子》11 次、《莊子》2 次、《文子》9 次、《呂氏春秋》9 次。

〔註114〕吳怡：《新譯老子解義》（臺北：三民書局，2013 年），頁 415。

〔註115〕（魏）王弼注：《老子道德經注》，收入於樓宇烈校釋：《王弼集校釋》（臺北：華正書局，1992 年），頁 6。

的主觀標準。而累積美醜、善惡、長短、高下等的標準越多，緊接著由觀念轉變成行為，追逐自身或眾人所謂「好」的標準，此時人走的路已開始被決定，不再是自己。

其二，在人文化成前，諸多形式尚未制定，人類的文化則是以儉樸的型態展現。然而，開始訂定制度、位階、財富標準後，也種下了憂患之根源。老子說：

> 不尚賢，使民不爭；不貴難得之貨，使民不為盜；不見可欲，使心不亂。是以聖人之治，虛其心，實其腹，弱其志，強其骨。常使民無知無欲。使夫知者不敢為也。為無為，則無不治。(〈第三章〉)〔註116〕

說明過分標榜人才，崇尚賢能的名位，容易引起眾人的豪奪之心。擁有珠寶、鑽石等貴重難得的貨品，容易成了眾人盜取的對象，王邦雄先生說：「『可欲』是在人民心中拋給他們可能有的預期願望。」〔註117〕換言之，把一個期待放在對方心裡，這個預設也容易造成他人心中產生執著，形成枷鎖痛苦自身。要知道，名位珠寶本身沒有對錯，是社會上有影響力的人訂定的標準或崇尚的喜好，渲染了一般人產生了爭端或仿效的競逐行為。

其三，「受寵」或「受辱」是人們所在意的，常使之驚懼為之不安。所帶來的影響，老子說：

> 寵辱若驚，貴大患若身。何謂寵辱若驚？寵為下，得之若驚，失之若驚，是謂寵辱若驚。何謂貴大患若身？吾所以有大患者，為吾有身；及吾無身，吾有何患？故貴以身為天下，若可寄天下；愛以身為天下，若可託天下。(〈第十三章〉)〔註118〕

大多數的人喜歡接受讚美而排斥屈辱，然而會在意被寵或被辱，往往來自心的掌控權在他人身上，依他人的喜好而屈就的過生活。其次，會期待接受讚美也有可能是因為自身虛榮心作祟，導致會有預設的心理等待被滿足。「驚」除了吃驚和驚恐外，內在還有一種更深的警醒暗喻，意味著自身是否名符其實如他人所說。老子進一步說明為何會把寵辱看的那麼重，是因為人們太過重視自身的身體。不論是有形的美貌、體態及壽命的延長，還包括無形名譽的吹捧，這

〔註116〕（魏）王弼注：《老子道德經注》，收入於樓宇烈校釋：《王弼集校釋》（臺北：華正書局，1992年），頁8。
〔註117〕王邦雄：《老子的哲學》（臺北：東大圖書公司，1983年），頁20。
〔註118〕（魏）王弼注：《老子道德經注》，收入於樓宇烈校釋：《王弼集校釋》（臺北：華正書局，1992年），頁28。

些太過愛護身體的展現，反而是一種禍害。

其四，「擁有」原本是一件好事，但太過時容易想要占有更多，反而耗損自身的精神，老子說：

> 名與身孰親？身與貨孰多？得與亡孰病？是故甚愛必大費，多藏必
> 厚亡。知足不辱，知止不殆，可以長久。(〈第四十四章〉)〔註119〕

名是虛的，身體是真實的，人往往不斷追求外在的名，無限的建構外在的名，忽略了內在最真實的自己。相對的，財貨也是外在的，是用來維持生存的工具，人卻在賺取的過程，把工具當成目的，惹了一身的疾病，需藉由醫藥來維持生活，甚至到最後人為財亡。這些名利錢財都是表面上看起來是「得」，但其實在得到的過程，不論是體力的透支及心神上的耗費反而失去了更多。故太過愛好名利錢財容易傷神過度，也易起他人嫉妒之心，引來殺身之禍，不得安寧。同時，多藏的過程有時並不是需要，而是沒有安全感或者只是為了滿足內在的貪婪之心，太過珍藏貴重的物品，反而無法讓物品發揮有效的功用，失去它本身的價值。針對上述得知，老子並非反對欲望，為了求生存難免囤積物品，以維持生命所需，重點是在面對多藏時，內在貪求之心生起後應如何轉化？老子提出了「儉德」。

針對上述四點執著，老子提倡儉德，用持儉之心，以無為對應外在框架套用在自身世界的結果，唯有無掉有為，才能回到原本的自己；用持儉之心，以實其腹的具體作為，提醒自身在滿足基本需求外，不做過多的欲望追求；用持儉之心，以無身的心境修養面對身體的執著，使得寵辱無法入侵，進而提升到貴身。貴身並非獨善其身，而是將自身融入與萬物並生，息息相關中助成天下萬物的發展，己達進而達人達物；用持儉之心，以知足知止為基礎，在行為上懂得適可而止，不耗費過多的心神。故透過持儉的工夫幫助自身放下執著，走回自己的路，至於如何讓儉德的運用更為廣大，魏元珪先生認為：

> 儉是節制之德，不單在財用上知儉，即在言行舉止間亦當知儉，僅
> 守知止之道。……儉嗇並非農業社會匱乏的道德，而是任何時代珍
> 聚人物的秘訣。唯有儉嗇能體會惜才、惜物、惜時的重要，此中最
> 大之儉，即在嗇時。〔註120〕

〔註119〕（魏）王弼注：《老子道德經注》，收入於樓宇烈校釋：《王弼集校釋》（臺北：華正書局，1992年），頁121。

〔註120〕魏元珪：《老子思想體系探索》（臺北：新文豐出版社，1997年），頁230。

老子透過持儉之工夫進路，告訴世人應減少自身的貪欲，避免不必要的浪費。在精神上不過度追求，盲目迷思自我；在言談間應謹守本分，不過度失態；在財務上應開源節流，生活知足不揮霍無度；在自身時間安排上也應妥善規劃，不虛度光陰；甚至對於自身以外的人才運用及使用物品上，也應做到愛才惜物，如此方能彰顯老子的儉德。魏元珪先生在論述提到「最大之儉，即在嗇時」，至於儉與嗇是否完全等同？亦或有所差異？之間關聯性為何？下段即將探討「嗇與儉」之間的關係。

（二）嗇與儉的關係

嗇的本意收斂、積藏二義，也可引申為愛惜、儉的意思。〔註121〕在先秦典籍中，為求更客觀的描述，針對「嗇」字進行資料的查證，但大致上，可以確定的是

> 「嗇」字在《管子》中出現了 15 次；《晏子春秋》中出現了 4 次；
> 在《文子》一書出現過 1 次；在《荀子》一書中出現過 2 次；《韓非
> 子》一書出現了 11 次；《呂氏春秋》一書出現了 4 次。〔註122〕

站前人研究成果的基礎下，得知先秦諸子多處提及對於嗇的用法，在《管子》一書中「嗇」字共出現 15 次，當中〈五輔・第十章〉：「纖嗇省用以備饑饉。」〔註123〕及〈國蓄・第七十三章〉：「歲殀穀貴歲凶穀貴，糴石二十錢，則大男有八十之籍，大女有六十之籍，吾子有四十之籍，是人君非發號令收嗇而戶籍也，彼人君守其本委謹，而男女諸君吾子無不服籍者也。」〔註124〕前者李勉先生解釋為「愛惜」〔註125〕，後者唐代名相房玄齡（名喬，579 年～648 年）

〔註121〕 以字義而言《說文解字注》：「嗇，愛濇也。从來从㐭。來者，㐭而藏之。故田夫謂之嗇夫。凡嗇之屬皆从嗇。」得知「嗇」與農業有密切的關係，清代徐灝解釋為：「斂之藏之。」（清）段玉裁注、（清）徐灝箋：《說文解字注箋（三）》第 5 下（臺北：廣文書局，1972 年），頁 1729。）《漢語大字典》引申為：「愛惜、儉」之意。（漢語大字典編輯委員會編：《漢語大字典》（臺北：建宏出版社，1998 年），頁 210。）

〔註122〕 陳育民：《《老子》「嗇」字的義理分析：由「斂嗇」到「儉嗇」之角度對老子思想體系進行重建》（臺北：花木蘭文化出版社，2009 年），頁 15～35。

〔註123〕 （春秋）管仲撰、（唐）房玄齡注：《管子》，收入於《四庫全書・子部》第 729 冊（上海：上海古籍出版社，1995 年），頁 88。

〔註124〕 （春秋）管仲撰、（唐）房玄齡注：《管子》，收入於《四庫全書・子部》第 729 冊（上海：上海古籍出版社，1995 年），頁 88。

〔註125〕 李勉云：「嗇通借為惜，少用而又愛惜財物，所以財用省，可以防備饑饉也。」李勉：《管子今註今譯（上冊）》（臺北：臺灣商務印書館，1988 年），頁 186。

注曰：「斂也」〔註126〕；在《晏子春秋》中「嗇」字共出現了 4 次，當中〈內篇‧問下第四〉：

> 叔向問晏子曰：「嗇吝愛之於行何如？」晏子對曰：「嗇者，君子之道；吝愛者，小人之行也。」叔向曰：「何謂也？」晏子曰：「稱財多寡而節用之，富無金藏，貧不假貸，謂之嗇；積多不能分人而厚自養，謂之吝；不能分人，又不能自養，謂之愛。故夫嗇者，君子之道；吝愛者，小人之行也。」〔註127〕

晏子認為嗇者乃節儉，君子之道能斟酌衡量錢財的多寡，而節儉用之，就叫「嗇」，反之富裕卻不能與人分享者，稱作小人；在《文子》一書中「嗇」字出現過 1 次，〈九守‧守弱章〉提到：「夫道，大以小而成，多以少為主。故聖人以道蒞天下，柔弱微妙者見小也，儉嗇損缺者見少也，見小故能成其大也，見少故能成其美也。」〔註128〕《文子校釋》認為是：「節約不費」〔註129〕；在《荀子》一書中「嗇」出現過 2 次，特別在〈君道章〉提到：「材人：愿愨拘錄，計數纖嗇，而無敢遺喪，是官人使吏之材也。」〔註130〕熊公哲先生認為：「纖嗇謂儉嗇也，此借言些小費用，計數，即量入為出之意。」〔註131〕；《韓非子》一書「嗇」共出現了 11 次，在〈解老〉：「嗇之者，愛其精神」。〔註132〕引申為「珍惜」之義；《呂氏春秋》一書「嗇」共出現了 4 次，當中

> 古人得道者生以壽長，聲色滋味能久樂之，奚故？論早定也。論早定則早嗇，知早嗇則精不竭」。（〈仲春紀‧情欲〉）

> 湯問於伊尹曰：「欲取天下，若何？」伊尹對曰：「欲取天下，天下不可取。可取，身將先取。」凡事之本，必先治身，嗇其大寶。用其

〔註126〕（春秋）管仲撰、（唐）房玄齡注：《管子》，收入於《四庫全書‧子部》第 729 冊（上海：上海古籍出版社，1995 年），頁 7。

〔註127〕（春秋）晏嬰撰、（清）孫星衍校：《晏子春秋》，收入於《四庫全書‧史部》第 446 冊（上海：上海古籍出版社，1995 年），頁 446～130。

〔註128〕（宋）杜道堅撰：《文子纘義十二卷》，收入於《四庫全書‧子部》第 237 冊（上海：上海古籍出版社，1995 年），頁 674。

〔註129〕李定生、徐慧君校釋：《文子校釋》（上海：上海古籍出版社，2004 年），頁 131。

〔註130〕（唐）楊倞注：《荀子注》，收入於嚴靈峰編輯：《無求備齋荀子集成》第 5 冊（臺北：成文出版社，1977 年），頁 369。

〔註131〕熊公哲：《荀子今註今譯》（臺北：臺灣商務印書館，1984 年），頁 259。

〔註132〕（戰國）韓非子：《韓非子》，收入於嚴靈峯編輯：《無求備齋韓非子集成》第 7 冊，臺北：成文出版社，1982 年，頁 193。

新，棄其陳，腠理遂通，精氣日新，邪氣盡去，及其天年，此之謂

真人。（〈季春紀·先己〉）〔註133〕

漢代儒者高誘（生卒年不詳）分別依序解釋前者為：「嗇，愛；愛精神故不竭；嗇，愛也。大寶，身也。」〔註134〕兩者皆為「愛惜」之義。綜合以上文獻，我們可得知先秦諸子對「嗇」字的意義使用有「收斂」、「積藏」之義，也常被解釋為「愛惜」、「儉」的引申義。

　　而《老子》經文中「以慈衛之」的發用方法，就在「儉」字，至於「嗇」字與「儉」字的差異，王邦雄先生認為：

嗇乃儉約之意，亦即治人事天莫若嗇的嗇。嗇是心神內斂涵藏，生命不外逐不耗散，亦知足不辱，知止不殆，可以長久之意。儉除了嗇之一義外，尚有旨約而易操，是少而功多，其用能大且廣之義。前者『以深為根』，後者則是『以約為紀』。〔註135〕

換言之，儉字與嗇字分開出現時，語義等同的性質高，皆有「收斂」、「積藏」之意；但若將儉字與嗇字並列相較時，儉字指的是一種收斂的「行為」，嗇字則是一種收斂的「工夫」。進一步說明儉的行為需做到以深為根，不斷往下往內收斂，如同汪洋大海或深谷一般無窮虛境，類通於老子說的玄，而嗇的工夫則在心猿意馬過程，能將其精神收攝後回到簡約，養心神以遵守綱紀原則。

（三）經文中儉樸的象徵

　　經文中老子最常用嬰兒比喻儉樸的心。意思不是要世人返老還童回到嬰兒的形體，而是指人可以透過無掉有為，損之又損的修養工夫，讓心境回到嬰兒般的儉樸美好。共有3處提到，分別如下：

專氣致柔，能嬰兒乎？（〈第十章〉）

為天下谿，常德不離，復歸於嬰兒。……為天下谷，常德乃足，復歸於樸。樸散則為器。（〈二十八章〉）

含德之厚，比於赤子。（〈五十五章〉）〔註136〕

〔註133〕　（秦）呂不韋輯、（漢）高誘訓解：《呂氏春秋》（臺北：藝文印書館，1974年），頁55、76。

〔註134〕　（秦）呂不韋輯、（漢）高誘訓解：《呂氏春秋》（臺北：藝文印書館，1974年），頁55、76。

〔註135〕　王邦雄：《老子的哲學》（臺北：東大圖書公司，1983年），頁152。

〔註136〕　（魏）王弼注：《老子道德經注》，收入於樓宇烈校釋：《王弼集校釋》（臺北：華正書局，1992年），頁22、74及145。

以道而言，落入現象界在人的身上就叫德，而德就是一，每個人的身上都載有精魂和氣魄，要常回到一，回到嬰兒般的德。可惜世人在生長過程，不斷社會化的結果，本心逐漸迷失，留下躁動不安。故要透過「無為」、「虛靜」、「持儉」、「損之又損」的工夫，解消躁動，讓自身再回到原來的素樸。王邦雄認為這就是：「常德不離。」〔註137〕而老子說的「為天下谷，常德乃足」指的是若能守住虛靜，常德自然俱足，因為虛能生妙有，有方能使德的作用生生不息。再進一步說，自身的常德本自俱足，不假外求，其深厚有如嬰兒般無求無欲。面對外力干擾時，只要透過虛靜、無為的工夫就可恢復無執素樸的心，這叫「復歸於樸」。

　　「樸」字本意指的是未經雕琢的木頭，老子比喻為心性純樸之境界。樸散被砍伐與製成器皿後，各種制度、人為的定義逐漸形成，爭端便開始產生。除了〈二十八章〉有提到「樸」字外，還有其他4章，分別如下：

　　　　敦兮其若樸。（〈第十五章〉）

　　　　見素抱樸，少私寡欲。（〈第十九章〉）

　　　　化而欲作，吾將鎮之以無名之樸。無名之樸，夫亦將無欲。不欲以
　　　　靜，天下將自定。（〈三十七章〉）

　　　　我無欲，而民自樸。（〈五十七章〉）〔註138〕

「抱樸」有保持原本的純樸本性之意。除了基本生理需求外，應降低私心及貪欲。只要不見可欲，收起可欲之心，人心自然無欲，歸於純樸，天下自然太平。以此節而言，儘管經歷人間百態，永遠以「持儉」的工夫收攝自己的心，降低自身的私欲，維持像沒有經過雕刻的木頭一樣，天真素樸。若人人能具備儉的美德，不僅能清心寡欲，同時也能做到益於自身；對外也不干擾他人，利於社會；對萬物也能給予尊重，順應自然的生長。《中庸》云：「萬物並育而不相害，道並行而不相悖。」〔註139〕萬物能在天地的包容中生長，各適其性而不相違

〔註137〕王邦雄先生認為「能無離乎」與「常德不離」相通。王邦雄：《老子的哲學》
　　　　（臺北：東大圖書公司，1983年），頁167。

〔註138〕（魏）王弼注：《老子道德經注》，收入於樓宇烈校釋：《王弼集校釋》（臺北：
　　　　華正書局，1992年），頁33、45、91及149。河上公注：「朴者，形未分。」
　　　　（漢）河上公注、王卡點校：《老子道德經河上公章句》（北京：中華書局，
　　　　1993年），頁57。

〔註139〕（宋）朱熹：《中庸章句》，收入朱傑人、顏佑之、劉永翔編：《朱子全書》第
　　　　6冊（上海：上海古籍出版社，2002年），頁55。

背，共同建立和諧的世界。至於如何將儉嗇思想由內而發，非工於心計的彰顯，老子提出「守柔」對為對應之道。「守柔」工夫含有內斂、含藏的彈性之意，為持儉修養的外顯表現，故接下來將介紹「守柔」不爭的謙下智慧。

二、守柔處下的智慧

「柔」〔註140〕或「弱」對於老子哲學思想中有獨特的義理色彩。以下筆者將「守柔」的概念以「柔之義涵」、「柔在經文中的語義解析」及「經文中柔的象徵」三點論述之。

（一）柔之義涵

以大自然而言，柔弱往往比剛強更能適應外在的環境，對應到人的身上，守柔處下的姿態應世，更能展現生命中的韌性。老子說：「物壯則老，謂之不道，不道早已。」〔註141〕（〈第五十五章〉）指出天地間存在著相互依存的關係，例如：有無、禍福、損益、弱強等。換言之，老子洞察到道的運行相反原理，以剛強和柔弱而言，總是側重柔弱一方，提醒世人在重視「正」的價值時，勿忽略「反」所呈現的意義。而守柔是老子從生活中觀察獲得的經驗，藉由「反者道之動」的義理中融合生命經驗後，提出柔弱處下的智慧。值得一提的是，老子讚賞柔弱的可貴，同時也保存剛強的特性，只是站在反者道之動的立場，提醒世人天道運行的規律。故柔弱與剛強並非對立，乃相互往來的過程，張起鈞先生認為：

> 正面的實是建立在負面的基礎上。所以說：「貴以賤為本，高以下為基。」（〈三十九章〉）同樣的「強」自然是要以「弱」為「本」為「基」了。唯有能把握著「弱」，然後才可成其為強。〔註142〕

換言之，當自身守柔處下，同時也是固強之基礎，老子說：「守柔曰強。」〔註143〕（〈五十二章〉）唯有掌握道的往返運行之原理，守住柔的強，這一刻強的

〔註140〕「柔」字在先秦諸子百家就曾提及過，例如：《論語》1 次、《禮記》21 次、《荀子》26 次、《春秋繁露》6 次、《文子》36 次、《莊子》3 次、《列子》12 次、《韓非子》5 次、《管子》7 次、《呂氏春秋》12 次。

〔註141〕（魏）王弼注：《老子道德經注》，收入於樓宇烈校釋：《王弼集校釋》（臺北：華正書局，1992 年），頁 146。

〔註142〕張起鈞：《老子哲學》（臺北：正中書局，1964 年），頁 35。

〔註143〕（魏）王弼注：《老子道德經注》，收入於樓宇烈校釋：《王弼集校釋》（臺北：華正書局，1992 年），頁 139。

力度與層次，才是真強。因為柔弱的「強」本身蘊含著能量的積累，同時也蘊育著生生不息的「勢」；相反的，剛強在凝聚的同時，也是勢的逐漸瓦解，故老子云：

> 柔弱勝剛強。(〈三十六章〉)

> 柔弱者生之徒。(〈七十六章〉)。[註144]

經由上述脈絡可了解，並非以柔弱壓制剛強，而是掌握道的運行規律，藉由弱彰顯道的作用，老子云：「弱者道之用。」[註145]（〈四十三章〉）。故弱也是代表道的用，代表道蘊藏的無限生機。守柔是老子處世的哲學主張，柔並非優柔寡斷，亦非軟弱無能，它是一種內在生命的力量，是一種柔軟的生命韌性。老子認為現象界中最能代表柔的象徵就是水，它不與人爭，謙卑處下，故老子云：「江海所以能為百谷王者，以其善下之，故能為百谷王。」[註146]（〈六十六章〉）。而聖人就是水德的實踐者，聖人能夠上善，是因從自然界的水當中體悟天地萬物源頭，故能不爭，善應所到之處，隨方就圓，順乎自然之道。老子在〈七十八章〉也云：「天下莫柔弱於水，而攻堅強者莫之能勝，以其無以易之。弱之勝強，柔之勝剛，天下莫不知、莫能行。」[註147]他認為有一種「至柔」，可以「馳騁天下之至堅」（〈四十三章〉）[註148]，那就是「水」。最柔弱是水，同時任何堅強的東西都不能改變水的本質。老子甚至用水比喻上善之人，分析水的各種特性及不爭之德，由此可知，「守柔」是一種順應自然的高等處世智慧。陳德和認為：「柔應該不是『寡斷優柔』，老子思想的弱更不可能是『退縮懦弱』；老子思想中的『柔』或『弱』，當是指身段上的柔軟、意識上的寬容和欲望上的淡薄而言。」[註149]換言之，「守柔」並非教人軟弱無能，

[註144]　（魏）王弼注：《老子道德經注》，收入於樓宇烈校釋：《王弼集校釋》（臺北：華正書局，1992年），頁89、185。

[註145]　（魏）王弼注：《老子道德經注》，收入於樓宇烈校釋：《王弼集校釋》（臺北：華正書局，1992年），頁120。

[註146]　（魏）王弼注：《老子道德經注》，收入於樓宇烈校釋：《王弼集校釋》（臺北：華正書局，1992年），頁170。

[註147]　（魏）王弼注：《老子道德經注》，收入於樓宇烈校釋：《王弼集校釋》（臺北：華正書局，1992年），頁187。

[註148]　（魏）王弼注：《老子道德經注》，收入於樓宇烈校釋：《王弼集校釋》（臺北：華正書局，1992年），頁120。

[註149]　王邦雄、陳德和合著：《老莊與人生》（新北市：國立空中大學，2013年），頁65。

而是遇事不衝動魯莽，也不以自己的意願強迫他人接受，是一種低姿態的謙卑人生哲學，是一種無私無執的修養工夫。

（二）柔在經文中的語義解析

在《老子》經文中，提到柔或弱的部分一共有 8 處，分別為〈第三章〉、〈第十章〉、〈三十六章〉、〈第四十章〉、〈四十三章〉、〈五十二章〉、〈七十六章〉、〈七十八章〉，其語義解析如下：

1.《老子·第三章》

> 弱其志，強其骨。〔註150〕

此章的「志」不是志向之意，乃扣緊前段的「不尚賢」、「不貴難得之貨」及「不見可欲」而論，偏向爭取強奪的意志。故老子說的「弱其志」，不是變得衰弱，而是藉由「弱」使志轉為不爭之和諧狀態。

2.《老子·第十章》

> 專氣致柔，能嬰兒乎？〔註151〕

說明「致柔」指的是藉由專氣的養氣工夫將氣達到極度柔和之狀態，氣的虛靜柔和也呈現出心的平靜。後句更用嬰兒象徵身心的柔軟。故此處有別於各章的柔，主要談論有關養氣之道。

3.《老子·第三十六章》

> 將欲弱之必固強之，……柔弱勝剛強。〔註152〕

此章強調反者道之動的原則，用「歙之」、「弱之」、「廢之」、「奪之」對應「張之」、「強之」、「興之」、「與之」，提醒世人不論是「強到弱」或者「弱到強」

〔註150〕 王弼注：「骨無知以幹，志生事以亂。」（魏）王弼注：《老子道德經注》，收入於樓宇烈校釋：《王弼集校釋》（臺北：華正書局，1992 年）頁 8。

〔註151〕 王弼注：「專，任也。致，極也。言任自然之氣，致至柔之和。」河上公注：「專守精氣使不亂，則形體能應之而柔順矣。」王弼對於氣的詮釋是順任自然，河上公則是常守不放，兩者看似衝突但反而相輔相成，吳怡先生指出：「專氣的微妙工夫在於一面是精神專注於氣上，使得心無雜念；另一面是接著順任氣的發展，使氣不受心的干擾，而舒放自如。由心無雜念，心能跟著氣走，心也就自然的純淨無欲了。」（魏）王弼注：《老子道德經注》，收入於樓宇烈校釋：《王弼集校釋》（臺北：華正書局，1992 年），頁 105；（漢）河上公注、王卡點校：《老子道德經河上公章句》（北京：中華書局，1993 年），頁 34；吳怡：《新譯老子解義》（臺北：三民書局，2013 年），頁 66。）

〔註152〕 河上公注：「柔弱者久長，剛強者先亡。」（漢）河上公注、王卡點校：《老子道德經河上公章句》（北京：中華書局，1993 年），頁 68。

都是一種「反」，要留意不易察覺的「弱」，才不會在強的時候迷失自我。由於天道運行的原理使得剛強會轉為柔弱，若能守住柔弱，方能維持長久，故柔弱優於剛強。

4.《老子‧第四十章》

反者道之動，弱者道之用。〔註153〕

說明道的動是一種往返的過程，絕多數人好強而斥弱，老子則藉由「弱」字來彰顯「反」的運作。這兩句剛好互為體用關係，前者先說明往返之原則，後者是具體的運用。有前面的「反」字，後面的「弱」字才有正向的價值存在。

5.《老子‧第四十三章》

天下之至柔，馳騁天下之至堅。〔註154〕

此章以水比喻，說明天下最柔軟的物質，卻可以駕馭天下最堅強的物質。河上公：「至剛者，金石。」〔註155〕例如：滴水可以穿石。也因為水夠柔軟，才能無孔不入，任何器皿也都能容下它。

6.《老子‧第五十二章》

見小曰明，守柔曰強。〔註156〕

說明世人大多以外在來定論大小，老子點出真正的明是要能見到事物的精微之處，真正的強是要把握柔弱之道。掌握見微知著之「幾」，方能「識柔」進而「守柔」，過程乃有意識的洞察轉為內在的修養工夫。

7.《老子‧第七十六章》

人之生也柔弱，其死也堅強。萬物草木之生也柔脆，其死也枯槁，
故堅強者死之徒，柔弱者生之徒。是以兵強則不勝，木強則兵。強

〔註153〕王弼注：「高以下為基，貴以賤為本，有以無為用，此其反也。動皆知其所無，則物通矣。故曰反者道之動也。柔弱同通，不可窮極。」（魏）王弼注：《老子道德經注》，收入於樓宇烈校釋：《王弼集校釋》（臺北：華正書局，1992年），頁109。

〔註154〕王弼注：「氣無所不入，水無所不出於經。」（魏）王弼注：《老子道德經注》，收入於樓宇烈校釋：《王弼集校釋》（臺北：華正書局，1992年），頁120。

〔註155〕河上公注：「至柔者，水。至剛者，金石。水能貫堅入剛，無所不通。」（漢）河上公注、王卡點校：《老子道德經河上公章句》（北京：中華書局，1993年），頁173。

〔註156〕王弼注：「為治之功不在大。見大不明，見小乃明。守強不強，守柔乃強也。」（魏）王弼注：《老子道德經注》，收入於樓宇烈校釋：《王弼集校釋》（臺北：華正書局，1992年），頁139。

大處下，柔弱處上。〔註157〕

說明人活著時，身體是柔軟的，能屈能伸；死亡的時候，身體就變得僵硬，無法伸縮自如。由於柔弱內含慈的本質，加上柔的耐性，會較優於兵強、木強的短暫勝利。自然界中柔弱的物質，反而充滿生機與活力，故柔弱看似處下反而能為上。

8.《老子‧第七十八章》

天下莫柔弱於水，而攻堅強者莫之能勝，其無以易之。弱之勝強，

柔之勝剛，天下莫不知，莫能行。〔註158〕

說明水是天下最柔弱的物質，然而再堅強的物質也無法勝過水，因為它無形無狀，順應自然之道。以自然科學而言，以外力施加在水上，它就順著外力塑形，外力一離開，便又恢復原狀。故守柔能優於剛強，世人都知道不爭處下的道理，然而多數人卻無法依它而行。

（三）守柔的象徵

面對守柔的修養工夫，老子認為水最能代表柔弱的德性，他以「水」做為比喻，讚美它以柔克剛的不爭之德，〈第八章〉云：

上善若水。水善利萬物而不爭，處眾人之所惡，故幾於道。居善地，

心善淵，與善仁，言善信，正善治，事善能，動善時。夫唯不爭，故

無尤。〔註159〕

「上善」指的是最高的善，〔註160〕能將上善比喻成水，是因為水至少有七種善。水很簡單總往低處流，居在低下之地，是謙卑的意思，也就是善於選擇處於卑下的立場。然而，處下並非成了一攤死水，反而因為流動而沖走淤泥，讓死水成了活水；心很沉靜像深淵一樣，河上公注：「水深空虛，淵深清明。」〔註161〕

〔註157〕 王弼注：「強兵以暴於天下者，物之所惡也，故必不得勝。」（魏）王弼注：《老子道德經注》，收入於樓宇烈校釋：《王弼集校釋》（臺北：華正書局，1992年），頁122。

〔註158〕 王弼注：「以，用也。其謂水也，言用水之柔弱，無物可以易之也。」（魏）王弼注：《老子道德經注》，收入於樓宇烈校釋：《王弼集校釋》（臺北：華正書局，1992年），頁187。

〔註159〕 （魏）王弼注：《老子道德經注》，收入於樓宇烈校釋：《王弼集校釋》（臺北：華正書局，1992年），頁20。

〔註160〕 吳怡：《新譯老子解義》（臺北：三民書局，2013年），頁48。

〔註161〕 （魏）王弼注：《老子道德經注》，收入於樓宇烈校釋：《王弼集校釋》（臺北：華正書局，1992年），頁29。

此「淵」與〈第四章〉的「淵兮似萬物之宗」〔註162〕相同有空和深的意思。以「淵」字而言，上方是谷代表「空」，下方有深水代表「靜」，深不可測。對應到人身上，心為有虛靜空靈，才能玄深，反觀一般人喜躁動，什麼都要爭，深怕落後；蘇轍說：「利澤萬物，失而不求」〔註163〕，和人家相處是真誠的，不生計較之心，施予萬物皆一視同仁，不生分別之心，相反的，若只是做給人家看，爭取謀利或企求回報，就是不仁；水能隨方就圓，順應外境，蘇轍認為：

> 圓必旋，方必折，塞必止，決必流，善信也。〔註164〕

象徵說話真誠不假，遵守信用；替人類服務，從事政治，追求正道，不擾民，也不弄得老百姓很繁瑣，也就是做到

> 我無為，而民自化；我好靜，而民自正；我無事，而民自富；我無
> 欲，而民自樸。（〈第五十七章〉）〔註165〕

的無為之治；處理事情能夠發揮自己的長處，輕鬆應對，對於交辦事務善盡其能，盡心無私的貢獻所長；任何的行動都善於掌握時機，隨機應變，吳怡先生認為：

> 可從三方面來看，第一是做事能屈能伸，完全順乎時，第二是求道
> 不捨晝夜，依時而行，第三是從政或修身可任可隱，進退不失其時，
> 這七種德行合在一起就是兩個字叫「不爭」。〔註166〕

憨山大師注為：「不爭之德」〔註167〕。不爭先恐後搶第一，不爭表現為博好感，順應情勢，掌握時機，貢獻一切，卻讓人感覺沒有做一樣，就叫不爭。而老子的智慧就在於解消有為的爭。

　　老子所謂的「不爭」，不是不跟誰爭，而是什麼都不爭，甚至連不爭的觀念都沒有，故老子說：「夫唯不爭，故無尤。」（〈第八章〉）〔註168〕當不跟萬

〔註162〕　（魏）王弼注：《老子道德經注》，收入於樓宇烈校釋：《王弼集校釋》（臺北：華正書局，1992年），頁10。
〔註163〕　（宋）蘇轍：《老子解》（北京：中華書局，1985年），頁10。
〔註164〕　（宋）蘇轍：《老子解》（北京：中華書局，1985年），頁10。
〔註165〕　（魏）王弼注：《老子道德經注》，收入於樓宇烈校釋：《王弼集校釋》（臺北：華正書局，1992年），頁141。
〔註166〕　吳怡：《新譯老子解義》（臺北：三民書局，2013年），頁48。
〔註167〕　（明）憨山大師：《老子道德經憨山解》（臺北：新文豐出版社，1982年），頁60。
〔註168〕　（魏）王弼注：《老子道德經注》，收入於樓宇烈校釋：《王弼集校釋》（臺北：華正書局，1992年），頁20。

物爭，萬物就無法與之爭。至於「水」與「上善」之間的關聯性而言，如果說水是一種自然界的生化作用，那麼上善乃是水在人間世中一種維護萬物生化的作用，它們都是道的作用，故近於道。〔註169〕老子認為水至少有七種善，而這七善的共通字就是「不爭」，反觀世界，幾乎所有的不幸根源都在一個「爭」字。小到人與人之間，為爭名利而勾心鬥角，大到國與國之間為爭到資源而發動戰爭。在紛爭不斷的社會之中，若能做到不爭就要像水一樣，水對任何東西都不居功，不與萬物相爭，這就是水最高的美德，值得世人效法學習。然而，有些學者則曲解老子原意，以權謀角度解讀老子是用不爭來爭，不奪來奪，如此便落入有為，相信這也不是老子本人的意思。水最重要的是在行的過程「無心」，不會在乎自己是否要做給人看，贏得他人掌聲；水更是自然，不知道自己在利萬物，因為自然利萬物，所以不覺得自己在犧牲，使得接受它的萬物，也不會有負擔。所以若要向水學習，在「地」、「淵」、「仁」、「信」、「治」、「能」、「時」只要其中一種起了爭心便落入有為，就不足以稱為上善，故老子也用「樸」字提醒世人返樸歸真，要靠後天來修養「不爭」之德。若能做到根本都沒有爭的觀念，看人相爭不生嫉妒，也不會引起反感，也不會限制眾人爭與不爭，就是做到「上善」。大多數的人認為要他人不爭我才不爭，其實就老子而言，別人爭不爭，跟我沒有關係，縱然有人認為是吃虧，在認知裡做到連吃虧的觀念都沒有，就接近「道」了。水的德性先天本就如此，無須仰賴後天修養，也無須刻意執行，不用自捧吹噓、只是無私地奉獻；而世人可效法水德，透過後天的「守柔」工夫開始涵養不爭之心，與人共處柔和謙下。若能做到不爭，也同時符合一種順從自然的人生態度，故不爭並非自我放棄，而是順任事物的本性為之。

老子提到：「禍兮福之所倚，福兮禍之所伏。」（〈第五十八章〉）〔註170〕說明在道的原則下，福禍是相依的。《易經》也說的十分清楚：「一陰一陽之謂道」（〈繫辭上傳〉）〔註171〕自古以來就沒有真正的成功，成功就是失敗，失敗就是成功。從這個角度來看是成功，從另一個角度看說不定就造了很多過錯，

〔註169〕脈絡參考吳怡：《新譯老子解義》（臺北：三民書局，2013年），頁51。

〔註170〕（魏）王弼注：《老子道德經注》，收入於樓宇烈校釋：《王弼集校釋》（臺北：華正書局，1992年），頁151。

〔註171〕（魏）王弼、（晉）韓康伯注、（唐）孔穎達疏、（清）阮元校勘：《周易注》，收入於《十三經注疏》（臺北：藝文印書館，1965年），頁148。

故孟子說：「生於憂患，死於安樂。」（《孟子‧告子下》）〔註172〕進一步說明「功成而不居」是人才有的觀念，以水而言並沒有居功的觀念，「居功」指的是不但稱自己有功，還到處炫耀，甚至還害怕他人不認定，進而解釋一堆，終究自尋苦惱而已。老子認為人既然有天賦的創造力就應該去執行，創造的過程就已經在享受成果，無須強求過多的報酬，只要合乎自然，遵循自然之道即可。當然無法要求每個人的修為都像水一樣，但可期許自身秉持不爭的心態處世。對於他人的所作所為，是沒有人有資格下評斷的，因為道不主宰你我，我們也無法主宰他人，道不主宰他人，他人也無法主宰我，這即是老子思想的核心重點。

　　綜合以上工夫論的層層詮釋得知，老子的自然無為是一種價值概念，透過遮撥一切有為造作後回歸自然狀態，使得精神層面有所安頓，方能破解世俗價值觀的侷限，活出自我。這不僅是從形而上學的高度傳遞的思想概念，更是生活中可以實踐的具體行為。王邦雄先生也認為：「老子的哲學，以無說道體，以虛弱說道用，以歸根之靜說道之常，以復命之和說道之動。」〔註173〕換言之，老子透過自然無為述說道體，當能行無為之儉，方是無不為的展現，同時運用虛靜展現道之作用，至於虛靜的境界及儉嗇思想由內而發，非工於心計的彰顯，老子則以柔弱敘說道之外顯表現。值得一提的是，在東方不論醫學或哲學而言，皆將身體視為一個完整的能量系統，認為身心本為一體，透過身心整合的療癒，可幫助吾人更進一步認識自己，重新組合身心分離對立及壓抑的部份，尋求完整的自我。因此，身心是一個互相關聯的狀態，透過形上學生命智慧式的心理影響吾人的生理狀態，使得屬於生物體的人類身心靈整全療法得以實現，這觀點不只是筆者獨有此看法，實際上目前學界及社會趨勢皆有此走向。〔註174〕換言之，人之為人的形而上心性工夫式的療法也成為一種可能的

〔註172〕（漢）趙岐注、（宋）孫奭疏、（清）阮元校勘：《孟子》，收入於《十三經注疏》（臺北：藝文印書館，1965 年），頁 224。

〔註173〕王邦雄：《老子的哲學》（臺北：東大圖書公司，1983 年），頁 114。

〔註174〕黃文聰：《身心靈全人養生樂活實踐之初探——生活實踐的模型建立與實證研究》（臺北：私立佛光大學生命與宗教學系研究所碩士論文，2014 年）；李美智：《《老子》養生思想研究》（高雄：國立高雄師範大學國文教學碩士論文，2012 年）；施又文：〈老子「法道」養生思想的發展及其現代意涵〉，《嶺東通識教育研究學刊》，第 3 卷 1 期，2009 年 2 月；黃雅岑：《論莊子哲學對樂活觀念的啟示》（嘉義：私立南華大學哲學與生命教育學系碩士論文，2012 年）；蕭蕭：《老子的樂活哲學》（臺北：圓神出版社，2006 年）等研究資料。

途徑，故透過老子的哲學思維以「生命」作為基本關懷，運用道的核心思想所衍伸的工夫論，進而落實於生活之中，達到具體實踐之可能。接下來將闡述老子哲學義理精要後，筆者將結合自身的護理專業，用現代公共衛生護理的視野切入並結合健康促進的身、心、社會三項概念著手分析，以闡述老子思維對於現今國人身心安頓的嶄新啟示。

第四章　老子思想對健康促進之啟示

　　現今臺灣醫療已逐漸走向全人照護的健康體系中，但每年相對產生龐大的醫療成本及資源浪費是當前醫療現況所面臨的危機，加上我國正逐漸步入人口高齡化時代，人類生活型態及行為改變導致的健康問題，例如：高血壓、糖尿病、腦中風、癌症等慢性疾病，已不是過去疾病治療為主的醫療模式可以因應的，黃松元先生認為「健康促進」的定義是：

> 指人們能自我照顧、增進自身健康的過程，因此每個人應負起責任，
> 關心自己的健康，而健康促進不僅是政府或醫療院所的責任，更與
> 人們的生活息息相關。〔註1〕

換言之，健康是人的權利，也是個人的責任，若能養成良好的健康生活型態，不僅可以讓身心健康，也能為家庭帶來幸福，更能提升國家競爭力和永續經營。另一方面，公共衛生提倡的健康並非看似沒有疾病的亞健康，而是健康之外還要重於預防，在疾病尚未產生前，落實預防醫學及健康保健的概念，透過健康促進的推廣，使得國人能夠達到身、心、社會的和諧狀態，是當前急需面對的課題。林柏每先生也提到：

> 健康促進的目地是為了創造更健康的未來，藉由增加個人控制和改
> 善健康技能，來增進目前的健康狀況；也就是當人們還健康時，為
> 了活得更久、更有品質、有活力以及避免過早罹患慢性疾病或死亡，
> 而設法實踐健康的行為、建立健康的生活方式，進而形成健康的家

〔註1〕黃松元、陳正友：《健康與護理》（臺北：幼獅文化事業公司，2006年），頁9。

庭、健康的社區。〔註2〕

換言之，健康促進廣義的分成「疾病預防」及「健康促進」兩個層次，在疾病預防上減少生活中損害健康的危險因子，在健康促進上則是積極的塑造良好生活型態，做好日常保健，預防疾病發生，同時也能愛惜現有的資源，減少不必要的醫療費用。總之，健康促進確實是 21 世紀整合全球醫療保健資源的一股動力，每個人都應該為自己及社會負起更大的責任，以個人生活型態及環境改變為策略。經由疾病的預防和健康的促進，在相輔相成下達到個人和群體的最佳狀態，進而提升民眾的健康和生活品質，有效降低國家的經濟負擔。筆者身為醫護人員，在專業訓練的養成過程，西方的醫學常用分科方式針對生理症狀做處理，用藥物壓制或手術切除以求立即性的問題解決，然而內在的傷痛往往容易忽略。相反的，東方的哲學則認為身心乃是一體互相關聯的狀態，將身體視為一個完整的能量系統，透過身心整合的療癒，可幫助自身更進一步認識自己。藉由重新組合身心解離、對立及壓抑的部份，以尋求完整的自我，這就是中國哲學的智慧與力量。換言之，以西方實證科學而言，從生物經驗的角度去研究生理是否符合物理的自然規律，這是西方的強項。當身體無法正常運作時，就藉由外科手術切除不好的部位或用化學藥劑加以消滅，達到生命延續的目的，同時在分科過程，也易將人制式化的當作機械在維修。而中國的傳統文化理念剛好相反，吾人認為身心本是一體的，認為心靈的層面是可以大量的影響生理，而且這裡的心靈層面指的並不是心理學上的經驗式心理，可能是一種形上學生命智慧式的心理，所以在生理上遭遇許多疾病時，就算不能解決它所帶來的病痛，也可以通過意志力及信念，減消它所帶來的疼痛，進而幫助個案和疾病共存，這就是作為一個生物有機體的人類身心靈的療法，也是筆者認為此乃人之所以為人，獨特形而上的心性工夫式療法。因此，透過中國的生命學問探討身體與心靈的互動關係，回到身體去感受，是當今重要且實用的寶貴經驗。而傳統文化眾多流派中，又以道家的「解套思想」及「放下智慧」為世人尋求解脫生命枷鎖的安頓之道。魏元珪先生認為：

> 道家是中國文化的滋潤者，不論治世亂世皆有不可抹滅的功績；道

〔註 2〕林柏每、楊育英、王榕芝、林珍玫、張芬蘭、楊秀梅、蔡宜家、賴孟娟、蘇敏慧：《健康與護理》（臺北：幼獅文化事業公司，2008 年），頁 10。

家思想使居苦悶時代的人，得為精神上的慰藉；道家是中國潛藏的
精神活力，是歷史的一盞明燈。〔註3〕

因此，透過老子的哲學思維以「生命」作為基本關懷，運用道的核心思想所衍
伸的工夫論，進而落實於生活之中，達到具體實踐之可能是本章主要的重點，
將分為「健康生活形態」〔註4〕、「健康心理狀態」、「健康的社會支持」三節闡
述。

第一節　健康的生理形態

　　本節將健康生理形態的重點，分為「影響形軀生命的關鍵」及「老子思想
對形軀生命之啟示」兩點做說明。

一、影響形軀生命的關鍵

　　林瑞雄先生在 1992 年提出：「影響國人健康的四大要素：環境因素、人類
生物因素、健康照護組織和生活型態，其中以『生活型態』對健康的影響最大
高達 50%。」〔註5〕，如下圖 4-1。李蘭先生更進一步針對形軀健康提出：「個
人生活型態的改變是健康促進的重點，應以改變個人行為方式及生活環境做
為健康促進介入的策略。」〔註6〕故醫療發展的進步，人們的生命雖然獲得更
多保障，但隨著經濟復甦後，也讓更多慢性疾病威脅著人民的健康，最大的原
因乃生活型態改變。尹祚芊先生認為：「生活型態就是生活作息、習慣嗜好、
規律運動、充足睡眠、及均衡的飲食等，非常基本的日常生活狀況，但卻和人
的健康與否密切相關。」〔註7〕參考上述定義後，筆者將生活型態分為營養與
飲食均衡、生活作息和睡眠、運動健康體適能三種，介紹如下：

〔註3〕魏元珪：《老子思想體系探索》（下）（臺北：新文豐出版社，1997 年），頁 778
　　　～779。

〔註4〕感謝口考委員蔡根祥先生提出寶貴建議，認為醫護領域描述生理型態的「型」
　　　字，就文字學而言，應修訂為「形」字。

〔註5〕林瑞雄、李龍騰、劉嘉年：《衛生保健概論》（臺北：國立空中大學，1995 年），
　　　頁 35。

〔註6〕李蘭、陳富莉：〈美國與歐洲之健康促進的概念〉，《健康促進通訊》第 1 期，
　　　1998 年 1 月，頁 1。

〔註7〕作者特別說明「習慣嗜好」是指飲食、喝酒、抽菸、嚼檳榔。尹祚芊：〈學校
　　　衛生護理〉，《臺灣醫學》第 4 卷第 2 期，2000 年，頁 216。

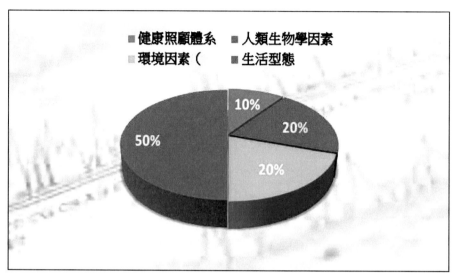

圖 4-1　影響國人健康四大要素〔註8〕

（一）營養與飲食均衡

　　每年的全國十大死因統計分析中的癌症、腦中風、高血壓、心臟病、糖尿病等，都與飲食和肥胖有關，大多數中老年人罹病皆因幼年、青少年時的營養和飲食攝取不當累積而成的。再加上食品製造過程營養素的破壞、添加物的使用，以及不肖商人的黑心產品造成各種健康問題的產生〔註9〕，世界衛生組織在 1984 年曾把食物安全與食物衛生定義為：「食物在生產、加工、儲存、分配和製造過程中，確保食物安全可靠、有益健康，並且適合人類食用的種種必要條件和措施」〔註10〕說明了好的食物基本要有安全可靠、有益健康、適合食用的三大條件。目前依臺灣食安問題嚴重的情況下，許多不健康的添加物及製作過程大量存在，黑心食物及問題食物常以色香味俱全的外貌出現，可怕的是吃下肚後並不會有立即性的症狀，但卻讓疾病以分期付款的方式在不同醫院上演，不能相信政府的時代，最後的把關需要我們共同來防範。因此，擁有健康的營養知識及改變飲食行為的技能，是迫切而需要的事。

〔註 8〕〈影響國人健康的四大要素〉，2023 年 7 月 14 日，網址：http://www.slideshare.net/ni231991/ss-15731095（2023 年 7 月 14 日檢索）。

〔註 9〕王秀紅總校閱、徐畢卿、王瑞霞、黃芷苓、張彩秀、黃國儀、高毓秀、吳素綿、高家常、黃寶萱、陳國東：《健康促進理論與實務》（新北市：華杏出版公司，2014 年），頁 167。

〔註10〕文長安、陳俊成、張凱甯：《食安守門人教你聰明擇食、安心飲食》（臺北：如何出版社，2015 年），頁 10。

全穀根莖類
1.5-4碗

蔬菜類
3-5碟

水果類
2-4份

水

豆魚
肉蛋類
3-8份

低脂乳品類
1.5-2杯

油脂與堅果種子類
油脂3-7茶匙及堅果種子類1份

舊　版	新　版	重　點
五穀根莖類 3-6碗	全穀根莖類1.5-4碗	1.降低攝取量 2.增加「至少攝取1/3全穀食物」的建議
奶類 1-2杯	低脂乳品類1.5-2杯	強調選擇低脂肪的健康訴求
蛋豆魚肉類 4份	豆魚肉蛋類3-8份	將豆魚排在肉蛋前面，提醒安排植物性蛋白質（豆類與豆製品）與適量的魚海產類取代肉類
蔬菜類 3碟	蔬菜類3-5碟	增加蔬菜類與水果類的攝取份數
水果類 2個（份）	水果類2-4份	
油脂類 2-3湯匙（6-9茶匙）	油脂與堅果種子類 油脂3-7茶匙及堅果種子類1份	提醒堅果種子類攝取的重要性
―	新增「運動」圖案	勤運動，每日從事動態活動至少30分鐘
―	新增「水」標示	多喝開水，避免含糖飲料

圖 4-2　衛生福利部國民健康署國民衛教飲食指南〔註11〕

　　筆者認為「健康飲食」是指提供飲食者足夠營養素來滿足身心平衡的飲食稱之。要達到健康飲食必須滿足生理及心理的需求，其中生理上的滿足主要是藉由提供營養的食物，來達到促進健康為目的；而心理上的滿足則是藉由提供美味的食物，來刺激味蕾達到食慾的滿足，進而產生愉快的情緒。為達到營養的攝取，日常生活的食物來源就十分重要，一般而言吾人購買的食物可分成「全穀根莖類」、「蔬菜類」、「水果類」、「乳製品」、「豆魚肉蛋類」以及「油脂堅果類」等六大種類，其中維持人體基本生理需求、賦予色香味感官以及調節生理活性保健三種功能，它是營養的來源，為了符合生長發展發育與維持生命的需求，每個人必須藉由進食的方式來獲得營養素，營養素是指食物中的化學物質或成分，分別為水、醣類、脂肪、蛋白質、維生素和礦物質等六大類，其

〔註11〕〈衛生福利部國民健康署國民衛教飲食指南〉：《衛生福利部國民健康署》網站，2023 年 7 月 14 日，網址：http://www.hpa.gov.tw/BHPNet/Web/healthtopic/Topic.aspx?id=201309140001（2023 年 7 月 14 日檢索）。

主要功能在於供給熱量、協助身體組織的建造修補以及維持與調整體內的新陳代謝用。故均衡飲食可讓吾人身心保持健康，認識各種營養素和食物的種類、屬性、禁忌、優劣、酸鹼性對身體的影響，可提高我們對食物的正確選擇及危機意識。〔註12〕除了瞭解食物營養本身及屬性外，改善飲食習慣，每日培養好的飲食行為也是十分重要，例如：三餐定時、六大類食物定量、喝水至少2000CC、選擇清淡的烹調方式以及用餐時放慢速度、多咀嚼等，可讓吾人有益身心，促進健康，遠離疾病。

圖 4-3　新版美國飲食指南〔註13〕

〔註12〕綜合陳美燕總校閱、劉影梅、張淑紅、江季蓁、洪麗玲、蕭雅竹、許青雲、趙曲水宴、陳文詮、陳麗華、高月梅：《健康促進》（新北市：啟英文化事業公司，2014年），頁4之2；陳俊瑜總校閱、莊佳霖、方郁文、王惠珠、祁安美：《健康管理》（新北市：全華圖書公司，2012年），頁106；王秀紅總校閱、徐畢卿、王瑞霞、黃芷苓、張彩秀、黃國儀、高毓秀、吳素綿、高家常、黃寶萱、陳國東：《健康促進理論與實務》（新北市：華杏出版公司，2014年），頁178；張李淑女、張育嘉、林慧美、林承鋒、林秀珍、汪在莒、蒙美津、蘇完女、邱駿紘、鄭秀敏、陳怡如：《健康與生活：開創樂活幸福人生》（新北市：新文京開發出版公司，2013年），頁117。

〔註13〕My Plate 分為五類需攝取的食物：將餐盤約略分為四等分，30%穀類、30%蔬菜、20%水果和20%蛋白質，每天還要攝取一杯低脂或脫脂牛奶或優酪乳。資

看看自己每天的生活活動強度

生活活動強度		
低		
生活動作	時間（小時）	日常生活的內容
安靜	12	靜態活動，睡覺、靜臥或悠閒的坐著（例如：坐著看書、看電視…等）
站立	11	
步行	1	
快走	0	
肌肉運動	0	
稍低		
生活動作	時間（小時）	日常生活的內容
安靜	10	站立活動，身體活動程度較低、熱量較少，例如：站著說話、烹飪、開車、打電腦。
站立	9	
步行	5	
快走	0	
肌肉運動	0	
適度		
生活動作	時間（小時）	日常生活的內容
安靜	9	身體活動程度為正常速度、熱量消耗較少，例如：在公車或捷運上站著、用洗衣機洗衣服、用吸塵器打掃、散步、購物…等強度。
站立	8	
步行	6	
快走	1	
肌肉運動	0	
高		
生活動作	時間（小時）	日常生活的內容
安靜	9	身體活動程度較正常速度快或激烈、熱量消耗較多，例如：上下樓梯、打球、騎腳踏車、有氧運動、游泳、登山、打網球、運動訓練…等運動。
站立	8	
步行	5	
快走	1	
肌肉運動	1	

圖 4-4　生活活動強度〔註 14〕

料引自〈新版美國飲食指南〉，2023 年 7 月 14 日，網址：www.hsph.harvard.edu/nutritionsource（2023 年 7 月 14 日檢索）。

〔註 14〕國人可根據每日活動量，判斷自身每天活動強度，再搭配下圖 4-5 即可計算出一天所需熱量。〈健康生活動起來手冊〉：《衛生福利部國民健康署》網站，2023 年 7 月 14 日，網址：http://www.hpa.gov.tw/Bhpnet/Web/Books/manual_content03.aspx（2023 年 7 月 14 日檢索）。

每天 活動量	體重過輕者 所需熱量	體重正常者 所需熱量	體重過重或肥胖者 所需熱量
輕度工作	35大卡×目前體重 （公斤）	30大卡×目前體重 （公斤）	20~25大卡×目前體重 （公斤）
中度工作	40大卡×目前體重 （公斤）	35大卡×目前體重 （公斤）	30大卡×目前體重 （公斤）
重度工作	45大卡×目前體重 （公斤）	40大卡×目前體重 （公斤）	35大卡×目前體重 （公斤）

圖 4-5　每日建議攝取熱量換算〔註15〕

依熱量需求，查出自己的六大類飲食建議份數

	1200 大卡	1500 大卡	1800 大卡	2000 大卡	2200 大卡	2500 大卡	2700 大卡
全穀根莖類(碗)	1.5	2.5	3	3	3.5	4	4
全穀根莖類(未精製)(碗)	1	1	1	1	1.5	1.5	1.5
全穀根莖類(其他)(碗)	0.5	1.5	2	2	2	2.5	2.5
豆魚肉蛋類(份)	3	4	5	6	6	7	8
低脂乳品類(杯)	1.5	1.5	1.5	1.5	1.5	1.5	2
蔬菜類(碟)	3	3	3	4	4	5	5
水果類(份)	2	2	2	3	3.5	4	4
油脂與堅果種子類(份)	4	4	5	6	6	7	8

圖 4-6　六大營養素的份數分配比例〔註16〕

（二）規律作息和睡眠

現代人經常熬夜加班、上網等，睡眠不足下，容易在白天的時候注意力不

〔註15〕　每日建議攝取熱量換算表即可計算出一天所需熱量，此圖與上頁圖 4-4 互為搭配。〈健康生活動起來手冊〉，《衛生福利部國民健康署》網站，2023 年 7 月 14 日，網址：http://www.hpa.gov.tw/Bhpnet/Web/Books/manual_content03.aspx（2023 年 7 月 14 日檢索）。

〔註16〕　圖 4-6 可依照圖 4-4 和圖 4-5 算出健康體重管理建議攝取的一天熱量後，再搭配圖 4-7 方可得知六大營養素的份數分配比例，讓飲食的均衡性提高。〈健康生活動起來手冊〉，《衛生福利部國民健康署》網站，2023 年 7 月 14 日，網址：http://www.hpa.gov.tw/Bhpnet/Web/Books/manual_content03.aspx（2023 年 7 月 14 日檢索）。

集中，精神不濟、導致昏昏欲睡，無精打采，影響工作效率，甚至引發免疫機能降低和內分泌失調等狀況，因此，除了運動和飲食外，休息和睡眠也是紓解生活壓力，促進身心健康的方法之一，王松元先生提到：

> 睡眠可增加細胞修復、讓生理得到適度的休息、消除一天的疲勞，更能幫助個人整合白天所吸收的資訊、強化記憶功能，並協調學習能力。因此擁有良好的睡眠，才能擁有健康的身心，使學習能力保持在最佳的狀態。[註17]

但睡得多並不見得能促進健康，睡眠醫學專家認為，健康的睡眠習慣應該要維持固定的睡眠時間，每天實際睡眠時數至少要維持在六小時以上，上床後二十分鐘內可以入睡，半夜很少有中斷醒來或打鼾、磨牙、作惡夢、揮動手腳等困擾問題。[註18]，符合以上標準外，還要養成早睡早起的好習慣，若一覺醒來，整天都能保持頭腦清醒、精神抖擻，就是足夠且有效率的睡眠。

　　為了適應忙碌與競爭激烈的社會節奏，生活型態與作息也隨之改變，影響國人的睡眠品質，失眠成為現代人的文明病之一。Mahon 學者認為：「睡眠品質應包括三個層面：睡眠障礙、睡眠效率、睡眠補充，而睡眠品質在個人的健康及生活的滿意度上扮演一個重要角色。」[註19]由此說明良好的睡眠品質，對於人的健康或是日常生活的影響性是十分重要的。郭鐘隆先生則表示：「睡眠可增進細胞修復、讓生理得到適度的休息、消除一天的疲勞感，更能幫助個人整合白天所吸收的資訊、強化記憶功能，並協調學習能力。」[註20]綜合以上得知，睡眠品質佳可讓身心達到適度休息，大腦保持甦醒警覺的精神，進而使學習專注度維持在最佳狀態；反之，睡眠遭剝奪時，生理機能無法進行修補，身心便呈現失衡狀態。因此，良好的睡眠品質是促進個人健康的首要條件。

[註17] 黃松元、陳正友：《健康與護理》（臺北：幼獅文化事業公司，2006 年），頁 19。

[註18] 陳曉悌、李汝禮：《健康與護理》（上）（臺中：智業文化事業公司，2000 年），頁 15。

[註19] Mahon, N. F. : The contributions of sleep to perceived health status during adolescence. *Public Health Nursing*, 12(2), 1995, P127.

[註20] 郭鐘隆：《健康與護理》（臺北：幼獅文化事業公司，2010 年），頁 15；朱嘉華先生和方進隆先生也指出：「若長期睡眠品質不佳，容易造成白天嗜睡與精神不濟，進而影響工作與學習的效率，嚴重甚至可能導致心血管與精神方面的疾病，而且也容易增加意外事件的死亡率。」朱嘉華、方進隆：〈國小教師運動習慣對睡眠品質影響之研究〉，《體育學報》26 期，1998 年 12 月，頁 217。

　　針對營造優質睡眠，在自我調整部分，可從安排規律的生活起居，建立反射性的生理時鐘開始，睡前勿飲食過度，忌咖啡和茶類，平日宜吃清淡助消化食物、多攝取蔬菜和水果及全穀雜糧，可安定神經；O'connor 與 Youngstedt 兩位學者從流行病學調查發現：「正常持續的運動，可以增加睡眠品質、降低日間嗜睡；睡前也可透過學習放鬆技巧讓全身肌肉逐漸放鬆。」〔註21〕例如：漸進式肌肉放鬆、靜坐、冥想等，並搭配穴道按摩幫助血液循環，緩解肌肉放鬆；音樂療法則被廣泛用於緩解壓力措施，進而減短入眠時間。另外，情境佈置部分，注意寢具的挑選，讓睡床單純化，養成只供睡眠使用，不進行其他活動，光線宜暗，避免吵雜。〔註22〕以上種種為營造舒適睡眠場所的具體建議，幫助我們提升更好的睡眠品質。

（三）運動休閒體適能

　　早期生活中充滿了身體活動的機會，高度文明的發展下，科技產品的出現，使得現代大部分的生活和工作運用被自動化的設備取代，造成日常基本的身體活動逐漸被長時間的坐式生活型態取代，缺乏足夠的運動量加上高油高脂的飲食攝取，成為現代文明病產生的關鍵。Wen 和 Wu 學者研究指出：「身體活動量不足對健康造成的風險與吸菸一樣。」〔註23〕Blair 和 Scott 學者也認為：「從事規律適度的運動能減少部分疾病的罹患率，更是維持健康型態、增進身體能力及提升生活品質的必要條件。」〔註24〕故藉由規律及適度的運動，可讓我們遠離疾病增強體魄，在享受運動樂趣的同時，也可以釋放壓力、雕塑體態、增強自信並追求良好的生活品質。

　　張李淑女先生認為運動（Exercise）是指具有計畫、組織、重複性的身體活動，可以維持或促進一項以上的健康體適能要素；體適能（Physical Fitness）

〔註21〕參考 O'connor, P. J., & Youngstedt, S. D. : Influence of exercise on human sleep. *Exercise 18 and Sport Science Reviews*, 23, 1995, P105.

〔註22〕周繡玲、廖珍娟、姚鐘太：〈癌症病人的失眠困擾〉，《腫瘤護理雜誌》第 7 期第 2 卷，2007 年 12 月，頁 25；陳美燕總校閱、劉影梅、張淑紅、江季蓁、洪麗玲、蕭雅竹、許青雲、趙曲水宴、陳文詮、陳麗華、高月梅：《健康促進》（新北市：啟英文化事業公司，2014 年），頁 7 之 10、7 之 16。

〔註23〕Wen, C. P.,& Wu, X.: Stressing harms of physical inactivity to promote exercise. *Lancet*, 380 (9398), 2012, P192.

〔註24〕Blair, S. N.,Cheng, Y.,&Scott,H.J.: ls physical activity or physical fitness more important in defining health benefits *Medicine &Science in Sports & Exercise*, 33(6), 2001, P379.

則是身體適應生活的能力。〔註25〕體適能又可分為二類，其一為競技運動或選手相關的體適能；另一類是與健康有關的，又稱為健康體能，保含有下列五大要素：心肺耐力、肌肉耐力、肌肉力量、柔軟度、身體脂肪百分比。〔註26〕換言之，健康體適能可從上述五點項目作判斷，如下表 4-1 為健康體能的內涵及運動種類建議表：

表 4-1　健康體能的內涵及運動種類建議表〔註27〕

項目	說明	測量項目	運動種類	次數	時間
心肺耐力	五大要素中最重要的一項，影響範圍包括心臟、肺臟、血管及血液組織系統機能。	800 公尺及 1600 公尺跑走與 3 分鐘登階測驗	跑步、快走、游泳、單車、舞蹈、跳繩、球類、運動、傳統健身運動等有氧運動	每週至少 3 次	每次至少 20 分鐘
肌力與肌耐力	肌力是肌肉或肌群一次發出最大的力量，個體須具備某種程度的肌肉力量，以維持日常活動，肌耐力是肌肉或肌群從事反覆收縮動作時的一種耐久能力，或是指有關的肌肉維持某一固定作用力狀態可持久的時間。	一分鐘屈膝仰臥起坐、立定跳遠	重量訓練，仰臥起坐，伏地挺身等	每週至少 2 次	每次至少 1～3 回合
柔軟度	人體可以活動的最大範圍，影響柔軟度的因素包括關節、肌肉、肌腱、韌帶、軟骨組織等。柔軟度不好的關節會使身體活動受到限制，柔易發生關節扭傷或肌肉拉傷的情形。	坐姿體前彎	坐姿體前彎	每週至少 3 次	每次肌肉伸展 20～30 秒

〔註25〕張李淑女、張育嘉、林慧美、林承鋒、林秀珍、汪在莒、蒙美津、蘇完女、邱駿紘、鄭秀敏、陳怡如：《健康與生活》（新北市：新文京開發出版公司，2013年），頁 303。

〔註26〕參考林柏每，楊育英，王榕芝，林珍玫，張芬蘭，楊秀梅，蔡宜家，賴孟娟，蘇敏慧：《健康與護理》（臺北：幼獅文化事業公司，2008 年），頁 15～19；陳美燕總校閱、張淑紅、洪麗玲、萬國華、蔡慈儀、蕭雅竹、趙曲水宴、高月梅：《健康促進與人生》（新北市：啟英文化事業公司，2012 年），頁 4 之 3。

〔註27〕黃松元、陳正友：《健康與護理》（臺北：幼獅文化事業公司，2006 年），頁 16。

身體脂肪百分比	身體脂肪百分比是否恰當，是評估體適能的最重要的因素之一。一班成年男性體脂肪在 13～17%，女性約在 20～24%為正常。	身體質量指數(Body Mass Index，BMI)	有氧運動為主重量訓練為輔	每週至少 3 次	每次至少 20 分鐘每次至少 1～3 回合

　　運動一開始要選擇適宜的場地、正確的器材和護具，在運動的同時若想監測是否達到有效的運動心率，學會自我測量脈搏是個簡單又容易的方法，如此方能隨時調整運動強度。再來，運動前應先評估自己當下的身體狀況，再決定運動的量與種類，接著擬定適宜自己的運動計畫，有恆心的按照計畫進行長期規律性的訓練，在運動的過程，切勿超出體力範圍的負荷，以免造成運動傷害。最後，掌握運動的頻率及持續時間，一週最好 3 天，每次 30 分鐘，透過運動可消耗的卡路里如下表（圖 4-7）。要活就要動，若想將人體內的廢物排出，促進細胞的新陳代謝，運動無疑是最佳的選擇，近來交通發達、經濟型態改變，人類的運動量普遍不足，諸多疾病也就產生，對國人造成嚴重威脅，若能維持規律良好的運動習慣，可以促進一個人的體適能，身體具備相當的機能，便能勝任日常工作，應付突發緊急狀況，減少慢性或退化性疾病，如：糖尿病、高血壓及冠狀動脈心血管疾病等發生的機率。故良好的體適能不易產生疲勞的感覺，能夠讓人的器官組織處於有效的機能狀態，幫助身體適應外在氣候變化或病毒散播的環境。

身體活動	消耗熱量 (大卡 / 公斤體重 / 小時)
走路	
慢走 (4 公里 / 小時)	3.5
快走、健走 (6.0 公里 / 小時)	5.5
爬樓梯	
下樓梯	3.2
上樓梯	8.4
跑步	
慢跑 (8 公里 / 小時)	8.2
快跑 (12 公里 / 小時)	12.7
快跑 (16 公里 / 小時)	16.8
騎腳踏車	
騎腳踏車 (一般速度，10 公里 / 小時)	4
騎腳踏車 (快，20 公里 / 小時)	8.4
騎腳踏車 (很快，30 公里 / 小時)	12.6

家事	
拖地、掃地、吸地	3.7
園藝	4.2
工作	
使用工具製造或修理（如水電工）	5.3
耕種、牧場、漁業、林業	7.4
搬運重物	8.4
其他運動	
瑜珈	3
跳舞(慢)、元極舞	3.1
跳舞(快)、國際標準舞	5.3
飛盤	3.2
排球	3.6
保齡球	3.6
太極拳	4.2
乒乓球	4.2
棒壘球	4.7
高爾夫	5
溜直排輪	5.1
羽毛球	5.1

圖 4-7 體能活動與熱量消耗表〔註28〕

另外，最容易讓人感受到愉快、輕鬆的時刻，就是從事自己喜愛的休閒活動時，不但在精神上獲得放鬆，也可以讓生活有所變化，嘗試新的經驗，並表現工作以外的能力，故休閒活動安排的恰當，可以滿足個人身心需求，平衡各方面發展，也能促進健康。休閒活動的類型五花八門，有鍛鍊體魄、培養技能的體育型，變化氣質、增進個人心智能力的藝文型，陶冶性情、調劑身心的康樂型，以及走入群眾、增進人際關係的社交型。〔註29〕另一方面，在從事休閒活動時，安全性的考量也是必要的，要評估環境、交通、天候、蟲蛇、通訊、器材等，多點事前留意，可防範危險事件的發生。

綜合以上文獻，營養又均衡的飲食可讓我們保持身心健康，若能每日培養好的飲食行為，例如：三餐定時、六大類食物定量、喝水至少 2000CC、選擇

〔註28〕〈健康生活動起來手冊〉：《衛生福利部國民健康署》網站，2023 年 7 月 14 日，網址：http://www.hpa.gov.tw/Bhpnet/Web/Books/manual_content03.aspx（2023 年 7 月 14 日檢索）。

〔註29〕黃松元、陳正友：《健康與護理》（臺北：幼獅文化事業公司，2006 年），頁 16。

清淡的烹調方式以及用餐時放慢速度、多咀嚼等，可讓我們有益身心，促進健康，遠離疾病；培養持之以恆的運動習慣，使其成為日常生活的一部分，讓吾人擁有健康的體適能，可協助身體的器官組織處於有效的機能狀態，幫助適應外在氣候變化或病毒散播的環境，在從事體力性活動或運動皆有較佳的活力及適應能力，不易產生疲勞〔註30〕；生活作息規律、睡眠品質佳可讓身心達到適度休息，讓大腦保持甦醒警覺的精神，進而使學習專注度維持在最佳狀態。反之，作息無度、睡眠遭剝奪時，生理機能便無法進行修補，身心就常呈現失衡情形，故良好的生活作息及睡眠品質也是促進個人健康的首要條件。然而，上述方式雖可維持身體的基本健康，但針對成效而言，仍無法根本消解現今社會由生理所激起的貪欲執著衍生的種種問題。因此，若要生理健康，必須要回到生命的本質，無掉人為造作，學習自然無為的功夫，才能獲得身心安頓。

二、老子思想對形軀生命之啟示

相對於第三章所談的心性修養功夫，對應到人的形軀生命上，以下筆者依飲食、體態、容貌、長生四點論述之：

（一）飲食部分

當今坊間美食林立，精緻飲食、大魚大肉，重口味的調味及油炸類，遠遠超過身體的負荷與代謝，形成體重過重；食安問題連環爆，不健康的添加物及製作過程大量存在，黑心食物吃進身體後並無立即性的症狀，長期毒素囤積於身，引來慢性疾病的根源。老子〈十二章〉說：「五色令人目盲，五音令人耳聾，五味令人口爽，馳騁畋獵令人心發狂，難得之貨令人行妨。」〔註31〕例如：各式各樣的主題式餐廳推陳出新，太多琳瑯滿目的誘惑，刺激著身體的感官，除了食物外觀可口外、更講究氣氛的營造，每一口飯菜香味撲鼻，滑入口中驚

〔註30〕 參考王秀紅總校閱、徐畢卿、王瑞霞、黃芷苓、張彩秀、黃國儀、高毓秀、吳素綿、高家常、黃寶萱、陳國東：《健康促進理論與實務》（新北市：華杏出版公司，2014 年），頁 167；陳美燕總校閱、劉影梅、張淑紅、江季蓁、洪麗玲、蕭雅竹、許青雲、趙曲水宴、陳文詮、陳麗華、高月梅：《健康促進》（新北市：啟英文化事業公司，2014 年），頁 4 之 2；陳俊瑜總校閱、莊佳霖、方郁文、王惠珠、祁安美：《健康管理》（新北市：全華圖書公司，2012 年），頁 106。

〔註31〕 （魏）王弼注：《老子道德經注》，收入於樓宇烈校釋：《王弼集校釋》（臺北：華正書局，1992 年），頁 28。

奇挑動舌尖上的味蕾細胞，高鹽、高脂、高糖、高膽固醇的四高美食不經意造成令人口爽的吃多困擾。《食物是最好的醫藥》一書提到：「你的屍體才是真正探索你性格的線索。」〔註32〕《裸食廚房》也認為：「告訴我你吃什麼，我就可以分析你是怎樣的人。」〔註33〕可見身體是一切生活的解答，身體狀況與行為是直接相關的，人類因為各種習慣導致不同的結果，好的飲食習慣可造就健康的身心。以醫學的角度而言，當一個人在進食時，腦中的下視丘又稱「飽食中樞」〔註34〕會執行短期調節，預防每次的進食過量，主要作用機轉為消化道飽脹時會抑制進食，此時迷走神經傳導會抑制進食中樞，同時啟動飽食中樞；在消化道的激素因子跟著抑制膽囊收縮素分泌；胃部泌酸細胞分泌的飢餓素也於進食前的高峰，在餐後迅速滑落；最後口部接受器會計算食物的攝取量，也就是計算在咀嚼過程，協助吞嚥的次數及分泌的唾液量，達到後進食的動作就會被飽食中樞抑制，過程通常要 20～40 分鐘，〔註35〕故細嚼慢嚥也就是現在的一種「慢食」〔註36〕哲學。慢食運動主張人應跟食物建立真實有意義的接觸，品味食物的過程應該是一種享受，而不是狼吞虎嚥，這與道家從容不迫的生命哲學，有異曲同工之妙。在慢食中品味食物的真實滋味，讓心靈在享受食物過程獲得美好感動，放慢腳步與身心做更有意義的連結。此外，慢食還可以實際幫助器官消化食物，透過飽食中樞提點應攝取的量，維持良好的體態。除

〔註32〕 Henry G. Bieler, M. D.著、梁惠明譯：《食物是最好的醫藥》（臺北：遠流出版公司，2014 年），頁 99。

〔註33〕 原文為 Tell me you eat and I will tell you what you are.蔡惠民：《裸食廚房》（臺北：遠見天下文化公司，2015 年），頁 11。

〔註34〕 掌控是否進食的中樞叫做「下視丘」，受到興奮時，會使動物產生極度的飢餓感、貪婪和強烈尋找食物的食慾，其中和飢餓最有關的是下視丘的外側區，若兩側外側區受損，動物會喪失食慾，甚至餓死。另一個進食中樞對抗的叫做飽食中樞，位於下視丘的腹內核區。當食物進到胃中，使得胃的接受器活化迷走神經的感覺上行路徑至下視丘，當此區受到刺激便能使正在進食中的人停止；反之此區遭到破壞，進食中樞變得過度活躍，人的食慾將無法被滿足，會變得極度肥胖。引自 Arthur C. Guyton、John E. Hall 著、樓迎統譯：《醫用生理學》（臺北：臺灣愛思唯爾有限公司，2008 年），頁 374。

〔註35〕 此概念參考 Arthur C. Guyton、John E. Hall 著、樓迎統譯：《醫用生理學》（臺北：臺灣愛思唯爾有限公司，2008 年），頁 871。

〔註36〕 慢食運動（Slow Food）也是慢活的起源，主張除了應該悠閒的享受吃的過程之外，也強調美食環保、以及新鮮、在地、應時的食物，並推行手工產品。參照張媖如：《生活風格運動：樂活在臺灣》（臺北：私立東吳大學社會學系碩士論文，2008 年），頁 63～65；Carl Honore 著、顏湘茹譯：《慢活》（臺北：大塊文化，2005 年），頁 23～24。

了飲食習慣三餐正常，細嚼慢嚥外，空腹時更應注意吃進的食物，早乙女先生說：「空腹是決定健康的關鍵時刻。」〔註37〕因為人處於空腹狀態，頭腦較為清醒，思慮清晰，味蕾的敏感度高，食物吃進身體也較容易吸收，故空腹時吃的食物就是健康的關鍵所在，以上論述都是培養良好飲食習慣之具體建議。

再者除了飲食習慣，吃進身體的營養也同等重要，若能遵循自身的口味補集所需對身體是好的，但切記勿過量，否則會成癮。等到成癮後才要剝奪刺激性的食物與飲料時，例如：甜食、辛辣物等，就會有一些脫癮症狀產生，例如：頭痛、噁心、煩躁、不安等，但只要過了一段時間，身體便能自動調和，身心歸於平靜，故別讓不當的飲食習慣、進食慾望和環境影響了身體器官。要讓器官遠離化學添加物或毒素的折磨，節制並選擇健康飲食是保健身體的最基本方法，從選擇健康的食物開始，因為營養價值最佳來源就是食物，越新鮮越天然的愈好，人和食物的關聯性，如同車子需要加油一樣，給對燃料行駛起來就會順暢。反之，人的身體常受到主人本身的口味與慾望影響，器官往往不是沒有燃料又要繼續工作，就是超出負荷又要強迫消化吸收。再者，給予各種非食物本質的添加物，遲早會看見器官崩潰跟自身告別，故汙染的汽油會讓車子運作不良，進食不當的食物也會對身體造成傷害。近來食安問題日益嚴重，臺灣開始盛行「生機飲食」〔註38〕、「裸食」〔註39〕及「粗食」〔註40〕文化，葉怡

〔註37〕 蘇富家、早乙女：《發現粗食好味道2》（臺北：原水文化出版社，2015年），頁69。

〔註38〕 所謂的「生機飲食」，綜合了生食療法、有機飲食，不在只是著重於生食或素食的概念，特別選用有機栽種、沒有農藥、化學肥料、化學添加物，以及沒有多餘加工的新鮮原食材，以天然的方式生食或熟食個大類的食物；生機飲食主要是在強調活食物活酵素的重要性，選擇食材注意營養價值，烹煮時減少加工程序保留原味，以提升人體的健康與活力。楊定一：〈享受真食物的原滋味〉，《康健雜誌》第202期，2015年9月，頁13。

〔註39〕 「裸食」精神在於以天然取代加工，以手做代替市售品。蔡惠民：《裸食廚房》（臺北：遠見天下文化公司，2015年），頁11。

〔註40〕 美國責任醫學醫師協會會長Neal Barnard說：「粗食飲食是確保健康的關鍵。」避免過多的精緻澱粉類，例如：白麵包、白米飯、白麵條等三白製品。粗食養生概念與醫學調查結果完全吻合，早在1970年，科學家對中國著名的長壽地區廣西省馬瑤族自治縣進行全面的考察，發現四十三位百歲老人以玉米、紅薯、大米但豆類等食品為主食，副食則以青菜、南瓜、紅昭葉和瓜苗為主，絕少吃高脂肪的葷食。蘇富家、早乙女：《發現粗食好味道2》（臺北：原水文化出版社，2015年），頁14。

蘭先生認為：「本味在於本質本色本我本心，原味真味自然純樸之味。」〔註41〕
楊定一先生更提出：「真原飲食，強調並非食之無味的忍耐飲食，而是把握老
祖宗的智慧，應用『一物全體』、『身土不二』、『陰陽調和』的概念擇食。」
〔註42〕首先，「一物全體」就是食用食物過程盡量取用整個食材，少削皮，讓
食材完整的營養成分被身體吸收；其二「身土不二」則是選擇食物時，以當季
當地的食物為主，當季的適時食物才有最適合當季最完整的營養能量，提供人
體所需；其三，「陰陽調和」了解食物屬性，寒性燥性皆可依季節、體質、健
康狀態來加以搭配與調理。透過能量轉化影響情緒和思想，進一步讓行為模式
產生相對應的改變，故食物的能量會影響身心能否平衡，回歸到原味的食材就
是身體最好的調理素，選擇當季、當時的天然食材，獲得大地最佳的綠色能量，
合乎自然而然的生活態度，是延年益壽最簡單的具體作法。

（二）體態部分

　　對自我體態的過度要求，讓現代人少吃造成營養不良的問題不斷呈現，也
相對令人煩憂。Keel 與 Klump 學者曾表示：「自從九零年代後，西方『瘦即是
美』的審美文化對飲食疾患影響甚大，尤其是過度強調女性身體上的纖瘦與骨
感，顯然成為一種次文化。」〔註43〕加上多媒體價值文化的塑造，讓人們對美
的價值觀逐漸改變，許多人開始努力追求理想的自我形象，於是「減肥」成為
全民瘋狂的運動，期許自己達到骨感型的超瘦體態，越瘦越好，無所不用其極。
然而不只瘦，更要求「白皙」的皮膚，越白越好，過度拒絕陽光造成「見光死」
的蒼白病態，變成營養不良的紙片人，餐餐拒絕食物後竟得了「厭食症」〔註44〕
及「暴食症」〔註45〕，看醫生次數多過看朋友，這種以蒼白皮膚、骨感身形、

〔註41〕 葉怡蘭：《食・本味》（臺北：遠見天下文化公司，2013 年），頁 8。
〔註42〕 楊定一：〈享受真食物的原滋味〉，《康健雜誌》第 202 期，2015 年 9 月，頁 14。
〔註43〕 這種過度強調女性身體上的纖瘦與骨感，這種次文化即所謂的西方文化症候
　　　　群。筆者更認為骨感型身材如同現今媒體傳播的「炫腹」、「鎖骨養魚」、「大腿
　　　　縫」、「腰窩」、「比基尼橋」等流行文化。Keel, P. K. & Klump, K. L.: Are eating
　　　　disorders culture-bound syndromes Implications for conceptualizing their etiology.
　　　　Psychological Bulletin, 2003, 129(5), 747～769.
〔註44〕 「厭食症」患者多為自己有近乎完美要求的人，追求苗條身材重於健康。其症
　　　　狀強迫自己拒絕進食、過度激烈運動、服用瀉藥或利尿劑，讓體重在短時間內
　　　　劇烈降至標準體重的 75%~85%以下，嚴重的話，甚至會威脅到自己的生命安
　　　　全。朱元珊主編、陳德馨、龍芝寧、顏麗娟：《健康與護理》（臺北：美新圖書
　　　　公司，2011 年），頁 22。
〔註45〕 「暴食症」患者多為長期反覆減重的人，對自我評價過度取決於身材與體重，

病態形象所構成的美麗標準導致許多人因追求削骨體態，以不健康的方式傷害自身，甚至影響寶貴的生命。根據美國厭食症及暴食症組織的報告顯示：「罹患心因性厭食症的婦女，每年就有上百萬人，其中十五萬人並因此而死亡，為死亡率最高的一種精神疾病。」〔註46〕眼看「骨感美」尚未退卻，「健壯美」〔註47〕又緊接引領風潮，全民又開始上健身房，提倡「深蹲」〔註48〕、勤練核心肌群及雕塑身體曲線，只為了展現性感曼妙的身材。對於健康體態而言，老子〈二十二章〉云：「少則得，多則惑。是以聖人抱一為天下式。」〔註49〕「少」和「多」如同五色、五音、五味般易令人迷惑，唯有將形體和心智都放掉，回歸於「無」之後，才能讓精神層面展現出來。換言之，透過無掉有為的價值判斷，體認到外在形軀的差異乃因價值觀所造成的框架，若能無執於成見，並且覺察到自我生命的本質，方能展現自然而然的生命原貌；同時老子的無並非沒有，乃是解消人為的妄作，故少油少糖少鹽，讓身體無負擔下，血氣通暢自在，自然展現健康的體態。莊子在〈逍遙遊〉也藉許由之口提到：「名者，實之賓也，吾將為賓乎？鷦鷯巢於深林，不過一枝；偃鼠飲河，不過滿腹。歸休乎君！予無所用天下為。」〔註50〕鷦鷯在森林需要的不過是一根小樹枝，偃鼠在大河中不過要的是一小口的水，人在世間活著不過要的是一張床，一頓溫飽，過度

　　　因此非常害怕肥胖。通常有狂吃後又催吐，表面上看起來體重得宜，實際上卻不是正常的生活型態。朱元珊主編、陳德馨、龍芝寧、顏麗娟：《健康與護理》（臺北：美新圖書公司，2011 年），頁 22。

〔註46〕 Kirk G ,Singh K ,Getz H. : Risk of eating disorders among female college athletes and non-athletes : *Journal of College Counseling* , 4, 2013, P122.

〔註47〕「健壯美」是一個將肌肉量增加到極致的訓練過程，增加肌肉的同時也必須減少體脂肪以使的皮膚下的肌肉線條更加明顯。健美是增進身體外觀的方法，也是一種競賽。現在的健美體態顛覆傳統性感的定義，主要想傳達給大眾美麗不再是靠節食來達成，而是靠健身、訓練、充足睡眠以及正常飲食。此族群通常利用固定頻率的基礎核心肌群訓練來進行身體曲線雕塑，推崇健身帶來眾多效益，包括擺脫肥胖、遠離疾病、減少體脂、幫助血液循環等。筆者認為此文化影響到當今廣告媒體提倡的「人魚線」、「馬甲線」、「蜜桃臀」等健身部位。DK Publishing 著、許育達、應充明、陳壹豪、鄭明昇譯：《核心訓練圖解聖經》（臺北：旗標出版公司，2015 年），頁 230。

〔註48〕「深蹲」（Squat），主要鍛鍊下半身的運動，會運用到大腿的力量和臀部肌肉，是 CP 值很高的有效運動，但要小心容易引起運動傷害。參考藍尹君：《鍛鍊，成為更好的自己》（臺北：三采文化公司，2015 年），頁 60。

〔註49〕（魏）王弼注：《老子道德經注》，收入於樓宇烈校釋：《王弼集校釋》（臺北：華正書局，1992 年），頁 55。

〔註50〕（清）郭慶藩注：《莊子集釋》（新北市：商周出版，2018 年），頁 32。

貪求會無法滿足，往外追求更多，最終造成身心疲憊。故從老莊哲學觀點而言，生命的真知來自於自然而然的感受與表現，若能在生活中實踐「不以好惡內傷其身」，方能不僅止於形軀上的存在，而是生命價值的昇華。當人回歸於自然而然的境界中，方能無執於外在形象的追求，重新看見屬於自己獨特的生命價值與意義，能夠自我欣賞，同時也能尊重他人，包括他人的體型樣貌。

（三）容貌部分

　　體態追求如此，相貌的追求更是，哈韓潮流影響「美容整型」業盛行，更滿足了人們對容貌對青春永駐的欲望追求，越老要越童顏，保養不夠進一步用手術緊抓美麗，用膠質讓嘴唇豐盈，施打肉毒桿菌以消除皺紋，隆鼻讓五官立體，拉皮讓膚質緊緻，太想留住青春，因而適得其反，已有多起案例顯示臉部因整型次數太多造成異常臃腫和醜陋。老子〈四十四章〉云：「甚愛必大費，多藏必後亡。知足不辱，知止不殆，可以長久。」〔註51〕貪愛過度容易浪費精神，耗損生命，想佔有更多反而導致禍害的來源，若能知足減少私欲，無掉對身體的執著，無掉對貪婪的追逐，讓無為顯現，生命就能恢復原本的自在暢快。老子〈十二章〉更指出：「是以聖人為腹不為目，故去彼取此。」〔註52〕王弼注曰：「為腹者以物養己，為目者以物役己，故聖人不為目也。」〔註53〕聖人的修養，重點在「以物養己」，如同「實其腹」指的是滿足最基本的生存需求，胃平常除了餓以外，平常感受不到它的存在，飽了就足了；但眼睛就不一樣了，因視野往外觀看，容易攀緣造成多欲多求，變成「以物役己」的物質奴隸，故老子強調放下向外的貪求，讓內心返回平靜，達到自然無為的自在。當以「自然」觀來實踐生命的價值內涵時，方能跳脫外在容貌的缺陷，不因感官追求而有所減損，而是自我價值的真實展現。現代人一天到晚整型，越整越奇形怪狀，若能自安其形，回歸老莊天然就是本然的精神，人就不需要刻意去整型，並冒失敗甚至喪失生命的風險，某個意義來講也是由老莊自然觀去呈現容貌上的看法。以現今國內外整型之風如此之盛行，其實都可以回到自然觀的精神有所對治。老莊或許不是解決這些問題的唯一方式，但老莊對於容貌的觀點卻能給

〔註51〕（魏）王弼注：《老子道德經注》，收入於樓宇烈校釋：《王弼集校釋》（臺北：華正書局，1992年），頁122。

〔註52〕（魏）王弼注：《老子道德經注》，收入於樓宇烈校釋：《王弼集校釋》（臺北：華正書局，1992年），頁28。

〔註53〕（魏）王弼注：《老子道德經注》，收入於樓宇烈校釋：《王弼集校釋》（臺北：華正書局，1992年），頁28。

予世人深層的啟發。

（四）長生部分

臺灣自 1993 年起邁入高齡化社會以來，65 歲以上老人持續攀升，2014 年底臺灣老人年口有 280 萬 8,690 人，已達 12.0%，衡量人口老化速度之老化指數為 85.7%，近十年間增加了 36.7 個百分點，〔註54〕這些數據顯示臺灣已進入人口老化快速的國家之一。面對死亡的恐懼，國人不斷追求延長餘命，在長生方面，老子〈第五十章〉云：「人之生，動之死地，亦十有三。」〔註55〕指出有些人知道生命可貴，反而太過愛其身，違背自然，最終提早走向死亡；對比今日，練神功吃補藥無奇不有，光保健食品在臺灣一年的市占率就有三百億以上，有人為求長生保健食品竟然一次吞七到八顆，地下電台賣藥盛行，在追求不死的過程，反而服用過多藥物無法代謝，導致終年洗腎的情況。老子〈第十三章〉提到：「吾所以有大患者，為吾有身，及吾無身，吾有何患？」〔註56〕一般人對於憂慮死亡，想極力佔有身體延長壽命，反而過猶不及加速邁向病苦死亡，故老子說的「無身」就是「無掉形體的執著」，對於身體要放下形體的限制，化掉形體感官帶來的刺激，回歸到「無」的境界。莊子在〈德充符〉也藉與惠施之辯提到：「是非吾所謂情也。吾所謂無情者，言人之不以好惡內傷其身，常因自然而不益生也」又說：「道與之貌，天與之形，無以好惡內傷其身。今子外乎子之神，勞乎子之精，倚樹而吟，據槁梧而瞑。天選子之形，子以堅白鳴！」〔註57〕明白指出身體的形貌皆得之於自於天道的自然，當中提到的「無情」是指無掉虛妄我執之情，勿以自己的喜好而傷害它，經常以順應自己如此的狀態去運行它，不要刻意去執著長生，才能不被長生所掌控。至於伴隨年齡面臨的老化問題，關注的應是老年人的健康餘命，而非平均餘命，運用樂齡社區、「樂齡行動導航」〔註58〕、長照服務等資源，幫助老年人找到認同、

〔註54〕 蔡淑鳳、徐永年、陳淑芬、沈淑華、林湘宜：〈社區老人心理社會健康促進之經驗模式探討——以臺中市為例〉，《護理雜誌》第 62 卷第 4 期，2015 年 8 月，頁 19。

〔註55〕 （魏）王弼注：《老子道德經注》，收入於樓宇烈校釋：《王弼集校釋》（臺北：華正書局，1992 年），頁 134。

〔註56〕 （魏）王弼注：《老子道德經注》，收入於樓宇烈校釋：《王弼集校釋》（臺北：華正書局，1992 年），頁 29。

〔註57〕 （清）郭慶藩注：《莊子集釋》（新北市：商周出版，2018 年），頁 220。

〔註58〕 「樂齡行動導航」是一種 APP 軟體，目前線上已累計 16,000 樂齡種子、20 個

參與社區，與人互動，培養健康身心，進一步預防失能、失智、憂鬱的狀況，達到健康老化。

第二節　健康的心理狀態

　　面臨困境的生存之道，是人類從古至今所探求的，透過道家《老子》的生活哲學深入研究消解壓力之道，進而獲得心靈安頓，是本節研究的核心重點。接下來將分成：「面對壓力之影響及因應」及「老子思想在解消壓力之啟示」兩點論述。

一、面對壓力之影響與因應

　　由於社會變遷，科技的不斷求新，人們的生活步調也逐漸加快，所承受的壓力也相對增加，但是挫折忍受度卻逐漸下降，新聞報導上慘絕人寰的社會事件不斷上演，不是因為長期在生活壓力下造成精神疾病，最後帶著家人走上絕路，就是面對感情、工作問題，無法解決最後選擇「自殺」[註59]，一再讓吾人了解到心理健康的重要，以下就壓力本身定義、影響及如何因應作探討：

（一）壓力對身心的影響

　　人只要活著就有壓力，因為每天所有人都需要與壓力共存。張蓓貞先生表示：「壓力是個體對環境中的刺激所引發不特定的反應。」[註60] 陳美燕先生認為：

　　　壓力是由於心理、環境因素或生理壓力源所產生的一種不和諧的感
　　　受，或威脅人體恆定狀態的現象。[註61]

單位約 10,000 筆資料匯入平台，已超過 10 萬人點閱，對於尋找老人相關保健服務的問卷調查，滿意度高達 78%。目前醫療整合僅限臺中，期待未來各城市也能陸續開發。詳見蔡淑鳳、許伯任：〈臺中市政府衛生局樂齡行動導航平台建置〉，《地理資訊系統》第 8 卷第 1 期，2014 年 1 月，頁 8。

〔註59〕「自殺」是指結束自我生命的行動，是一個全球性的問題，每年全世界大約有 100 萬人死於自殺，在臺灣從 1997 到 2009 年，連續 13 年蟬連國人十大死因之列，引起關注。2013 年在總排名為第 11 名死因，標準化死亡率為每十萬人口 12.0 人，為中度盛行率區域。姚卿騰：〈臺灣社區心理衛生政策回顧、發展現況及未來展望〉，《護理雜誌》，第 62 卷第 4 期，2015 年 8 月，頁 5。

〔註60〕張蓓貞：《健康促進理論與實務》（新北市：新文京出版社，2011 年），頁 158。

〔註61〕陳美燕總校閱、張淑紅、洪麗玲、萬國華、蔡慈儀、蕭雅竹、趙曲水宴、高月梅：《健康促進與人生》（新北市：啟英文化事業公司，2012 年），頁 10 之 6。

說明當人感受到威脅時，身體就會採取各種反應以維持身心平衡，所以只要能引起生理或心理變化的不和諧狀態就是壓力。Leventhal 和 Tomarken 兩位學者指出：

> 若以醫學角度解釋壓力是身體對刺激所做的反應，心理學上則是探討壓力對個體之複雜的心理歷程，甚至從社會學來看壓力對個體與社會環境互動的結果。〔註62〕

換言之，一個人處於心理健康的狀態，方可維持自己內心世界與外在環境的平衡關係，不僅能充分發揮自身潛力，達到自我實現，還能感染他人並維持良好的人際關係；反之，若長期處於壓力狀態下，也有可能出現適應不良的狀況，畢竟每個人對於壓力的感受程度皆不同，面對壓力的反應也因人而異，而過大或持續性的壓力，易讓人長期陷入緊張、焦慮不安中，產生情緒困擾，進而危害身心健康，對個人健康發展與人際互動都有莫大影響。然而，吾人常不把壓力當成壓力，因為神經系統已經長期處在緊繃的狀態下，調節不回來，所以常把有壓力的狀態當作正常的狀態，一旦有身體的症狀，例如：容易偏氣無法呼吸順暢或胸悶，在醫療儀器檢測正常仍舊持續產生，這就是壓力點已上來。若再忽略產生的症狀，身體就開始為了吾人的生存而做保衛戰，啟動其他功能代償而讓身體恢復平衡，於是第一順位代償的器官就容易因為過度耗竭的結果而產生疾病。所以當覺察身體有異樣時，就需立即處理，因為身體功能是環環相扣的，往往不會忽略症狀而轉好。故壓力本身是無法避免的，唯有去面對處理，才能降低壓力對身體所造成的慢性傷害。然而，壓力並非十惡不赦，適當的壓力是好的，它能有效幫助吾人進一步的學習提升。當面對適當的壓力時，身體自主神經系統也能夠自我調節，透過不斷的調節，神經系統涵納的範圍就能擴大，且更有彈性；相對的，壓力瞬間來的超過負荷，比壓力更大的創傷就會產生，因為神經系統無法容納巨大的壓力，就會瞬間產生凍結或解離狀態，以幫助當事人承受過大負荷的折磨。此過程狀況有所差異，往往是受到個人體質、文化背景、價值觀等影響，故無需懼怕壓力，只要時時覺察自己的身體，

同時楊定一先生也認為：「壓力是身心對任何擾亂平衡的改變所產生的自然反應，當我們的認知與期待不符合時，或無法完全掌控我們的失望感時，壓力就會出現。」楊定一：《真原醫》（臺北：天下雜誌文化公司，2013 年），頁 180。

〔註62〕 Leventhal, H. & Tomarken, A.: Stress and Illness: perspectives form health psychology. In Stan V. Kasl & Cary L. Cooper(Eds.), *Research methods in stress and health psychology*, 1987, P27.

不論生理或心理起了微妙變化的當下，可透過自我調節恢復，進而穩定身心的健康狀態。總之，學習自我調節能力是現代人生存的關鍵。

（二）面對壓力的因應之道

美國心理學家 M. Jahoda 指出：「心理健康的人，對自我有正確的認知，具有自我實現的能力和統一安定的人格，自我調適能力佳，對現實世界有正確感知能力，且具有較強的應變能力。」〔註63〕也就是說心理健康的人在面對適度壓力時，多採正向自我肯定、激發潛能方式迎擊，洞察時勢客觀分析後，隨機應變妥善處理；反之，過大或持續性的壓力，易讓人長期陷入緊張、焦慮不安中，易產生情緒困擾，進而危害身心健康，對個人健康發展與人際互動都有莫大影響。然而，壓力本身是無法避免的，唯有去面對處理，才能降低壓力對身體所造成的慢性傷害，以下歸納多本醫療叢書後，針對心理健康提供五點減壓的方法：（1）減壓前自我省思：先了解自己面對壓力的身體徵兆，若能越早察覺便能儘早處理壓力，徵兆出來時，首先找出壓力來源與強度，是外在環境的壓力還是內在的心理壓力，接著問自己面對壓力時的狀態，是屬於越戰越勇還是脆弱害怕，最後了解自己的性格，是 A 型緊張完美人格或是 B 型隨遇而安性格，才能安於當下。（2）改變生活的型態：抓回生活的節奏，讓自己的思維更柔軟有彈性，重新選擇合宜的目標去完成，過程中不斷調整期望和需求，以符合現實情境，反覆的調整，可培養較高的壓力容忍度。（3）學習放鬆的技巧：選擇自己喜愛的興趣，例如：彩繪、閱讀、運動、插花等，或者生理的放鬆活動，例如：自我催眠、按摩、靜坐、瑜珈、氣功等，搭配性格及生活方式，並符合自己的身心狀況，找到屬於自身的放鬆狀態。（4）解決當前的問題：先找出造成情緒感受的關聯事件，了解問題後，列出解決方法，排除不能實行的，列出可以實行的，評估可行性後，可尋求協助討論清單上的解決方法，最後決定策略並逐步實行。（5）尋求外在的力量：當遇到困難時，可善用外在的資源，可提供愛與關懷的師長及親友，必要時向心理諮商單位請求協助。〔註64〕上述

〔註63〕劉青雯、萬彝芬、呂蘭花：《健康與護理》（臺中：育達文化事業公司，2011 年），頁 107。

〔註64〕綜合張芬蘭、張若蘭、楊育英：《健康情感管理》（臺北：幼獅文化事業公司，2011 年），頁 45；林柏每，楊育英，王榕芝，林珍玫，張芬蘭，楊秀梅，蔡宜家，賴孟娟，蘇敏慧：《健康與護理》（臺北：幼獅文化事業公司，2008 年），頁 80～82；劉青雯、萬彝芬、呂蘭花：《健康與護理》（臺中：育達文化事業公司，2011 年），頁 90～96；朱元珊、陳德馨、龍芝寧、顏麗娟：《健康與護

為提供自我調適的具體方法，雖然皆有減壓的成分在，但針對功效而言，仍有許多人在面對過大或持續性的壓力時無法調適，導致長期陷入緊張、焦慮不安中，產生情緒困擾，進而影響生活節奏、工作效率，危害身心健康。若要心理健康，必須回歸生命的源頭，去掉人為造作，學習「致虛守靜」的功夫，才能獲得身心安頓。

二、老子思想在解消壓力之啟示

當今公衛護理提倡的方式確實含有減壓的成分在，但針對功效而言，仍無法根本解決憂鬱焦慮、失眠不安、文明病叢生的問題，此時道家的「存有治療學」[註65] 提供了另一種可能的途徑，若能以「靜為躁君」(〈二十六章〉)[註66]，方能虛掉人為造作，回歸生命的源頭，獲得心理健康。故接下來將側重於「致虛守靜」的功夫，談論「心靈」[註67] 安頓之道，本文的壓力探討主要側重「面對身心誘惑消融之道」、「成癮物質的解消之途」、「生命壓力的對治之源」三點論述聚焦：

（一）身心誘惑的消融之道

現今社會充滿各式各樣的誘惑，老子說：「禍莫大於不知足，咎莫大於欲得，故知足之足，常足矣。」(〈四十六章〉)[註68] 奢靡的風潮影響著日常生

理)》(上)（臺北：美新圖書公司，2011 年），頁 46～50。

[註65] 「存有的治療學」指的是建立在天地人我通而為一的存有連續觀之上的說法。林安梧：〈語言的異化與存有的治療——以老子《道德經》為核心理解與詮釋〉，《鵝湖月刊》第 8 期，1992 年 6 月，頁 31。另外，亦可參考林安梧：〈老子《道德經》首章之詮釋與重建——論「存在場域」「生命護養」兼及於「意義治療」，《鵝湖月刊》第 30 卷 6 期，2004 年 12 月，頁 18；程志華：〈由「意義治療」到「存有的治療」——林安梧關於異化問題之嶄新的思考，《中山大學學報》第 2 期，2014 年 7 月，頁 117；林安梧：〈《太上老君說常清靜經》的意義治療學〉，《鵝湖月刊》第 405 期，2009 年 3 月，頁 33。

[註66] （魏）王弼注：《老子道德經注》，收入於樓宇烈校釋：《王弼集校釋》（臺北：華正書局，1992 年），頁 69。

[註67] 在中國傳統思想而言，儒道兩家的哲學，僅有身心二分的義理格局，靈歸屬於心，故心靈連稱。不過，我們有天道、心性與形氣的三層區分，形氣是身，心性是心，而靈當歸屬在天人感應與合一的時候顯現，筆者就此脈絡將心及靈合併在心理健康。參考王邦雄：《生命的實理與心靈的虛用》（臺北：立緒文化公司，1997 年），頁 12。

[註68] （魏）王弼注：《老子道德經注》，收入於樓宇烈校釋：《王弼集校釋》（臺北：華正書局，1992 年），頁 125。

活各個領域，為滿足虛榮心及購買慾，常追求許多高價名牌及最新的 3C 產品，過度鑽研外在的物質享受，聲色刺激，不安現狀又經不起誘惑的價值觀，開始了先享受後付款的刷卡消費習慣，以債養債，借錢還息的現況造就「卡奴」〔註69〕一詞產生。患得患失的追求下，不斷撩撥人心，要不起甚至不擇手段巧取豪奪，導致社會問題層出不窮，對於名利追逐、權位爭奪、經濟蕭條、工作壓力大等再再導致身心俱疲，不得平靜。《抱朴子內篇·至理》說：「身勞則神散，氣竭則命終。根竭枝繁，則青青去木矣。氣疲欲勝，則精靈離身矣。」〔註70〕《黃帝內經·素問》也提到：「歧伯曰：嗜欲無窮，而憂患不止，精氣弛壞，榮泣衛除，故神去之而病不愈也。」〔註71〕由此得知，人常處於嗜好及欲望的干擾或者憂慮不安的狀態下，容易導致身勞氣竭，百病叢生。自從臺大情殺事件〔註72〕後，社會開始討論「人生勝利組」發生了什麼事？大眾認定的「高材生」通常指的是成績分數的評斷並非是全方位的評估，學生階段想成為「高材生」都有一套具體步驟，但出社會後會發現人生並沒有所謂的標準流程，一路順遂反而無法接受生命的種種挫折，這就是老子說的：「禍兮福之所倚，福兮禍之所伏。（〈第五十八章〉）」〔註73〕指出禍中有福的因，福中也含禍的因素，關係相當微妙，當

〔註69〕 臺灣「卡奴」的問題根據銀行業者評估，全臺灣「卡奴」人數近 70 萬。目前臺灣經濟人口約 1,100 萬人，70 萬「卡奴」表示每 100 名有收入的臺灣人中，就 6 個人是卡奴，而累計金融機構對於雙卡的債權已超過新臺幣 8,000 億；銀行公會統計數據顯示，臺灣信用卡累計至 2005 年已突破 4 億 5 千多萬張，相較 2004 年年增率為 2.97%，循環信用餘額也在 2005 年屢創新高，其中更以 2005 年 11 月單月循環信用餘額高，達近 5,000 億元為最。不僅如此，截至 2005 年底全年簽帳金額為 1 兆 4,209.84 億元，預借現金金額為 215569 億元，由此數據顯示出臺灣信用卡危機的前兆。參照蔡依玲：《預支型活風格與信用貸款：臺灣「卡奴」的社會學分析》（臺北：私立天主教輔仁大學社會學系碩士論文，2006 年），頁 6～8。

〔註70〕 王明：《抱朴子內篇校釋》（北京：中華書局，1985 年），頁 110。

〔註71〕 （清）張志聰集注：《黃帝內經集注》（杭州：浙江古籍出版社，2002 年），頁 101。

〔註72〕 張姓男子是建中畢業、臺大土木工程研究所的高材生，曾率系隊參加「臺大我最宅」電玩比賽奪冠，並獲「臺大宅王」的榮譽，與被害人林女剛從臺中教育大學幼教系畢業要求復合不成，殺紅眼往林女頸部又砍了約 23 刀，林癱死在地，他還不罷休追砍，更褪下女友短裙，再朝胸、腹、下身砍約 10 刀，直到氣力放盡後自殘。張無生命危險，由員警戒護就醫中。〈臺大宅王情殺幼師〉：《中時電子報》，2016 年 06 月 04 日，網址 http://www.chinatimes.com/newspapers/20140923000358-260102（2023 年 7 月 14 日）

〔註73〕 （魏）王弼注：《老子道德經注》，收入於樓宇烈校釋：《王弼集校釋》（臺北：華正書局，1992 年），頁 151。

看懂了就不會羨慕別人的成功而心生欲求；看懂了也會更平靜的看待自身的「寵辱得失」(〈第十三章〉)，〔註74〕相信自己沒有那麼優秀，也沒有如此不堪，接受真實的自我，才能讓心安於每個階段，品味自己獨一無二的人生。

（二）成癮物質的解消之途

當在面對生活的難題和衝擊時，容易感到不安及憂傷都是屬於壓力下的正常反應，大部份的人都能復原，但有些人對於困境、挫折或情緒釋放，會採取「菸」、「酒」、「檳榔」或者「藥物濫用」的方式因應，這些物質都具有成癮性及耐藥性，使用一段時間就會導致生理及心理的依賴，最可怕的是染上毒品，不僅身心受到危害，也危害社會觸及法律。針對心理的困頓，老子提出先要了解生命的有限性，他云：「飄風不終朝，驟雨不終日。孰為此者？天地。天地尚不能久，而況於人乎？」(〈第二十三章〉)〔註75〕法天道以明人事，是近年學界對於老子道論一個很重要的解釋，老子取法於天地之理作為一個人生應用的有效原則，本文非孤名先發，乃是承學界主流論述，順此說明天地都不能長久了，更何況是人，不論是成癮物質對身體的過量殘害或是心知追逐的貪婪欲望；莊子在〈養生主〉也說：「吾生也有涯，而知也無涯」〔註76〕，生命軀殼有限，心知造作無邊，總想以有涯追無涯是不可能的事，認清人的有限後才能認「命」，進而「安」心。能認命後，老子也表示：「天下皆知美之為美，斯惡矣。皆之善之為善，斯不善矣。」(〈第二章〉)〔註77〕生命之所以會有苦痛就是來自於分別，放下美醜善惡的心知，無掉所有世俗判斷的標準，學習涵養自身的心，莊子〈人間世〉說：「虛者，心齋也。」〔註78〕讓心清明回歸虛靜，用虛靜觀照萬物，便能「虛室生白。」〔註79〕回到無知無欲的虛靜狀態，

〔註74〕 出自於《老子》第十三章：「寵辱若驚，貴大患若身。何謂寵辱若驚？寵為下，得之若驚，失之若驚，是謂寵辱若驚。」（魏）王弼注：《老子道德經注》，收入於樓宇烈校釋：《王弼集校釋》（臺北：華正書局，1992年），頁28。

〔註75〕 （魏）王弼注：《老子道德經注》，收入於樓宇烈校釋：《王弼集校釋》（臺北：華正書局，1992年），頁57。

〔註76〕 （清）郭慶藩撰、王孝魚整理：《莊子集釋》（新北市：頂淵文化事業公司，2001年），頁115。

〔註77〕 （魏）王弼注：《老子道德經注》，收入於樓宇烈校釋：《王弼集校釋》（臺北：華正書局，1992年），頁6。

〔註78〕 （清）郭慶藩撰、王孝魚整理：《莊子集釋》（新北市：頂淵文化事業公司，2001年），頁147。

〔註79〕 出自〈莊子·人間世〉中談論心齋的一段：「瞻彼闋者，虛室生白，吉祥止止。夫且不止，是之謂坐馳。」引自（清）郭慶藩撰、王孝魚整理：《莊子集釋》

身心獲得安頓，自然就能去除對於成癮物質的「心理性依賴」〔註80〕，至於「生理性依賴」造成的「戒斷症狀」〔註81〕可搭配西方醫學協助減緩，例如：戒菸時「尼古丁」〔註82〕劑量延續的生理性成癮問題，可利用行政院衛生署國民健康局辦理的「戒菸門診」，依照專業醫療團隊（醫師及戒菸衛教師）的指示下搭配藥物治療，可減輕生理性的戒斷症狀，有助提高戒菸率。另外，更可以透過參加各醫院及衛生所舉辦的戒菸班獲得團體性的支持及學習調適技巧，或者利用張老師基金會戒菸諮詢專線 0800-63-63-63 取得個別化的戒菸諮詢服務與陪伴，最終解消成癮行為。值得一提的是，若能讓心持續守在「虛靜清明」狀態，維持穩定的內在抗壓系統，足以因應外在的事件，加上個人強烈的戒菸信念及社會大眾的接納支持，方能大大降低復發的機率。

（三）生命壓力的對治之源

還有一群人在面對長期壓力除了無法適應外，逐漸在認知行為上出現短期或長期的障礙，嚴重時還改變性格和人際關係，甚至興起自殺的念頭，這些徵象大多已罹患精神疾病。根據臺灣衛生福利部統計，領有身心障礙手冊的慢性精神個案共有 122,538 人，幾乎占所有身心障礙總人數之 10.73%；近十年臺灣慢性精神個案者激增 1.57 倍，〔註83〕目前常見的有「焦慮症」〔註84〕、

（新北市：頂淵文化事業公司，2001 年），頁 150。

〔註80〕 「心理性依賴」指的是自己清楚持續或重複用藥，會加重身心問題，卻仍無法克制的持續使用。李榮煌、廖德琇：《西藥服務需知》（臺北：台視文化出版社，2003 年），頁 29。

〔註81〕 「戒斷症狀」指中斷或停止使用成癮物質後，所產生的身心改變，一般是暫時的現象，常見的有流淚、打哈欠、出汗、緊張、嘔吐、腹瀉、抽筋、譫妄、痙攣、失眠等現象。黃松元、陳正友：《健康與護理》（臺北：幼獅文化事業公司，2006 年），頁 9。

〔註82〕 「尼古丁」會刺激中樞神經，具有中樞神經性分及提神的作用，會增加心跳速率，提高血壓及引起末梢血管收縮，長期下來容易導致心臟血管方面的疾病，是造成菸癮的主要物質。引自林柏每、楊育英、王榕芝、林珍玫、張芬蘭、楊秀梅、蔡宜家、賴孟娟、蘇敏慧：《健康與護理》（臺北：幼獅文化事業公司，2008 年），頁 83。

〔註83〕 黃玉珠、王育慧：〈伴我路遙遠──家屬及公衛護理師照護社區精神病患之現況與困擾〉，《護理雜誌》第 62 卷第 4 期，2015 年 8 月，頁 26。

〔註84〕 「焦慮症」可被定義為是一種不安、不愉快、不確定或可怕的主觀感覺，其導因可以是實際的或主觀感受到的威脅。一般常見的焦慮症有廣泛性焦慮、恐慌症、畏懼症及強迫症等。（蕭淑貞：《精神科護理概論‧基本概念及臨床應用》（臺北：華杏出版社，2009 年），頁 395。

「憂鬱症」〔註85〕、「躁鬱症」〔註86〕、「精神分裂症」〔註87〕。暫不論器質性造成的精神疾病，本文聚焦在對於生活嚴重失調的現況論述，當然老子只是一個可能性，並非能夠解消所有症狀，但其觀點對於一個病人而言，有一種藥效之外的放鬆效果，扶以此部分而言，老子提出：「故物或行或隨，或歔或吹，或強或羸，或載或隳。是以聖人去甚、去奢、去泰。」（〈第二十九章〉）〔註88〕面對自然界的現象，不可偏執，回歸於人自身也應順其自然，不要太極端、太過奢持、太過欲求。人造成壓力的原點，往往在於心知的貪求，常期待成功的人生，害怕即便做到最好，還是不夠。人會擔憂意味著對現在的結果不滿意，渴望變成想成為的，於是擔憂就在介於「現在的」和「想成為」的中間創造出來。而擔憂也是兩者的空隙，空隙越大，擔憂就越大，反覆的擔憂造成恐懼，放不下過去形成「憂鬱症」，擔憂未來便得了「焦慮症」。

故老子提出：「虛其心，實其腹；弱其智，強其骨。常使民無知、無欲。」（〈第三章〉）〔註89〕回「無知、無欲」的狀態，虛掉人的執著，放下汲汲營營的心智，安於當下的生活；王弼注：「守其真也。」〔註90〕守住虛靜，讓心清空，便能達到體道而「坐忘」〔註91〕的境界，離形去知後，心歸於平靜，全然

〔註85〕「憂鬱症」已被聯合國世界衛生組織視為與癌症、愛滋病並列的新世紀三大疾病。指持續兩週以上幾乎整天情緒低落，失去興趣，失眠或嗜睡，食慾差，體重下降，無助無望感，自殺意願或企圖等，有分成輕度、中度、重度三種等級。參考陳長安、周勵志：《精神疾病治療與用藥手冊》（臺北：全國藥品年鑑雜誌社，2010年），頁111。

〔註86〕「躁鬱症」又稱「雙極性情感疾患」，是指病人週期性的呈現躁期和鬱期，情緒有兩極端的變化與擺動。病患在鬱期時症狀如同重鬱症之症狀，處於躁期時，會有持續情緒高昂或激動、活動量增加、睡眠需求減少等情況。蕭淑貞：《精神科護理概論‧基本概念及臨床應用》（臺北：華杏出版社，2009年），頁372。

〔註87〕「精神分裂症」：目前仍無法確定病因，在行為認知上出現幻覺、妄想、混亂或怪異行為，思考流程鬆散、缺乏動機、社交退縮等情形。朱元珊、陳德馨、龍芝寧、顏麗娟：《健康與護理》（下）（臺北：美新圖書公司，2011年），頁163。

〔註88〕（魏）王弼注：《老子道德經注》，收入於樓宇烈校釋：《王弼集校釋》（臺北：華正書局，1992年），頁76。

〔註89〕（魏）王弼注：《老子道德經注》，收入於樓宇烈校釋：《王弼集校釋》（臺北：華正書局，1992年），頁8。

〔註90〕（魏）王弼注：《老子道德經注》，收入於樓宇烈校釋：《王弼集校釋》（臺北：華正書局，1992年），頁8。

〔註91〕出自《莊子‧大宗師》：「墮肢體，黜聰明，離形去知，同於大通，此謂坐忘。」（清）郭慶藩注：《莊子集釋》（新北市：商周出版，2018年），頁202。

活在當下。唯有守住當下，完全接受自己時，才不會有擔憂，因為存在本身是不會擔憂的，擔憂是未來指向，來自於想像，創造出擔憂。人生不是一條線，而是一連串的點所累積而成，當放慢生活腳步去享受一個片刻接著一個片刻時，這就是「慢活」。而在擺脫對物質瘋狂的迷戀，重新選擇簡單生活的同時，身體將會覺得被關注到。例如：在走路的當下，就是一切；換句話說，走路不是要到什麼地方，而是走路本身就是目的。若能安於當下，焦慮就會消失，與身體合一時，「致虛守靜」的境界就會產生，當下就是最真實的自己，不需要偽裝，完全放下，壓力自然解除，獲得完全的自由。

追求心靈安頓是古今嚮往的和諧境界。透過詮釋老子「致虛守靜」的義涵，了解虛是無欲的意思，透過虛靜，無掉人為的造作，讓心歸於平靜。而功夫即是境界，虛靜並非兩層涵義，虛與靜是並生的，當生命透過無為解消躁動，同時也靜入無躁的境界中。其二將壓力對身心的影響做個分析，探討壓力形成原因及因應之道。最後藉由探究道家的「虛靜」修養功夫融入社會現況，從中獲得三點結論：在消融身心誘惑方面，透過虛靜接受真實的自我，不跟隨外在寵辱得失走，讓心安於當下，方能自在面對誘惑；解消成癮物質方面，接受成癮物質對身體過量造成的殘害，並面對物質背後心知追逐的貪婪連結，回到身心安頓，方能去除對於成癮物質的心理性依賴；對治生命壓力方面，面對生活失調導致的總總身心疾病，回到壓力的原點乃自於心知的貪求。若能虛掉人的執著，安於當下，壓力自然解除，獲得完全的自由。

故透過老子的智慧方式指引世人，要解放心靈，必須回到壓力的源頭，去除耳目私欲，跳脫現實功利主義，安命並放下世俗批判的準則，全然活在當下。當無掉一切的人為造作時，方能轉變成正向行為，改善生活方式；在心靈呈現虛空狀態的同時，壓力得到釋放，身心立即獲得安頓。以目前醫學角度而言，內在心理狀態是個案能否戒除成癮的成功關鍵，若能透過意義式的心性療法面對心理性的成癮，再加上西方醫療的藥物及物理減壓療法面對生理性成癮，方能提升成癮解消之病症，方能幫助世人在面對誘惑、成癮物質或者心理壓力時，獲得解決之道。當心能時時保持清靜無為，回歸生命的源頭，這就叫「歸根」，故美好的人生就從虛靜中展現。

三、老子思想在創傷療癒之啟示

「創傷帶走語言。如果不能用語言連結我們的生命經驗，它將更進一步掘

洞於我們的內部存在。」〔註92〕人的一生總會經歷過大小不同的事件與經驗，不論是天災人禍，亦或與親人、朋友間的關係衝突，即使已被腦部的記憶區塊暫時遺忘，然而吾人的身心系統並不曾忘懷這些尚未完結的情緒、以及未被釋放的能量，因而堵塞其中呈現出不同形式的身心症狀，烙印在吾人生命中，直到有一天開始懂得如何轉化、接納、釋放它為止。然而，如何讓吾人生命經驗得以從有恃到無恃，回到自身逍遙自在的境界，早在古老的中國文化裡就已流傳，林安梧先生認為：

> 道家的精神重在場域的生發與調節；正因為這根源的總體、總體的
> 根源之道所起的生發與調節的作用，因而有著一「道療」或者說是
> 「存有的治療」的功能。〔註93〕

道家著重當下所處的場域與發生時的狀態調節這理念，與創傷療癒中所提到在衝擊事件的當下，神經系統自我調節的穩定性是決定後續引發創傷壓力的關鍵論述不謀而合。換言之，道家老莊的道療思想可以做為紓解人心的禁錮的方式，以治療者的角色出現在人間，透過老子的智慧深入探究創傷壓力的消融之道如何被現代人所實踐，是接下來要的議題。以筆者多年在精神科病房的護理經驗而言，處理較為嚴重的創傷個案時，主要以透過藥物及心理諮商治療為主。由受過專業訓練的醫生評估後，開立合適藥物供個案服用，以減少恐懼和緊張。然而，在藥效可能還需幾週後才會發揮穩定效用的同時，也會轉介給具有治療經驗的心理專業人員接手，以協助個案面對重大衝擊時，所造成的身心凍結狀態。藉由面對事件造成的恐懼癱瘓反應，有意識地追蹤各種不愉快的身體感受及影像思緒，將有為的身心造作，經由「虛」的功夫逐一消融，恢復生命原本的自在美好。若吾人可接受上述觀點，那麼老子在心境上的修養必然有助於吾人在療癒創傷壓力上的實際行為。透過道家整全的身心靈面向觀照生命個體，幫助吾人在面對創傷衝擊身心造成解離的同時，也喚醒身體存有的復原本能。

以創傷療癒的角度而言，許多看似平凡的生活事件，都有可能是引起創傷的潛在誘因，不愉快的經驗能量會影響身體的神經系統，最常透過身體的症狀

〔註92〕Keri Lawson-Te Aho: The Healing is in the Pain: Revisiting and Re-Narrating Trauma Histories as a Starting Point for Healing. *Psychology & Developing Societies*, vol. 26, 2, 2004, P181.

〔註93〕林安梧：〈「新道家」、「意義治療學」及其對現代性的反思〉，《宗教哲學》第42期，2007年12月，頁52。

顯現出來，輕則在日常生活中不由自主地感到恐懼、焦慮，重則直接在身體某些部位僵化與情緒上產生凍結，姑且將能量堵塞後的身心症狀，作為創傷內化（Ttaumatized）的表徵。至於如何因應及自我調節，以下針對當前創傷後反應及自我調節探討，再談虛靜思想對創傷療癒之啟示，如下：

（一）創傷後反應及自我調節

根據美國精神學會診斷「創傷壓力症候群」（Post-Traumatic Stress Disorder，簡稱 PTSD）的定義標準為：

> 一個人暴露在創傷事件的因子中經歷或見證的事件，實際涉及或威脅人身傷害，進而產生感情強烈的恐懼，無助。〔註94〕

通常分為侵犯、迴避和過度警覺三個症狀：侵犯的症狀通常是經常性產生入侵的圖像或事件，包括令人傷痛的回憶，倒敘痛心的夢想或思想造成的麻木反應；躲避症狀包括逃離關於創傷事件相關的活動或場所，避免情感及思想的再次傷害；在過度警覺症狀方面，則容易出現在睡眠困難，煩躁不安，注意力不集中和誇張的驚恐反應中。〔註95〕換言之，創傷壓力症候群形成的條件通常是受到驚嚇的個案，在認為自己完全被困住，沒有逃脫機會的可能下，情緒就在強烈恐懼與癱瘓之間相互影響，這就是創傷的形成、延續、解構根本因素。當今無論是解剖學或者生理學的機轉皆可證實，人和其他哺乳類動物或靈長類一樣都有相同的求生反應區。在面對劇烈的恐慌時，皆會產生「戰或逃」的反應，如同草原上的動物在奮力拚搏後，即將被禽的同時，瞬間產生的凍結反應。Peter A. Levine 表示：

> 任何生物在察覺到強烈致命危險時，共同的生物本能反應就是癱瘓與情緒閉鎖（paralysis & shutdown），把這種與生俱來的反應稱作「驚恐癱瘓」（tonic immobility）。〔註96〕

然而，「癱瘓」與「凍結」其實只是一種自我防衛機轉，其作用在避免讓吾人直接面對當下無法負荷的生命事件。只是在解離難以承受的身心狀態時，同步

〔註94〕American Psychiatric Association. : *Diagnostic and statistical manual of mental disorders* (4th ed., Text Revision). Washington, DC: Author. 2000.

〔註95〕歸納文章來源 Priscilla Dass-Brailsford and Amie C. Myrick: Psychological Trauma and Substance Abuse: The Need for an Integrated Approach. *Trauma, Violence, & Abuse*, vol. 11, 4, 2010, P 202.

〔註96〕Peter A. Levine 著，周和君譯：《解鎖》（臺北：商業周刊出版公司，1999 年），頁 67。

也堵塞了自身原有的生命之流。當無力從衝擊的事件中復原，或者當下並未立即獲得旁人充份的陪伴及持續性的協助時，就有可能產生身體及情緒上一連串的症狀形成創傷。如何轉化遺留的身心症狀，緊接將以虛靜思維提供吾人在面對創傷壓力時的自我調節工夫。

（二）虛靜思想對創傷療癒之啟示

Tim、Beatrijs 和 Willem 等學者皆認為：

> 面對心理創傷的倖存者，抑制創傷往往適得其反，要療癒創傷造成的記憶，應是著重幫助個案更具適應性的面對，而不是一昧的壓制。〔註97〕

這與道家的無為思維相互呼應，皆強調吾人面對所處環境的適應力，透過不斷「無為」的功夫，讓吾人保持內在的虛靜，當心處於清明的狀態，方能在面對一切的寵辱得失，皆能將起伏的情緒逐一轉化，讓身體能量保持順暢通達的狀態。故在遭遇衝擊事故的同時，也是一個自我覺察的機會，透過有意識地覺知，感受身心對於激動能量的釋放，不論是身體無法自主的顫抖、吶喊，亦或者是來自心理極大的焦慮、恐慌等，皆給予耐心等待。讓自身啟動完整的防衛機轉從開始到逐漸恢復穩定，經由自我調節的過程，方能轉化瞬間造成的傷害。其具體可行的方法為，養成隨時關注自身呼吸及脈搏的習慣，因為非自主神經系統的運作是窺探吾人自律神經系統是否處於穩定狀態的重要媒介。在覺察面臨危險時，身體會啟動「戰或逃」之防衛機轉，同時自律神經系統會釋放大量的腎上腺素，引發心跳加速、呼吸急促等，以準備戰鬥。當威脅離開後，必須有意識帶著覺察，如同動物般將全身激動能量釋放後再離開。而當中評估自我調節穩定的準則最簡易的方式就是呼吸和心跳，若呼吸和心跳能夠恢復原有的次數，表示身體能量已從堵塞逐漸復原到平衡的狀態，神經系統趨向穩定，方能影響情緒逐漸回歸平靜。故無需懼怕創傷因子的來臨，只要時時覺察自己的身體，不論生理或心理起了微妙變化的當下，可藉由自我調節恢復身心平衡，進而復原到健康穩定的狀態。因此，經由敏銳的覺察，觀照內在將變未變之幾，方能由「虛靜」到「躁動」，進而面對外在衝突時，再由「躁動」達「虛靜」之消融狀態。另外，擁有創傷療癒的基本知識後，若在當下又能及時出現

〔註97〕 Tim Dalgleish, Beatrijs Hauer, and Willem Kuyken: The Mental Regulation of Autobiographical Recollection in the Aftermath of Trauma. *Current Directions in Psychological Science*, vol. 17, 4, 2008 , P259.

給予安定力量的支持者，建立一個安全的復原環境，將更有助於個案整體激動能量的完整釋放，方能喚醒身體強大的調節機制，處理當下雜亂無章的情緒，恢復本有的平靜。故生命轉化的力量來自於吾人自身的內心，總之，學習自我調節能力是現代人生存的關鍵。

　　每個凍結的反應，都代表著一個沒有說出來的故事。透過老子的「虛靜」思想開啟吾人面對創傷時的自我療癒路徑，是本文的核心重點。「虛靜」是一種心境上的修養工夫，並不是完全都沒有，而是以自然的方式為之。透過虛掉心中的執著，解消有為的造作，讓人回歸到自在逍遙的素樸境界。同時老子也提醒吾人時刻帶著覺察，留意一切外在毀譽產生的「寵辱若驚」（〈第十三章〉）〔註98〕，守住虛靜的工夫，方能保持生命之流的自在與通暢。因此，如何降低面對衝擊情境時造成的創傷，可透過「虛靜」的功夫，虛掉過去或當下因有為形成的焦慮及恐懼。過程當然不是立即就能無掉全部造作產生的創傷，而是一步步讓情緒在接納與抗拒中來回擺盪，逐漸解消身心的感受，接續帶來更深的釋放。這樣的改變能夠促使吾人的身心再次連結，重拾自然無為的生命節奏，回到一種充滿祥和與平靜的感受。通常在此狀態下，更能專注於眼前事物，活在當下，重新回歸生活軌道並與社會產生連結，也就是道家提倡的自然通達的境界。透過有意識地覺察，感知面對創傷時產生的身體變化，藉由不斷「虛靜」的工夫，穿越當時形成創傷時的症狀反應，帶著覺知完成當下激動能量的釋放，逐一消融癱瘓凍結時的堵塞能量，始其再次流動，讓吾人的身心系統恢復穩定的自我調節，回到生命的通達自在。

四、健康心理的具體實踐

　　針對壓力及創傷的困頓，老子除了給吾人指引外，莊子在〈養生主〉也表示：「吾生也有涯，而知也無涯」〔註99〕，生命軀殼有限，心知造作無邊，總想以有涯追無涯是不可能的事，認清人的有限後才能認「命」，進而「安」心。能認命後，無掉所有世俗判斷的標準，學習涵養自身的心，莊子在〈人間世〉說：「虛者，心齋也。」〔註100〕讓心清明回歸虛靜，用虛靜關照萬物，方能「虛

〔註98〕（魏）王弼注：《老子道德經注》，收入於樓宇烈校釋：《王弼集校釋》（臺北：華正書局，1992年），頁30。

〔註99〕（清）郭慶藩注：《莊子集釋》（新北市：商周出版，2018年），頁91。

〔註100〕（清）郭慶藩注：《莊子集釋》（新北市：商周出版，2018年），頁112。

室生白。」〔註101〕回到無知無欲的虛靜狀態，心獲得安頓後，方能啟動副交感神經以紓解壓力。從醫學角度而言，在人體的腦部有個和動物一樣的原始腦和遍及全身的神經系統，其中在自律神經系統部分，細分為交感與副交感神經兩部分，交感神經負責提升新陳代謝，執行戰或逃的反應。若因生活緊湊的壓力，而讓暫時的戰逃反應成了習以為常的生活慣性，就會導致交感神經長期處於負荷過重的狀態，進而影響睡眠、消化等生理機能運作；反觀，副交感神經能夠幫助身體放鬆，透過刺激副交感神經，可以恢復身體的平衡和諧狀態。楊定一先生認為：

> 放鬆反應證實是以副交感神經為主，能對治日常生活的焦慮、恐懼和壓力心態；身體放鬆狀態近似動物的深沉夏眠，新陳代謝會變慢；尤其靜坐者腦部前端和中間的腦波落在 α 到 θ 的範圍（8～12 赫茲），這代表人是清醒的，而非深層無意識狀態。〔註102〕

換言之，身心常處於虛靜安頓的狀態時，方能活化副交感神經，並延長其作用，讓身體重回和諧機制，促進正常功能之運作；同時預防與解消交感神經過度活耀的後果，例如：心血管疾病、焦慮、憂鬱等身心失調的後遺症。故虛靜的工夫也可視為人在面對壓力時，一種可自主、可訓練的方法，以面對現代社會上的壓力。另外，讓心回到虛靜狀態後，也會影響身體荷爾蒙的運作，Tang 學者提出：

> 皮質類固醇是人體在壓力情境下所釋放的主要壓力荷爾蒙，能增加血糖濃度，使身體快速獲得能量，有助活化神經系統；研究發現接受靜坐訓練後的實驗組，皮質類固醇的濃度都比較低，代表壓力反應也比較低。〔註103〕

換言之，啟動人類求生反應的壓力賀爾蒙（腎上腺皮質醇），會時常處於備戰狀態，導致身體緊繃，一心多用。經由虛靜的工夫整合身心的功能，梳理出一套因應壓力的機制，幫助吾人在面對壓力、處理事務及環境變化時擁有絕佳的

〔註101〕 出自《莊子·人間世》中談論心齋的一段：「瞻彼闋者，虛室生白，吉祥止止。夫且不止，是之謂坐馳。」引自（清）郭慶藩注：《莊子集釋》（新北市：商周出版，2018 年），頁 114。

〔註102〕 Young, J. D.-E and E. Taylor : Meditation as a voluntary hypometabolic state of biological estivation. *News in Physiological Sciences* 13(3) , 1998, P149.

〔註103〕 Tang, Y.-Y. et al. :Short-term meditation training improves attention and self-regulation. *PNAS* 104(43), 2007, P17152.

適應力。故透過守住虛靜，讓心清空，方能達到體道而「坐忘」〔註104〕的境界，離形去知後，心歸於平靜，全然活在當下。與身體合一時，當下就是最真實的自己，不需要偽裝，完全放下，壓力自然解除，獲得完全的逍遙。

　　至於如何讓心回歸虛靜的具體進路，可藉由莊子教導吾人的「心齋」和「坐忘」工夫而循序漸進之，共分為三個層次，分別是「墮肢體」、「黜聰明」、「同於大通」，類似點如下：當中第一層次是「墮肢體」的「離形」，類通於「聽之以耳」，屬於身體感官的形體，老子〈十三章〉云：「吾所以有大患者為吾有身，及吾無身無有何患。」〔註105〕無身就是無掉形體的執著，「無身」類同於「離形」。在聽之以耳的過程，可先運用身體感官，作為疏導注意力的通道，舉例：在眼、耳、鼻、舌、身、意，當中挑選一至兩個感官功能相互搭配，反覆的練習，可幫助自身紛亂的注意力逐漸收攝到細微的觀照，例如：一開始可先找個安靜的空間，選擇自己最舒服的姿勢，像掃描器一樣追蹤身體的每個部位，順著觀想的部位，提醒它要放下，由頭部逐漸到腳底，重複一到兩次，以安定神經系統，解消緊張。佛教的白骨觀就是引發感官知覺的練習之一，透過一個觀想主題層層剝開，例如：觀看左耳時，從外表的形狀、輪廓到皮膚色澤、表皮地下的真皮層、到肌肉的紋理、到肌膜肌腱和筋條，最後化成一具白骨。透過練習幫助吾人從骨子裡的虛幻，看見現實生活的樣貌也如夢幻泡影。留意在觀想過程，越放鬆越容易觀想出主題的畫面，無須刻意操作某個標準，若過程有出現其他不相干的畫面，也不用去追蹤，因為畫面本身不具任何意義。另外，也可運用聽覺的感官幫助自身回到虛靜狀態，楊定一先生說：

　　　　聲音就像一股有利的氣旋，在向上旋啟的過程中勾起並傳達心識，
　　　　是幫助靈性覺醒的強大導體。〔註106〕

換言之，聲音是有力量的媒介，透過聲波的共振更接近人體的頻率，影響身體的每個細胞，進而影響心靈，過程中運用了發聲的感官，可收攝注意力，做為引導意識流動的通道。例如：有效的聲音療法，嗚音的作用，它是地球本身最基本聲音的振動。Peter A.學者認為：

〔註104〕出自《莊子‧大宗師》：「墮肢體，黜聰明，離形去知，同於大通，此謂坐忘。」（清）郭慶藩注：《莊子集釋》（新北市：商周出版，2018年），頁202。
〔註105〕（魏）王弼注：《老子道德經注》，收入於樓宇烈校釋：《王弼集校釋》（臺北：華正書局，1992年），頁29。
〔註106〕楊定一、楊元寧：《靜坐的科學、醫學與心靈之旅》（臺北：天下雜誌公司，2014年），頁86。

鳴是一種強調等待與容納的聲音治療，透過聲音的震動引導到腹部，
使得90%的感覺迷走神經能夠強烈的影響10%從腦部傳遞到臟器的
訊息，讓案主內在環境恢復平衡。〔註107〕

換言之，透過腹部深處與吟誦產生的共鳴，它能擴展並振動身體的五臟六腑，
以溫和的方式將新的能量傳遞到閉鎖或過度刺激的神經系統上。當然還有其他
聲音也都能幫助靜心，例如：頌缽的缽發出的共振、持誦開悟者的真言咒、大
自然的風聲雨聲海浪拍打聲等。〔註108〕透過聽覺感官接收到的聲音，引發吾人
內在的和諧，回到合一的境界。現代人生活過於忙碌，一心多用下，若只用單
感官靜坐效果有限，透過動態的唱誦，較容易適應。上述運用感官收攝注意
力的工夫，它只是方法，千萬不可抓著不放，當最後達到忘的境界時，甚至根
本不需要刻意觀想或者留意呼吸，因為這不過是幫助吾人領悟的一種展現方式。

其次，第二層次是「黜聰明」的「去知」，類同於「聽之以心」，用心智產
生對事的意識與成見，老子云：「咎莫大於欲得。」（〈四十六章〉）〔註109〕太
多的心智巧詐，貪欲堆疊容易讓人迷失，「棄智」類同於「去知」。透過內觀或
數息的方式讓意識回到內在，觀看念頭的來去，有可能會出現悲傷、煩躁、不
安、快樂、喜悅的感受，不需要做任何的處理，包括立即壓制感受並設法推開，
或者緊接追蹤背後的經驗。只需要微笑的觀注它，知道它的存在，把心思帶回
當下的靜心練習，泰然自若地觀照感受，於是就會發現各種感受如同念頭一樣
的自由來去，很快消失。另外，在內觀的同時，可以想像自己是一具已死的軀
殼，因為既然死了，就沒什麼好在意的，如此能幫助自己更進入放下的狀態。
依此方法循序練習，到最後會發現人只要活著，念頭就會不斷出現，要徹底清
空，完全一念不生是不可能的，只能如同《零極限》〔註110〕一書所說不斷的
清理再清理。最終會體悟自己只不過是念頭來去的通道，甚至到後來連通道也

〔註107〕 Peter A. Levine 著，周和君譯：《解鎖》（臺北：商業周刊出版公司，1999年），
頁140。

〔註108〕 大自然原本就安住在本來面目的完美和諧中，其散發出寧靜的無聲之聲，也
就是莊子說的天籟。

〔註109〕 通行本老子的經文中多從人的知巧好利面向容易讓人迷失，例如：「絕聖棄
智，民利百倍」（〈第十九章〉）「甚愛必大費」（〈四十四章〉）。（魏）王弼注：
《老子道德經注》，收入於樓宇烈校釋：《王弼集校釋》（臺北：華正書局，1992
年），頁45、122。

〔註110〕 Joe Vitale、Ihaleakala Hew Len, PhD.著，宋馨蓉譯：《零極限：創造健康、平
靜與財富的夏威夷療法》（臺北：方智出版社，2005年）。

沒有了，這就是「道通唯一」的境界。

最後，第三層次是「同於大通」的「坐忘」，類同於「聽之以氣」，「忘」表示想得開，放下一切得失，解放內心的枷鎖，老子云：「為學日益，為道日損。損之又損，以至於無為，無為而無不為。」（〈四十八章〉）〔註111〕能「無（損）」掉外在的欲望，「無（損）」掉內心的寵辱，到最後連「無（損）」的念頭都沒有了，也就是「無為」的最高境界。張默生先生表示：「由墮聰黜明，更進一步而至於萬念俱空，純然是一種虛靜的境界，而為『虛以待物』的狀態，就可說是達到處世的極致了」。〔註112〕故「離形去知」後的心靈呈現虛空狀態，方達「虛靜」的境界，這樣完全放鬆高速合一的狀態類同於科學上提出的「零能量消耗理論」。Davidji 學者認為：

> 「零能量消耗理論」常用來指一種深沉的靜心狀態，在這狀態下，大腦部會消耗能量，卻能處於一種極為清醒及平靜的意識狀態；當大腦能在這樣高頻率狀態下，表現達到顛峰，能使不同神經網路同步，建立一個強勢的神經迴路；進入此狀態，會放下強烈的自我個體感，進而與外在世界合一。〔註113〕

換言之，達「忘」的狀態，不單帶來身心的平衡與健康，更開啟了吾人嶄新的視野與格局，透過忘的胸懷，接納遠大於人類有限世界的種種可能。在忘的意識場域中會充滿創造力，因為唯有空白的心境才能反過來如實的呈現世界，處處將發現難以言喻的驚喜，「虛室生白」的心靈，方能不帶偏見地勾勒出全新的構想。另外，現代人有很多的身心問題大多來自於過去的創傷，也就是當時激動能量凍結在身體裡阻塞後所形成的心結，唯有重新面對束縛，再次解開心結，方能讓身心獲得全然的釋放；換言之，當氣脈全通時，身體沒有阻礙，「虛以待物」方能與天地同，與萬物合一。

第三節　健康的社會支持

Stokols 學者在 1996 年提出促進健康的生態環境架構，源自於渥太華憲章

〔註111〕 （魏）王弼注：《老子道德經注》，收入於樓宇烈校釋：《王弼集校釋》（臺北：華正書局，1992 年），頁 127～128。

〔註112〕 張默生：《莊子新譯》（臺北：天工書局，1993 年），頁 113。

〔註113〕 Davidji. Secrets of Meditation: A Practical Guide to Inner Peace and Personal Transformation. *Hay House*, Inc., 2012, P87.

之主要概念的延伸，強調健康行為和健康促進之研究需具有社會生態的觀點，其原因有四：（1）人類健康受到物質環境及社會環境的多方影響。（2）環境本身就是多面向的，可以是社會的或物質的、主動的或被動的、抽象的或結構的各種不同的面向。（3）人類和環境的交互作用有著多層次的聚集，包括小至個人、家庭、社區、大至社會、國家或世界。（4）人和環境是互動和回饋的。〔註114〕Schmid 和 Howze 學者認為：「促進民眾的健康，社會環境改變的策略應著重在改善與控制物理及社會的環境。」〔註115〕透過上述可得知，人類的健康受所處的環境影響，筆者認為要創造一個支持性環境來達到永續經營，所要採取的行動是牽涉許多層面的。然而，不論是人與人或人與環境的關係，現今專門學科研究的方式雖可維持社會的基本和諧，但在針對社會促進而言，仍無法根本消解現今由人心所激起的毀壞淡漠。若要促進社會健康，仍是要去掉人為造成的紛擾，與自身以外的人事物合一並存。故以下將側重老子「持儉守柔」之功夫，分成兩大點探討，以「物理環境中的環境衛生」角度論述「人與環境的互動」及以「社會環境中的社會支持」角度分析「人與社會的因應」，如下。

一、人與環境的互動

　　健康促進的理念推動多年，不論是實務工作或學術研究，皆認同「環境因素」在達成國家健康目標上扮演非常重要的一環。1972 年聯合國在瑞典斯德哥爾摩舉行第一屆人類環境會議（United Nations Conference on the Human Environment），該會議發表「人類宣言」，引發人類開始察覺到環境的問題，進而對環境教育投入關注與研究。〔註116〕在人本的環境學中，通常將人視為環境的主體，環境中包括的能量、空氣、水、土及其他生物，都視為客體或從物來研究；〔註117〕依公共衛生的醫護角度上，以環境衛生而言，世界衛生組織將「環境衛生」定義為：「控制人類活動環境中，對人體健康與生存可能有害的所有因素。」〔註118〕以下針對當前「環境衛生議題」及「老子思想對環境

〔註114〕 Stokols D.: Translation social ecological theory into guidelines for community health promotion. *Am J Health Promot*; 10，1996, P282.
〔註115〕 Schmid, T. L., Pratt, & Howze, E.: Policy as intervention: Environmental and policy approaches to the prevention of cardiovascular disease. *American Journal of Public Health*, 85(9), 1995, P1207.
〔註116〕 廖凌欣：《九年一貫課程環境教育融入的內涵與教學》（臺北：國立臺灣師範大學環境教育研究所碩士論文，2000 年），頁 12。
〔註117〕 沈中仁：《環境學》（臺北：大中國圖書公司，1975 年），頁 428。
〔註118〕 「環境衛生」之目的為預防疾病的傳染、促進生活環境品質及維護自然資源

永續之啟示」，兩點逐一探討之。

（一）環境衛生議題

　　影響環境的因素很多，隨著人類對於環境的予取予求，環境問題也隨之作用到人類身上，進而危害健康，目前受到國際間最重視的課題就是全球環境變遷。以臺灣而言，影響最大最廣的公害之一就是空氣汙染，主要以工廠、汽車所排出的廢氣為汙染源，容易引起各種呼吸系統的發病率和死亡率，甚至刺激眼結膜，使眼疾患者增加；而工業化與都市化的發展，大量的工業、家庭廢水汙染河川，排放的廢棄物導致病菌滋生、引起各種傳染性疾病，處理不當易導致水土汙染，更誘發癌症和急、慢性中毒。再來，娛樂場所、營造工程、交通工具所造成的噪音汙染，對神經、心血管、內分泌系統、睡眠品質等影響更為深遠；另外，大量抽取地下水造成地層下陷，山坡地濫墾導致的土石流現象，溫室效應造成的全球暖化，冰川退卻，氣候異常等更影響危及人類的生命安全。〔註119〕故人與環境之間存在著密不可分的關係，良好的環境是人類重要的生存權利，為求世代永續，健康樂活，應將保存自然資源視為每一個人的責任。

　　人類是地球生態體系的一部分，健康與整體環境更是息息相關，世界衛生組織也積極推動和健康環境有關的健康促進計畫，在全面提升環境品質時，萬國華先生提出四點基本原則供參考，一是找出環境中的危險因子消除或替代它；二是汙染物無法消除時，運用隔離降低危害；三是做好個人防護；四是推廣環境衛生教育，適時向專業機構諮詢。〔註120〕另外，《綠色行銷——企業創新的契機》一書也指出近年來開始推動綠色產品之環保標章制度，就是配合環保新觀念而設計，鼓勵營業單位從原料取得、產品製造、行銷使用、回收再利

與生態平衡。邱子易總校閱、王淑諒、洪文綺、林珠茹、洪錦墩、劉培懿、王惠玲、嚴毋過、顏效禹、崔清新、邱馨誼、廖秀珠、黃慧娜、何瓊芳、尹順君、張筱玲、林聖敦、陳萃婷、柯惠玲：《公共衛生護理學》（臺中：華格那企業公司，2010年），頁12之2。

〔註119〕參考林柏每、楊育英、王榕芝、林珍玫、張芬蘭、楊秀梅、蔡宜家、賴孟娟、蘇敏慧：《健康與護理》（臺北：幼獅文化事業公司，2008年），頁83；尹祚芊總校訂、阮玉梅、吳慧嫻、何瓊芳、吳麗玉、林月春、武茂玲、林麗美、洪秀吉、孫麗娟、張彩秀、張蓓貞、陳曉蓉、彭少貞、游紋英、萬國華、蔡綺妮、謝亞倫、江鳳華：《公共衛生護理學》（臺北：永大書局，2000年），頁9之4。

〔註120〕歸納陳美燕總校閱、張淑紅、洪麗玲、萬國華、蔡慈儀、蕭雅竹、趙曲水宴、高月梅：《健康促進與人生》（新北市：啟英文化事業公司，2012年），頁11～24。

用，在廢棄處置過程，能有效節省資源並降低環境污染，不僅促使業者投資開發綠色產品，同時引導消費者選擇對環境友善的產品。〔註121〕這種綠色消費潮流形成一股社會新文化，帶動環保與經濟，兼顧人文永續發展與自然共生的思維，讓人類在享受健康環境的益處時，也能愛惜環境資源，並將創造支持性的健康環境成為全民共同的責任。然而，上述方式雖可維持人與環境的基本，但在針對環境永續發展而言，仍無法根本消解現今由人心所激起的毀壞淡漠，由此可知，若要促進社會健康，仍是要回到生命的源頭，無掉人為造成的紛擾，學習「持儉」的工夫，才能與自身以外的環境合一並存。

（二）老子思想對環境永續之啟示

　　人和地球上所有的物種及環境都是緊緊相連在一起的，牽一髮而動全身。而人身為環節中的一份子，雖然捲入這場地球危機成為受害者之一，但更諷刺的是，人類同時也是難以推卸責任的元凶，故更應該去思考如何使居住的地球得以永續發展，是每一個人應盡的責任。沈清松先生便提到：

> 當前環境的各種危機是始自人心的貪得無厭，濫用自然，宰制自然。
> 其解決之道，就是今後每個人應學會度簡樸的生活，降低物質需求，
> 溫柔的對待地球。反樸歸真，見素抱樸，度素樸的生活，這是出自
> 我國古代道家哲學的教導，而不是晚近才在歐美、日本出現的新興
> 思潮。〔註122〕

換句話說，解鈴還須繫鈴人，環境的危機始於人心的貪欲，要終止危機也應從心靈環保做起，而近幾年出現的「樂活思想」與「簡樸生活」的口號，並非歐美、日本國家的專利，可說是兩千多年前的道家哲學在今日環境危機中的全新詮釋。

　　故老子對於人與環境的互動就曾表示：

> 天無以清將恐裂；地無以寧將恐廢；神無以靈將恐歇；谷無以盈將
> 恐竭；萬物無以生將恐滅。（〈第三十九章〉）〔註123〕

說明導致生態環境變遷絕非一夕造成，人對自然的長期破壞造成臭氧層出現

〔註121〕Ottman 著、石文新譯，《綠色行銷──企業創新的契機》（臺北：商業周刊出版公司，1999 年），271 頁。
〔註122〕沈清松：《簡樸思想與環保哲學》（臺北：立緒文化公司，1997 年），頁 3～4。
〔註123〕（魏）王弼注：《老子道德經注》，收入於樓宇烈校釋：《王弼集校釋》（臺北：華正書局，1992 年），頁 106。

裂洞，水土保持不良，濫捕撲殺引起生態失衡等，都一再爆發人類的生存危機。
筆者認為人與萬物應是互利共生，宇宙為一個整體，人在其中環環相扣，陳德
和先生指出：

> 老莊思想向來肯定天地人我的共生共榮、相容無礙，它從不認為人
> 與自然是主從的關係或對立的兩方，老莊思想且將這種和諧統一的
> 共生結構，當做存在的真象，並強調能夠支持、維護這種真象於不
> 墜者就是最高的道德。〔註124〕

換言之，在共生並容的觀點下，人和天地萬物間的差異，都可融於整全一體的
自然關係中，如同莊子〈齊物論〉所說：「天地與我並生，萬物與我為一。」
〔註125〕故人可以透過後天修養，而重新建構與天地萬物的和諧關係，這就是
一體而無對立的理想境界。值得一提，此觀念並非要統一各種差異，而是縱然
萬物有所不同，也能透過儉德，以無為對峙有為的造作，放下我執成見，以素
樸的心，尊重天地萬物生而平等的存在，方達共生共榮的和諧關係。綜合以上
得知，人類自私貪婪的結果承受的是全球環境浩劫，故應回到儉樸的心，也就
是現在常聽到的「簡單生活」〔註126〕，以「見素抱樸，少私寡欲」（〈第十九
章〉）〔註127〕的儉樸態度，尊重天地萬物，方能找回與自然和諧共處的方式。

　　聯合國明定 1990 年為「環境素養年」，培養民眾開始重視並掌握環境議
題，資訊越暢通越懂得如何著手，鼓勵盡己之力，從日常生活做環保，落實資
源回收，節能減碳，保護生態體系等，進而善用社會資源，目前政府已開始推
行環保政策，也讓企業界負起減少污染的責任，環保團體號召民眾參與資源回
收，結合社會力量，讓環保逐漸成為社會共識，主動由自身做起外，老子思想
貢獻給世人的環保思維除了「道法自然」、「復歸於樸」等概念，更包括以謙虛

〔註124〕　陳德和先生進一步肯定道家思想表示：「老莊思想如是之有機的宇宙觀，若當
　　　　　它是一種不亞於西方專業論述的環境哲學，其實一點也不為過。」陳德和：
　　　　　〈老莊思想的環境倫理學論述〉，《鵝湖月刊》，第 389 期，2007 年 11 月，頁
　　　　　25。
〔註125〕　（清）郭慶藩注：《莊子集釋》（新北市：商周出版，2018 年），頁 68。
〔註126〕　簡單生活（Simple living），或譯「簡樸生活」、「簡易生活」、「簡約生活」、「自
　　　　　求簡樸」（Voluntary simplicity）等，簡單生活像是緩慢變身的最終結果，當
　　　　　這樣的想法越來越強烈，依賴更少，更能自由和放鬆地生活，當然，也會生
　　　　　活得更加細緻與優雅。Dominique Loreau 著、張之簡譯：《理想的簡單生活》
　　　　　（臺北：如果出版社，2014 年），頁 8。
〔註127〕　（魏）王弼注：《老子道德經注》，收入於樓宇烈校釋：《王弼集校釋》（臺北：
　　　　　華正書局，1992 年），頁 45。

的態度面對自然環境，用尊重的心靈看待天地萬物，老子曾提到：「天地不仁以萬物為芻狗。」（〈第五章〉）〔註128〕，意味道生化萬物，自然而生，自然而有，並不偏私於任何物種，故人類不能視自己為大自然的擁有者，也不能將自己視為大自然的消費者，更不是支配者。由此角度論述，吾人並沒有資格對大自然資源予取予求，生態恣意妄為，應漸漸學會尊重大自然不同的樣貌，不要再像過去以人類利益考量為前提，按商業需要，為所欲為的進行地表改造工作。

　　面對全球環境變遷，生態失衡的議題，老子透過儉德之工夫進路，告訴世人在精神上應收攝自身的貪欲，不盲目追求；在行為上面對地球資源過度開發的情況，為求環境永續，應避免不必要的浪費，正好與推動綠色環保的「樂活」〔註129〕風潮不謀而合。持儉之人在作為上會關心環保議題，選擇綠色消費，遵守 3R3E 的六大原則，歸納如下：其一「減量原則」（Reduce），指的是避免購買過多的商品；其二「重複原則」（Reuse），指的是拒絕用過即丟的商品；其三「回收原則」（Recycle），指的是選擇可再生轉成原料的產品；其四「經濟原則」（Ecological），指的是包裝簡約耗材少省能源的商品；其五「生態原則」（Ecological），指的是使用天然原料減輕對生態的傷害；其六「平等原則」（Equitable），指的是不剝削勞工給予平等尊重的廠商。〔註130〕換言之，從改善消費行為做起，降低自然資源的損耗和汙染物的增加。面對全球暖化及氣候變遷，持儉之人也強調資源永續的生活方式，例如：落實資源回收，日常用品以「節能減碳」〔註131〕為考量，使天地恢復原有的秩序，達到人與天地萬物共贏的和諧境界。面對食安問題日益嚴重，持儉之人不貪圖美食口欲之享受，反到傾向選擇天然不加添加物的食材，故回歸到原味的食材就是身體最好的

〔註128〕　（魏）王弼注：《老子道德經注》，收入於樓宇烈校釋：《王弼集校釋》（臺北：華正書局，1992 年），頁 16。

〔註129〕　LOHAS 原文為「Lifestyles of Health and Sustainability」，音譯為「樂活」，意旨重視人類身心健康與地球永續環境的價值觀和生活型態。參照井手敏和著、拉拉譯：《樂活元氣》（臺北：聯經出版事業公司，2008 年），頁 3。

〔註130〕　王榕之、李美芳、張若蘭：《健康自我管理》（臺北：幼獅文化事業公司，2011 年），頁 10。

〔註131〕　節能減碳全民行動網公布 10 大措施：「冷氣控溫不外洩、隨手關燈拔插頭、綠色採購看標章、節能省水更省錢、鐵馬步行兼保健、每週一天不開車、選車用車助減碳、多吃蔬食少吃肉、自備杯筷帕與袋、珍惜資源顧地球。」〈節能十大無悔宣言〉：《行政院環境保護署》，2023 年 7 月 14 日，網址 http://ecolife.epa.gov.tw/cooler/default.aspx（2023 年 7 月 14 日檢索）

調理素,是最容易獲得大地綠色能量的方法。綜合以上得知,持儉之心能收攝精神,少思寡欲,避免過度的揮霍;持儉的行為能愛物惜物,珍惜自然資源的維護,生態環境就可平衡;持儉的飲食選擇能保留食材原味,留住營養價值,以提升自身的健康與活力。

二、人與社會的因應

　　雖然時代變遷,生活步調與價值觀衝擊下,已導致人與人的關係逐漸疏離,但仍可從中察覺社會支持的重要性,畢竟人是群居的動物,人與人之間如何和諧相處成了彼此重要的學問。以下針對「社會支持的重要性」及「老子思想對社會支持之啟示」,兩點逐一探討之。

(一)社會支持的重要性

　　Shumaker 及 Brownell 兩位學者在 1984 年發表的研究中,將各家學者的定義歸納成三個要點,一是認為社會支持是一種社會互動;二是表示個人經由社會支持的互動過程,能夠獲得心理上或實質上的幫助以增進適應環境的能力;三是提出不同的社會支持,各有獨特功能。〔註132〕陳美燕先生則認為:

> 社會支持是一種多向度概念,也是一種主觀的感受,是指個人藉由
> 人際關係的交流,感受到有意義他人所提供的愛與關懷,及對個體行
> 為、價值觀的肯定與認同,甚至提供實質性或象徵性的協助。〔註133〕

由此可知,社會支持所帶來的情感層面、傳遞的訊息和社會陪伴上的支持功能,可協助個人或的身心健康和安適,維持較高的生活品質。更值得思考的是人類是群居的動物,透過相互依賴衍生出的人際網絡,可成為我們因應壓力的資源,進而提升身心健康品質。

　　Cohen 和 Wills 兩位學者在探討社會支持與壓力、身心健康與安適的研究中,針對社會支持提出兩種假說,一是「主要效果」而言,無論個人是否存在壓力情境,社會支持大多能提供正向經驗,以滿足個人情感安全、受肯定、歸屬及社會接觸上的需要,直接促進個人身心健康及幸福感,並能減輕壓力對個體所產生負面影響,而間接增進健康;另一則是「緩衝效果」,指的是在壓力

〔註132〕Shumaker, S. A. & Brownell, A. : Toward a theory of social support: Closing conceptual gaps. *Journal of Social Issues*, 40(4),1984, P11.

〔註133〕陳美燕總校閱、劉影梅、張淑紅、江季蓁、洪麗玲、蕭雅竹、許青雲、趙曲水宴、陳文詮、陳麗華、高月梅:《健康促進》(新北市:啟英文化事業公司,2014年),頁9之2。

情境下,社會支持能緩衝壓力對個體健康的負面影響,而間接對身體健康及生活適應產生正面的效果。〔註134〕Cassel 學者在 1974 年也指出:「社會支持在壓力的社會心理歷程中扮演關鍵的角色,對個人而言具有緩衝與保護的作用。」〔註135〕因此,若能擁有良好的人際關係,可提供彼此適當的支持,減緩生活壓力及憂鬱情緒,降低自殺意念增加幸福感,同時也擁有愛人及被愛的能力,並獲得高自尊與歸屬感的心理健康。

心理學家馬斯洛提出的需要理論(Maslow's Needs Theory)中,愛與歸屬是人類生存的基本需求,在成長過程中,每一個人都是需要被接納、被愛、被關注與支持的。因此,人際關係在人類的發展而言尤其重要,若要得到社會支持,必須增進人際關係,首先必須先培養受人喜歡的特質,例如:真誠、親切、幽默感等,與人相處時,能尊重接納對方,誠心讚美與善意批評,多用「我訊息」表達內心感受,避免人身攻擊,再來掌握溝通原則,學習傾聽、同理對方真實感受,對方也能自我表露,便能建立良好的互動關係,最後,難免會遇到衝突情形,要了解衝突不見得都是壞處,鼓勵彼此說出心裡感受,試著站在對方立場,學習建設性的處理衝突。〔註136〕以上為促進人際關係的具體作法。然而,上述人際相處的方式,雖可維持社會的基本和諧,但針對社會促進而言,仍無法根本消解由人心所激起的爭奪貪欲。故要促進社會健康,仍是要回到生命的源頭,不要刻意的人為造作,學習老子「守柔」的功夫,方能與自身以外的人事物合一並存。

(二)老子思想對人際互動之啟示

人在成長的過程會需要被接納及關注,因此,人際關係就在人類的發展歷程中占了極為重要的位置。若要得到社會支持,吾人當以增進人際關係的方法為首要,以自身而言,溝通即是人際關係的基礎,亦是建立和維繫人際關係的重要途徑。沈介文先生認為:

〔註134〕 Cohen, S. & Wills, T. A. Stress, social support and the buffering hypothesis. *Psychological Bulletin*, 98(2), 1985, 310～351. ; House, J. S.& Kahn, R. L.: Measures and concepts of social support. *Social Support and Health, 21*, 1985, P83.

〔註135〕 Cassel, J.: Psychosocial processes and stress: Theoretical formulation. *International journal of Health Services*, 4(3), 1974 , P471.

〔註136〕 參考朱元珊、陳德馨、龍芝寧、顏麗娟:《健康與護理)》(上)(臺北:美新圖書公司,2011 年),頁 52～56;陳俊瑜總校閱、莊佳霖、方郁文、王惠珠、祁安美:《健康管理》(新北市:全華圖書公司,2012 年),頁 13。

> 溝通是一種分享、心靈交會、以及彼此了解的過程；溝通的一般定
> 義是指一方經由一些語言或非語言的管道，將意見、態度、知識、
> 觀念、情感等傳達給另一方的歷程。〔註137〕

換言之，溝通是一種有意義的社會互動行為，發生在個人或團體間，個人可透過各種管道，將想傳遞的訊息透過編碼傳遞給對方。在與人互動的過程，老子的「守柔」姿態方是一種無執無私的展現，提醒吾人放掉自身的價值判斷，用柔軟包容的心去覺察他人感覺及情緒流露。藉由確實傾聽、瞭解並與他人情緒產生共鳴，進而對於他人給予情感的「反映」，如同老子〈第十六章〉提到「滌除玄覽。」〔註138〕王邦雄先生說：「人可以虛靜，就像一面鏡子這樣照現天下萬物」。〔註139〕玄覽就是明鏡，與人溝通時如水又如鏡。一個心境夠柔軟的人，不管遇到何人，都能因應不同對象採取對應的談話方式，以達契機。西晉道士郭象注：「虛其心則至道集於懷也。」（《莊子·人間世》）〔註140〕明代大師釋德清注：「虛乃道之體也。」（《莊子·人間世》）〔註141〕道在虛靜下才能彰顯出來，進而「精神生於道」。道家精神乃在道通為一，形而上的道可透過守柔的工夫，柔軟的展現，讓吾人能泯除自身與外界的阻隔，無內外之分的生命通達之境。不以個人對於世界的偏見去判斷，讓應對的人事，都能從吾的生命中穿流而過，同莊子〈應帝王篇〉所提「至人之用心若鏡，不將不迎，應而不藏，故能勝物而不傷。」〔註142〕意指萬物情境映入心鏡後，皆可客觀的反射出去，順應宇宙萬物，絲毫不受扭曲，能做到如此，是因放下身體感官及內在的巧智

〔註137〕 沈介文、陳銘嘉、徐明儀：《當代人力資源管理》（臺北：三民書局，2004 年），頁 349。

〔註138〕 （魏）王弼注：《老子道德經注》，收入於樓宇烈校釋：《王弼集校釋》（臺北：華正書局，1992 年），頁 20。

〔註139〕 王邦雄先生更進一步認為，在照現天下萬物的過程還可以：「『盡物而不傷』」你可以把萬物充盡的實現，而不會壓抑他的某一部分，不會掩蓋他的某一部分，就是看到他的整體。大家一起看到真相實情，叫『唯道集虛』，而對每一物來說，全部被看到，叫『勝物而不傷』。人的修養可以把天道的實現原理，拉到人間來，這叫修行、道行」。王邦雄：《走在莊子逍遙的路上》（臺北：臺灣商務印書館，2004 年），頁 201～202。

〔註140〕 （晉）郭象撰、（唐）成玄英疏：《南華真經注疏十卷》，收入於嚴靈峯編輯：《無求備齋老列莊三子集成補編》第 20 冊（臺北：成文出版社，1982 年），頁 109。

〔註141〕 （明）憨山大師：《老子道德經憨山解》（臺北：新文豐出版社，1982 年），頁 15。

〔註142〕 （清）郭慶藩注：《莊子集釋》（新北市：商周出版，2018 年），頁 219。

執著，用「無我無恃的意識或意志去觀照天地萬物的存在，是天地人我皆如其
所如而適其適」〔註143〕，與天地合一，以道應萬物，方能無傷。換言之，最
高境界的人在運用心智時，猶如一面明鏡，純粹反射所有相對應的事物，並無
好惡的偏見，也不排斥任何照到的人跟物，更不會藏匿所反射的任何現象，因
此能保存現象的完整性，這就是「同理心」〔註144〕的最高境界。因此，在與
人溝通時，透過心境柔軟的狀態，聆聽並覺察自身的感覺，進而表達自己的感
覺，同時也能聆聽並覺察他人的感受，進而回饋他人的感受，方可經由感覺及
觀念的分享，使得彼此關係更為親密，以達和諧狀態。故以謙下不爭的身段處
事，柔軟包容的心境應對，這就是老子柔弱處下的智慧之道。

　　上述談論個人部分應先讓自身的心柔軟，以無執無私之心應對他人，進而
增進社會支持，接下來針對群體的部分進行探討。近幾年出現的「健康城市」
與「社區行動」的口號，並非歐美、日本國家的專利，可說是兩千多年前的道
家哲學在今日對於社會支持一詞的全新詮釋。〔註145〕老子提出：「小國寡民，

〔註143〕 成玄英在《莊子注疏》中說的：「心有知覺，猶起攀緣，氣無情慮，虛柔任物。」
　　　　（晉）郭象撰、（唐）成玄英疏：《南華真經注疏十卷》，收入於嚴靈峯編輯：
　　　　《無求備齋老列莊三子集成補編》第20冊（臺北：成文出版社，1982年），
　　　　頁112；陳德和先生將「氣」解讀成高乎耳官心知之有對的一種無我吾恃的
　　　　意識或意志；這種無我無恃的意識或意志，同時也是我們發現世界之意義、
　　　　貞定人生之真諦的主觀力量。參考王邦雄、陳德和合著：《老莊與人生》（新
　　　　北市：國立空中大學，2013年），頁135。
〔註144〕 Hoffman 認為個體完整經過認知歷程的反應，自然產生情緒上的波動，並展
　　　　現與對方相稱的反應，才算展現適切的同理心。（Hoffman, M. L.：*Empathy and
　　　　moral development: Implications for caring and justice.* Cambridge: Cambridge
　　　　University Press. 2003, P.10.）
〔註145〕 健康城市是世界衛生組織（World Health Organization，簡稱WHO）為了因應
　　　　20世紀社會及環境的轉變造成對居民健康的影響，鼓勵地方政府將健康的議
　　　　題納入政策，並結合經濟發展及社區發展一起推動健康的全球性策略。在
　　　　1986年第一屆世界健康促進大會所倡議之「渥太華健康宣言（Ottawa Charter
　　　　for Health Promotion）」，透過建立健康的公共政策、創造支持性環境、強化社
　　　　區行動、發展個人健康技能及調整健康服務方向等五大行動綱領，來達到全
　　　　民健康的目的。Hancock 和 Duhl 兩位學者認為：「對健康城市的定義係指一
　　　　個具有持續創新，並改善城市中的物理和社會環境，同時又能強化且擴展社
　　　　區資源，讓社區民眾彼此互動、相互支持，實行所有的生活功能，進而發揮
　　　　彼此最大潛能的城市。」本文側重於創造支持性環境與友善社區來呼應老子
　　　　的哲學思維。（WHO:"Ottawa Charter for Health Promotion", Health Promotion,
　　　　1(4), iii-v. 1986. ; WHO : Twenty Steps for Developing a Healthy Cities Projects.
　　　　3rd. ed ,1997. ; Hancock , J. & Duhl , L. : Healthy cities: Promoting health in the

使有什伯之器而不用，使民重死而不遠徙。……使人復結繩而用之。」(〈第八十章〉)〔註146〕科技的進步是無法退回結繩而生的時代，但是「小國寡民」及「儉樸的心」是可以學習的。筆者認為「小國寡民」如同現在的小型社區〔註147〕，一個國家再大，也是從一個小區一個小區連結起來的。時代變遷，許多城市急遽變化後，人人成為知識分子，公民意識抬頭，國家開始由人民作主，各地也都從早期便民服務，轉變為當地的「社區」自治，小至各棟大樓「自治委員會」，大至各鄉鎮的「社區發展協會」。此發展的重要理念目的在鼓勵居民共同參與討論及行動，一起營造出彼此期待的社區樣貌。除了有地區環境的改造計畫，也推動友善社區及終身學習，這時候敦親睦鄰更顯得重要，當以守柔為體，謙卑為用。將謙卑處下作為處世原則，可消除爭端，人際關係上受人愛戴，也能與居民和平相處。

另外，網路社群與生態美學當今已有許多期刊專書，甚至碩博士論文研究此議題，本文在當代老學研究的立場上，統合各家的要旨，以守柔不爭作為本文的呈述面向。但以本文的論述主題而言，若讀者有興趣可以參考筆者引證之文獻〔註148〕。筆者認為除了具體有形的小型社區外，還有一種無形的「小國

---

urban conte Mt. Copenhagen : WHO Europe. 1986.）

〔註146〕 （魏）王弼注：《老子道德經注》，收入於樓宇烈校釋：《王弼集校釋》（臺北：華正書局，1992年），頁190。

〔註147〕 「社區」指的是在同一區域中，居民形成對外自主、對內互助合作的社會體系，並且基於生活環境的共同性，自然發展出一種禍福與共的鄉親情感。參照陳怡婷：《社區廣播與社區營造——以「親子讀經快樂營」節目與「花蓮縣讀經學會」為例》（臺北：私立慈濟大學傳播研究所碩士論文，2010年），頁34。

〔註148〕 陳良瑋：《網路社群酸民文化分析之研究：以BBS為例》（臺南：國立臺南大學教育學系科技發展與傳播碩士論文，2014年）。劉品昇：《探討網路社群集體亢奮之社會意涵——以批踢踢CCR版為例》（臺北：私立輔仁大學大眾傳播學研究所碩士論文，2014年）。許孟勛：《網路社群自我揭露行為、人際關係與黏著度之研究》（彰化：國立彰化師範大學資訊管理學系所碩士論文，2013年）。賴嘉音：《探討影響網路社群知識分享影響之因素——社會交換理論觀點》（臺中：私立靜宜大學資訊碩士論文，2014年）。張瑋晨：《以社會網路分析來探討網路社群互動結構——以Facebook粉絲專頁為例》（高雄：國立高雄應用科技大學資訊管理研究所碩士論文，2013年）。江佳穎：《從網路社群意識探討新聞媒體的社群經營——以蘋果日報臉書粉絲專頁為例》（新竹：玄奘大學大眾傳播研究所碩士論文，2013年）。吳孟軒：《網路社群能動性傳播之社會效應研究—以新浪微博舉報中國貪腐事件為例》（臺北：私立中國文化大學中山與中國大陸研究所博士班，2014年）。劉晏廷：《大學生

寡民」就是「網路社群」〔註 149〕。現今因網路社群發達下，網路成為不可忽
視的力量，〔註 150〕而網路網民的集結運動也是臺灣的另類文化之一。雲端系
統使得人不需要透過實際的相處而直接在網路上形成一個社群，一個小國，而
網路的小國家其實帶給社會的影響有好有壞，大多時候是弊大於利。〔註 151〕
這時候老子用「儉」字提醒吾人靠後天來修養「不爭」之德，用「柔」的姿態

生活壓力、網路社群社會支持、與復原力之研究——以 Facebook 為例》（臺
北：臺北市立教育大學心理與諮商學系碩士論文，2012 年）。蔡蕙如：《網路
社群功能、使用滿意與人際關係傾向間之關聯——以桃園市國民小學高年級
學生為例》（桃園：私立開南大學商學院碩士論文，2015 年）。張心怡：《臺
北市國小高年級學童網路社群使用與自我揭露之研究》（臺北：私立銘傳大學
教育研究所碩士論文，2014 年）。陳淑芬：《情感性與工具性目的的網路社群
使用者之主觀幸福感——社會支持與自我狀態分享的中介效果》（桃園：私立
健行科技大學企業管理系碩士論文，2014 年）。林佳縈：《健康網路社群對於
社群成員健康行為之影響》（嘉義：國立中正大學醫療資訊管理研究所碩士論
文，2014 年）。陳秋美：《以老子環境生態思想反思臺灣水資源永續發展》（新
北市：私立華梵大學哲學系碩士論文，2013 年）。王淑樺：《環境汙染及其解
題——以老子環境倫理思想為進路》（桃園：國立中央大學哲學研究所碩士論
文），2012 年。沈春木：《老子環境倫理思想》（嘉義：私立南華大學哲學研
究所碩士論文，2006 年）。鄧敏：〈解讀老子《道德經》中生態環保思想〉，
《昭通師範高等專科學校學報》第 29 卷 6 期，2007 年 12 月。劉大雄：〈基
於老子道家思想分析的企業生態環境保護謅議〉，《經濟視野》第 4 期，2014 年
4 月。楊麗娟：〈從《老子》「勢成之」及「尊道貴德」看「大地之母假說」—
—以環保省思為探討核心〉，《育達科大學報》第 28 期，2011 年 9 月。侯勝驍：
〈論將老子「無為自然」思想作為「環境保護主義論據」的可行性〉，《北方文
學》第 4 期，2015 年 8 月。夏顯澤：〈老莊的「天人合一」思想對解決當今環
境問題的意義〉，《保山學院學報》第 4 期，2003 年 7 月。黃輝：〈道法自然思
想與現代環保問題探究〉，《景德鎮學院學報》第 3 期，2008 年 7 月。

〔註 149〕 網路社群（Google+）、社團（臉書和領英）是指擁有共同興趣的個人或組織
組成的。這些群組都是善用優質內容有利的管道。Guy Kawasaki、Peg
Fitzpatrick 著、江裕真譯：《社群媒體怎麼玩？》（臺北：天下文化，2015 年），
頁 54～55。

〔註 150〕 筆者猶記八八水災時，網民靠著網路集結大批物資及人力；「洪仲丘事件」在
沒有任何政黨運作下，居然能號招了二十五萬人上街頭！這就是不可忽視的
網路力量！

〔註 151〕 筆者認為臉書及 LINE 等通訊軟體的開發，更讓相同信念的人結合成立社群，
例如：Face Book 粉絲團及 Line 的群組。當中有正向能量彼此成長的社群，也
可能匯集欲望貪婪的負能量族群，真是佛魔各顯其道的時代。網路如同社會互
動，每當發生惱人的社會事件，會出現相互筆戰、彼此叫囂、各擁自己人馬的
畫面，也會看見有「鍵盤柯南」跳出進行人肉搜索實現正義。「認真就輸了」、
「躺著也中槍」、「為什麼要放棄治療」等術語也由網絡影響著新世代的語言。

效法水一樣包容有彈性，避免標新立異或一時衝動，引發唇舌之戰，造成網路霸凌。另外，老子也提醒我們要以持「儉」的心漫遊於網路世界，隨時慎思心念，才能善用資源利於自身，而非暴露於情色暴力之中，不可自拔。

　　除了人和人之間的衝突外，還有就是人和自然的衝突，人類長期下來對於大自然的破壞，使得各地出現多起重大的環境災害。人對自然的一再侵犯造成臭氧層出現裂洞，水土保持不良導致土壤流失，濫捕撲殺引起生態失衡等，都一再爆發人類及物種生存的危機。筆者認為人與萬物應是互利共生，宇宙為一個整體，人也身在其中，牽一髮而動全身，人與自然衝突的結果面臨的是全球環境浩劫，同時人類也導致自身直接或間接性的傷害。故應放下爭強好鬥之心，與大自然和諧相處；以尊重謙下之心面對天地，重新找回與自然共存的方式，這就是老子謙下不爭的智慧。當能以尊重天地萬物的心，回到整體和諧的共生關係，方能進一步用柔軟的心欣賞萬物的美好，也就是現今強調的「生態美學」〔註152〕。陳德和先生認為：

> 生態美學主要是強調生態本然的和諧美好，以及我們如何以其美的修養和感受來印證我們所處環境中的處處美好；而老莊思想正是生態美學的最早提倡者。〔註153〕

換言之，生態美學是人類用審美的角度來觀看萬物，透過生態美學的提倡，讓吾人放下過度重名好利以及爭奪貪求的欲望，學習用美的眼光來欣賞萬物原本的自在美好。故透過老子柔弱處下的不爭之德，泯除人和萬物間的衝突和緊張，更以謙卑之心尊重自然生態，減緩生態失衡，達到環境保護的功能，進一步用柔軟的心態去欣賞萬物的美，營造一個正向的社會支持環境。

〔註152〕高中華先生認為：「狹義的生態美學著眼於人與自然環境的生態審美關係，提出特殊的生態美範疇；廣義的生態美學則包括人與自然、社會以及人自身的生態審美關係，是一種符合生態規律的美學觀。」高中華，〈生態美學：理論背景與哲學觀照〉，《江蘇社會科學》第214期第2卷，2004年3月，頁214。
〔註153〕王邦雄、陳德和合著：《老莊與人生》（新北市：國立空中大學，2013年），頁210。

第五章　研究成果與反思

　　透過道家《老子》的生活哲學深入研究健康促進如何被實現的問題，是本文研究的核心重點。然而，今日已有眾多專門學科陸續針對現今健康促進議題作深入的研究，為何還需要讀老子，其因早在幾千年前，老子的思維就一直在教育、醫學、管理、軍事、社會等議題上對於吾人對治生活困境、體現生命價值上，獲得寶貴原則性的啟發，老子的「解套思想」及「放下智慧」為世人尋求解脫生命枷鎖的安頓之道。若吾人可接受健康的身體能有助於心靈方面的健康，或者能夠相信身心靈是統一的，那麼老子在心境上的修養必然有助於吾人在健康促進上的實踐行為。換言之，以道家老子學說的整一觀念論述的話，身心靈本來就是一個整全的狀態，同時也相互影響著吾人生理、心理及社會的價值觀成分。問題是現代人生活忙碌，往往身心不一，而產生一些虛弱耗神的症狀，透過道家老子學說，重新從身心靈的整全面向關照，就可養成吾人較為健康的生活方式，同時也呼應現代樂活及養生之道，這觀點不只是筆者獨有此看法，實際上目前學界及社會趨勢皆有此走向。因此吾人可以了解把老子的智慧實踐於日常生活中的重要性及實際的助益。透過老子的哲學思維以「生命」作為基本關懷，運用道的核心思想所衍伸的工夫論，進而落實於生活之中，達到具體實踐之可能途徑是本文研究價值所在。

　　基於此研究動機及目的，本文採用傅偉勳先生主張的「創造的詮釋學」做為本文主要的研究方法，來達成研究之有效目的，共運用「實謂」、「意謂」、「蘊謂」、「當謂」及「創謂」五種方式，將辯證層次循序推進。另外，再用袁保新先生提出一項合理的詮釋必須滿足的基本形式條件中的六項原則，整理出「邏輯貫通」、「文獻回顧」、「經文解義」、「思想會通」、「以古鑑今」、「系統

對比」六項詮釋步驟。透過創造性詮釋法，幫助筆者在寫作過程中能更加嚴謹，避免陷入個人主觀意識的過度詮釋，而本文也運用六項詮釋原則實際套用在各章各節中，嘗試還原老子思維的真相，企圖作一個統合性的研究，以建立客觀又具完整性的研究方法。另外，筆者主要以義理的闡述角度切入，加上相對於早期出土文物的脫文和誤字完整性而言，王弼注本較為完整且受肯定，故研究材料上選擇曹魏王弼的《道德經》注本作為本文引用的經文出處，也就是現今廣為流傳的通行本。關於曹魏王弼的《道德經》注本的原文則是引用樓宇烈先生的《王弼集校釋》作為行文之文獻依據。

　　研究步驟上除了「緒論」、「結論」外，在正文分為三大章，每章三小節，共九個環節，針對「緒論」提出五項代答題組依序論述：分別第二章為「老子道論詮釋與反思」共分三節，第一節先用以道本身的字源意義作詮釋，再進一步做樸素義的延伸探討；第二節針對當代學者對於道的語義及道的形上義理進行彙整解析，並歸納一套邏輯推順序；第三節於義理會通後，依照道字在《老子》一書的經文內容作文義的疏證，進行逐一探討。第三章為「老子思想功夫論之義理精要」，透過老子形而上的道論之體會，化為「自然無為」、「致虛守靜」、「持儉守柔」工夫落實於實踐進路上；第一節的「自然無為」主要聚焦「自然」和「無為」兩方面作為分析，先探究自然一詞的來源查證及經文之語義解析，再探究無為的義涵及以《老子》經文當中對無為的詮解，最後將自然與無為的關聯作一個闡述；第二節的「致虛守靜」將「虛靜」的概念以虛靜之義涵及虛靜在經文中的語義解析兩點論述之；第三節的「持儉守柔」部分前者先論儉的義涵、再論嗇與儉的關係及經文中儉樸的象徵，後者則是論柔的義涵、再探討柔在經文中的語義解析及柔的象徵。第四章為「老子思想對健康促進之啟示」，先論當前國人面臨的健康議題及西方醫療的處治方針，在論老子思想衍生的功夫論對於當今健康促進推動政策之啟發，同時運用現代公共衛生護理的視野切入並結合健康促進的身、心、社會三項概念著手分析，藉由這九個環節進而拼湊回答出本文所提問的五個題組，一共得出三點結論。

一、老子道論的當代詮釋

　　道是中國人心中的活水源頭，也是人類思想依據，本文嘗試將「道」的素樸義及語意進行論析，在素樸義方面共獲得四個論點，分別為「走在關鍵的決策」、「生命道路的通達」、「高瞻遠矚的智慧」、「內外辯證的實踐」說明人生的道路上，面臨各式各樣的選擇時，若能在關鍵時刻，具有高瞻遠矚的智慧，不

論是出於自身或者透過他人智慧之眼的指引，並且實際去力行，使自身或他人
的生命得以達到相互通達的可能性，就是道字的素樸義，也是道字帶給吾人的
生命智慧。接著站在前人的學術研究成果上，將當代學者對於老子的「道」字
闡述及形上義理之詮釋進行彙整，並剖析「道」字在《老子》經文中不同文字
脈絡呈現的語意後，將「道」字歸納出三點結論，分別為第一是形而上之「道」
共有 18 個道字，其次是變動規律之「道」共有 37 個道字，最後是生活處世之
「道」共有 21 個道字。值得注意的是，道字主要是以比例側重的不同作為歸
類的基準，並非彼此間相互排斥。第一種的「道」是指道體，無形無象，卻真
實恆常存在著；這個「道」是萬物的根源，先天地而生，長養萬物卻不主宰；
而「道」不可說也不可名，因為若可說可名，就落入有形有象的現象界，成為
偏限性的生滅之體，故真常之「道」是不可言喻，但為了闡述，就勉強用「道」
這個字解釋。第二種的「道」雖是恆常存在，不受外力改變，但它本身是一個
「動」體，不是永遠靜態，定在那裏不動，所有宇宙萬物都依「道」而產生「變
動」，也因這個變動，產生了天地萬物；這個「道」也提供了循環往復、變化
相反的自然法則。最後一種的「道」是落入現象界後產生的「德」，因為「道」
是抽象的概念，還是得透過「德」產生可讓人類效法的特性，透過實踐後方能
對人產生影響力；當常「道」作用在生活層面時，可以作為立身處世之「道」
時，為世人指引人生的方向。

二、老子工夫論義理精要

藉由老子形而上的「道」論思想展開，透過「自然無為」、「致虛守靜」、
「持儉守柔」的工夫，體現出「無為」、「守靜」、「素樸」、「不爭」等的德性修
養，所得論點如下：（一）「自然無為」而言：得知老子的自然是一種價值概念，
透過遮撥一切有為造作後回歸自然狀態，使得精神層面有所安頓，方能破解世
俗價值觀的偏限，活出自我。這不僅是從形而上學的高度傳遞的思想概念，更
是生活中可以實踐的具體行為。另一方面，「無為」是一種心境上的修養工夫，
並不是什麼都不作，而是以自然的方式為之。透過無掉心中的執著，解消有為
的造作，讓人回歸到自在逍遙的素樸境界。同時老子也提醒吾人時刻帶著覺
察，留意一切外在毀譽產生的寵辱若驚，守住無為的工夫，方能保持生命之流
的自在與通暢。故自然是老子推崇的中心價值，而無為則是實踐這種價值的原
則性方法，自然和無為是一種體用關係，也是一種實現生命之途的連結。（二）

「致虛守靜」方面，得知虛是無欲的意思，透過虛靜，無掉人為的造作，讓心歸於平靜。而功夫即是境界，虛靜並非兩層涵義，虛與靜是並生的，當生命透過無為解消躁動，同時也靜入無躁的境界中。（三）「持儉守柔」方面，前者先探討老子的「儉」字有收斂之德之義涵，除了節省金錢、物資外，還有不浪費精神之義。而儉字與嗇字分開出現時，語義等同的性質高，皆有「收斂」、「積藏」之意；但若將儉字與嗇字並列相較時，儉字指的是一種收斂的「行為」，嗇字則是一種收斂的「工夫」。另外，在經文中老子最常用嬰兒比喻儉樸的心，指的是人可以透過無掉有為造作，損之又損的修養工夫，讓心境回到嬰兒般的儉樸美好。後者「柔弱」是透過老子形而上的道論感通，與「反者道之動」的義理融合生命經驗後，提出的處下不爭之進路。換言之，老子掌握道的運行規律，藉由柔弱以彰顯道的作用，故柔弱與剛強並非對立，乃相互往來的過程。另一方面，老子在經文中用「水」象徵柔弱，說明最柔弱是水，同時任何堅強的東西又不能改變水的本質，進一步用水比喻上善之人，分析水的各種特性及不爭之德。由此可知，「守柔」是實現道家無為以成化的生命智慧，同時也是一種低姿態的謙卑人生哲學。故「守柔」實為心性修養的功夫，有內斂、含藏的彈性之意，守柔的姿態方為老子儉嗇思想的具體表現，一切由內而發，非工於心計。

三、老子對健康促進之啟示

藉由探討老子的生命哲學進而獲得至少三項工夫路數，分別為：「自然無為」、「致虛守靜」、「持儉守柔」，並運用這三樣工夫進路融入現今公衛護理極為重視的「健康促進」之議題，延伸出生理、心理、社會不同方面進行探討。

（一）在生理健康部分

分析影響形軀生命的關鍵，老子透過自然指引我們在生活型態上想要長生久視，延年益壽，需備健康養生的知識，例如：營養方面要均衡並培養良好的飲食習慣，食物的挑選就吃當季水果，少吃加工食品，盡量吃食物的原貌；生活作息要規律，依循宇宙運行，日出而作，日落而息，不日夜顛倒，熬夜通宵，養成良好睡眠品質可提升學習力；在運動上，各適其性的選擇有興趣並持之以恆的運動項目，可提高代謝率，維持健康體適能則可提升活力不易疲勞並且增加免疫力對抗病菌等，都在說明生活要合乎自然而然的生活態度，過著自然簡樸的生活，方能順應天道之理活到他應有的壽命。當然除了意外導致離世

外，還有仗著體健而濫用，透過老子的叮嚀，正視自身差異性，培養良好生活型態，體健則愛惜，殘缺則調養，進而達到形軀長壽的健康狀態。最後更在飲食方面強調「一物全體」、「身土不二」、「陰陽調和」的概念，提倡回歸到原味的食材，選擇當季當時的天然食物，從中獲得大地最好的綠色能量，這就是合乎自然而然的飲食態度。其次體態方面，提醒一味追求骨感美或健壯美，容易造成過多的貪求無法滿足，真正的健康體態應適度維持，讓身體處在無負擔，氣血通暢的自然狀態。再次在容貌方面，美容整形只是暫時，太想留住青春，反而適得其反，應放下向外的貪求，讓心歸於平靜，回到自然無為的狀態。最後在長生方面，老子提醒世人形軀生命固然重要，但也不可以拘泥於追求長生的過程中，生命的價值不在「形」，而在「心」。能夠不執著外在的形體，對治由生理所激起的貪欲，往內回到無為的狀態，才能在價值觀不斷改變的世代，掌握自己。唯有順應自然，認同自己，接受自己的體態及樣貌，才能夠解開身體的枷鎖，形體的阻礙，「益生」者在於「不益生」，回歸自然無為，方能促進生理的健康。

　　掌握老子的指引，消解吾人在現今社會由生理所激起的貪欲問題，再搭配醫護知識，方可達到「促進生理健康」的目標。在營養攝取方面，除了瞭解食物營養本身及屬性外，應搭配六大營養素來滿足身心平衡。也就是透過「全穀根莖類」、「蔬菜類」、「水果類」、「乳製品」、「豆魚肉蛋類」以及「油脂堅果類」來攝取水、醣類、脂肪、蛋白質、維生素和礦物質等六大類，供給身體熱量，協助組織修補以及維持體內的新陳代謝，藉此滿足生理上的需求。同時經由美味的食物，刺激味蕾增進食慾，進而產生愉快情緒，獲得心理上的滿足。另一方面，改善飲食習慣，每日培養好的飲食行為，例如：三餐定時、六大類食物定量、每日水分至少補足 2000CC、選擇清淡的烹調方式以及用餐時放慢速度、多咀嚼等，上述良好的飲食習慣可讓吾人有益身心，促進健康，遠離疾病。

　　針對規律作息和睡眠上，透過老子的指引吾人知道身心是一體的，為避免吾人在現實情況，常將身心處於分離甚至敵對的狀態。因重新省思自身對於外在無止盡的追求，進而找回生命的節奏，往內回歸原本的自在平靜。接納自身的體力極限，提醒自己「休息是為了走更長遠的路，要有充足的睡眠」，透過適度的休息，讓身體得到應有的修復，能幫助吾人保持覺察，提升工作及學習效率。反之，超時工作或花很多時間在電視、娛樂或上網，造成睡眠不足、身體疲累的狀態，又藉著咖啡、酒精或藥物來提神，導致頭痛、失眠、睡眠品質

不良，再靠酒精、安眠藥來入眠，形成一種惡性循環，不僅加重身體負擔也造成心理壓力。此時要改善現狀，光靠鎮定劑等藥物是行不通的，還是得回到吾人身心狀態，認清內心的信念與衝突，重新調整生活作息，回歸規律後較容易獲得睡眠品質的改善。同時，若想進一步營造優質睡眠，在自我調整部分，可從安排規律的生活起居，建立反射性的生理時鐘開始，睡前勿飲食過度，忌咖啡和茶類，平日宜吃清淡助消化食物，多攝取蔬菜和水果及全穀雜糧，可安定神經。另外，可搭配漸進式肌肉放鬆、靜坐、冥想、穴道按摩、睡眠 CD 等方法，緩解身心緊繃，肌肉獲得放鬆，減短入眠時間。在情境佈置部分，注意寢具挑選，讓睡床只供睡眠使用，不進行其他活動。睡覺時光線宜暗，避免吵雜等，上述具體建議，皆可幫助吾人提升更好的睡眠品質。

在運動及體態方面，老子透過無掉有為的價值判斷，幫助吾人體認到外在形軀的差異乃因價值觀所造成的框架。若能無執於成見，並且覺察到自我的生命本質，方能展現自然而然的生命原貌。無執於外在形象的追求，重新看見屬於自己獨特的生命價值與意義時，方能在欣賞自我同時，也能尊重他人的體型樣貌。若吾人能接受此觀念，較能不受外界影響，選擇適合自身維持體適能的運動模式，依照量身健康計畫執行，享受運動的樂趣。在運動前多留意適宜場地的選擇、器材和護具的正確使用。同時若想監測是否達到有效的運動心率，可學會自我測量脈搏，如此方能隨時調整運動強度。再來，運動前應先評估自己當下的身體狀況，再決定運動的量與種類，接著擬定適宜自己的運動計畫，有恆心的按照計畫進行長期規律性的訓練；在運動的過程，切勿超出體力範圍的負荷，以免造成運動傷害；最後，掌握運動的頻率及持續時間，一週最好 3 天，每次 30 分鐘。如此規律及適度的運動，可幫助吾人遠離疾病增強體魄，同時也可釋放壓力，增強自信。更重要的是，當人的器官組織處於有效的機能狀態，能幫助身體適應外在氣候變化或病毒散播的環境。對於日常工作也較易勝任，應付突發緊急狀況，並減少慢性或退化性疾病，如：糖尿病、高血壓及冠狀動脈心血管疾病等發生的機率。另一方面，從事自己喜愛的休閒活動能夠讓人感受到愉快、輕鬆。不但在精神上獲得放鬆，也可以讓生活有所變化，嘗試新的經驗並表現工作以外的能力。故加入休閒活動的安排，亦可滿足個人身心需求，平衡各方面發展，促進生理的健康。

（二）在心理健康部份

老子強調在面對外在誘惑和壓力時，讓生命透過無為解消躁動，也同時進

入虛靜的無躁境界中，在消融身心誘惑方面，透過虛靜接受真實的自我，不跟隨外在寵辱得失走，讓心安於當下，方能自在面對誘惑；解消成癮物質方面，接受成癮物質對身體過量造成的殘害，並面對物質背後心知追逐的貪婪連結，回到身心安頓，方能去除對於成癮物質的心理性依賴；對治生命壓力方面，面對生活失調導致的身心疾病，回到壓力的原點乃自於心知的貪求。若能虛掉人的執著，安於當下，壓力自然解除，心靈方能獲得安頓，促進心理健康。故透過老子的智慧方式指引世人，要解放心靈，必須回到壓力的源頭，去除耳目私欲，跳脫現實功利主義，安命並放下世俗批判的準則，全然活在當下。當無掉一切的人為造作時，便能轉變成正向行為，改善生活方式；在心靈呈現虛空狀態的同時，壓力得到釋放，身心立即獲得安頓。

　　當能達到老子說的「致虛守靜」境界，再搭配西方醫學之各種減壓方法，例如：減壓前先了解自己面對壓力的身體徵兆，如此方能幫助吾人越早察覺，儘早處理壓力；若已造成壓力，應用更彈性的做法鬆動思維，重新選擇合宜自身的目標去完成，過程中不斷調整期望和需求，以符合現實情境，培養較高的壓力容忍度；平日應搭配自身的性格及生活方式，找到符合自己身心狀況的放鬆方式，例如：烹飪、彩繪、閱讀、運動、插花等興趣，或者自我催眠、按摩、靜坐、瑜珈、氣功等生理的放鬆活動；找出造成情緒感受的關聯事件，了解後列出可執行的解決方法，最後決定策略並逐步實行；最後，在遇到困難時，亦可善用外在的資源，找尋愛與關懷的師長及親友，必要時向心理諮商單位請求協助。如此方能幫助吾人在面對誘惑、成癮物質或者心理壓力時，獲得根本解決之道獲得心理的健康。

（三）在社會健康部份

　　老子指引吾人在整體社會制度而言，面對當前的全球環境議題，源自於人類對於地球資源的過度消耗，故應回歸儉樸的心，透過持儉的工夫進路，以無為對峙人為的造作，放下我執成見，以素樸的心，尊重天地萬物生而平等的存在，方能找回與自然和諧共處的方式。進一步說明，持儉可讓人「去甚、去奢、去泰」，故推行樂活議題營造「持儉」的風氣，可讓人常保持素樸的心靈。對物當能持儉寡欲，珍惜自然資源的維護，生態環境就可平衡，千萬別輕忽日常生活中每一個的選擇和行為，連帶都會左右自身的健康和賴以生存的環境。換言之，持儉之心能收攝精神，避免滿足自身欲望，造成無謂的物資消耗；持儉的行為能愛物惜物，珍惜自然資源，在生活上選擇綠色消費，例如：清潔用品

選擇環保補充包、使用再生紙、綠建築居家，以減少環境污染。另外，在強調
資源永續的生活方面，例如：落實資源回收，日常用品以節能減碳為考量，使
天地恢復原有的秩序，達到人與天地萬物共贏的和諧境界。因此，對物當能持
儉寡欲，珍惜自然資源的維護，生態環境就可平衡，千萬別輕忽日常生活中每
一個的選擇和行為，連帶都會左右自身的健康和賴以生存的環境，故持儉不是
口號，而是一種生活態度的落實，正好與推動綠色環保的樂活風潮相為呼應。
透過持儉的工夫，方能掌握自身健康並與地球生態和諧共處，創造永續發展的
生存環境。

　　此外，人是群居的動物，人與人之間如何和諧相處成了彼此重要的學問，
透過老子「守柔」工夫讓人與天地萬物之間處於和諧狀態。藉由柔弱不爭，從
無執無私包容的面向去應照他人，就可養成吾人良好的同理心互動，進而呼應
人際相處之道。老子也不斷提醒吾人放掉自身的價值判斷，用柔軟包容的心去
覺察他人感受及情緒流露。藉由確實傾聽、瞭解並與他人情緒產生共鳴，進而
對於他人給予情感的「反映」。換言之，透過心境柔軟的狀態，聆聽並覺察自
身的感覺，進而表達自己的感覺，同時也能聆聽並覺察他人的感受，進而回饋
他人，方可經由感覺及觀念的分享，使得彼此關係更為親密，以達和諧狀態。
故以謙下不爭的身段處事，柔軟包容的心境應對，這就是老子柔弱處下的智慧
之道。若能以守柔為體，謙卑為用，方可消除爭端，人際關係上受人愛戴，在
社區間能敦親睦鄰，在網路漫遊過程也可避免標新立異或一時衝動，引發唇舌
之戰。經由老子思維根本消解由人心所激起的爭奪貪欲後，再搭配西方醫護上
的人際相處技巧，例如：先培養真誠、親切、幽默感等受人喜歡的特質；與人
相處時，多用「我訊息」表達內心感受；避免人身攻擊，能尊重接納對方；誠
心讚美與善意批評等溝通原則，並學習傾聽、同理對方真實感受，對方也能自
我表露，方能建立良好的互動關係，最後，遇到衝突，試著站在對方立場，鼓
勵彼此說出心裡感受，學習建設性的處理衝突等，皆為促進人際關係的具體步
驟。故要促進社會健康，仍是要回到生命的源頭，無掉人為造成的紛擾，透過
學習老子「守柔」的功夫，方能與自身以外的人事物合一並存，常保和諧，以
達一個正向的社會支持環境。

　　若能達此三者，落實於健康促進的生理、心理及社會推動之中，成為促使
一個人行為改變及養成自主性管理的具體作法，方能使大眾的健康得以發揮
最大效益。在實踐的過程，自己也要知行合一，讓身心時時保持和諧安頓的狀

態，以提高生命的能量，產生自我療癒的能力，如此才能遠離疾病，活的健康自在又長壽。老子的生活哲學是中華文化的重要智慧寶典，本文主要聚焦通今致用的面向，闡述的脈絡側重於將老子思維落實於現代公共衛生護理上，藉由研讀《老子》之義理體悟與本身醫護經驗結合，以實踐古學今用的時代意義。換言之，在文獻考古及文筆的詮釋上，也受限於個人學疏及生命經驗，故恐難一時將《老子》書中在各章用字的考據上作完整呈述。待筆者未來學術研究之路學養豐厚的深造及生命歷練的提升，透過不斷累積體證道之寶貴，將老子思想與各領域作進一步的結合，讓學問以達通經致用之可能性。

參考文獻

一、古籍文獻（依年代排列）

1. （春秋）管仲撰、（唐）房玄齡注：《管子》，收入於《四庫全書・子部》第729冊（上海：上海古籍出版社，1995年）。

2. （春秋）晏嬰撰、（清）孫星衍校：《晏子春秋》，收入於《四庫全書・史部》第446冊（上海：上海古籍出版社，1995年）。

3. （戰國）韓非子：《韓非子》，收入於嚴靈峯編輯：《無求備齋韓非子集成》第7冊（臺北：成文出版社，1982年）。

4. （秦）呂不韋輯、（漢）高誘訓解：《呂氏春秋》（臺北：藝文印書館，1997年）。

5. 《馬王堆帛書老子甲本殘卷》，收入於熊鐵基、陳紅星主編：《老子集成》第一卷（北京：宗教文化出版社，2011年）。

6. （漢）司馬遷：《史記》，收入於《四庫全書・史部》第243冊（上海：上海古籍出版社，1995年）。

7. （漢）高誘：《淮南子注》（臺北：藝文印書館，1968年）。

8. （漢）趙岐注、（宋）孫奭疏、（清）阮元校勘：《孟子》，收入於《十三經注疏》，（臺北：藝文印書館，1965年）。

9. （魏）河上公注、王卡點校：《老子道德經河上公章句》（北京：中華書局，1993年）。

10. （魏）王弼注：《老子道德經注》，收入於樓宇烈校釋：《王弼集校釋》（臺北：華正書局，1992年）。

11. （魏）王弼、（晉）韓康伯注、（唐）孔穎達疏、（清）阮元校勘：《周易注》，收入於《十三經注疏》（臺北：藝文印書館，1965 年）。

12. （魏）何晏集解、（宋）邢昺疏、（清）阮元校勘：《論語注疏》，收入於《十三經注疏》（臺北：藝文印書館，1965 年）。

13. （晉）郭象撰、（唐）成玄英疏：《南華真經注疏十卷》，收入於嚴靈峯編輯：《無求備齋老列莊三子集成補編》第 20 冊（臺北：成文出版社，1982 年）。

14. （晉）郭璞注、（宋）邢昺疏、（唐）陸德明音義：《爾雅注疏》，收於《四庫全書·經部》221 冊（上海：上海古籍出版社，1995 年）。

15. （唐）楊倞注：《荀子注》，收入於嚴靈峰編輯：《無求備齋荀子集成》第 5 冊，（臺北：成文出版社，1977 年）。

16. （宋）蘇轍：《老子解》（北京：中華書局，1985 年）。

17. （宋）林希逸撰：《老子鬳齋口義二卷》（臺北：藝文印書館，1965 年）。

18. （宋）杜道堅撰：《文子纘義十二卷》，收入於《四庫全書·子部》第 237 冊，（上海：上海古籍出版社，1995 年）。

19. （宋）朱熹：《大學章句》，收入朱傑人、顏佑之、劉永翔編：《朱子全書》第 6 冊（上海：上海古籍出版社，2002 年）。

20. （宋）朱熹：《中庸章句》，收入朱傑人、顏佑之、劉永翔編：《朱子全書》第 6 冊（上海：上海古籍出版社，2002 年）。

21. （元）吳澄：《道德真經注》（臺北：廣文書局，1981 年）。

22. （明）憨山大師：《老子道德經憨山解》（臺北：新文豐出版社，1982 年）。

23. （明）焦竑：《老子翼》（北京：中華書局，1984 年）。

24. （清）段玉裁：《說文解字注》（臺北：黎明文化事業公司，1974 年）。

25. （清）段玉裁注、（清）徐灝箋：《說文解字注箋（三）》（臺北：廣文書局，1972 年）。

26. （清）高延第：《老子證義》，收入於《無求備齋老子集成》（臺北：藝文印書館，1970 年）。

27. （清）郭慶藩注：《莊子集釋》（新北市：商周出版，2018 年）。

28. （清）張志聰集注：《黃帝內經集注》（杭州：浙江古籍出版社，2002 年）。

29. （清）嚴復：《老子道德經評點》（臺北：藝文印書館，1966 年）。

二、當代專書（依姓氏筆畫排列）

1. 丁原植：《郭店竹簡老子釋析與研究》（臺北：萬卷樓圖書公司，1998 年）。

2. 文長安、陳俊成、張凱甯：《食安守門人教你聰明擇食、安心飲食》（臺北：如何出版社，2015 年）。

3. 方東美著、孫智燊譯：《中國哲學精神及其發展》（上冊）（臺北：臺北成均出版社，1984 年）。

4. 方東美：《原始儒家道家哲學》（臺北：黎明文化公司，1983 年）。

5. 王秀紅總校閱、徐畢卿、王瑞霞、黃芷苓、張彩秀、黃國儀、高毓秀、吳素綿、高家常、黃寶萱、陳國東：《健康促進理論與實務》（臺北：華杏出版公司，2014 年）。

6. 王邦雄、岑溢成、楊祖漢、高柏園合著：《中國哲學史上》（臺北：里仁書局，2007 年）。

7. 王邦雄：《韓非子的哲學》（臺北：東大圖書公司，1977 年）。

8. 王邦雄：《老子十二講》（臺北：遠流出版公司，2011 年）。

9. 王邦雄、陳德和合著：《老莊與人生》（新北市：國立空中大學，2013 年）。

10. 王邦雄：《老子的哲學》（臺北：東大圖書公司，1983 年）。

11. 王邦雄：《生命的實理與心靈的虛用》（臺北：立緒文化公司，1997 年）。

12. 王國軒：《老子道德經河上公章句》（北京：中華書局，1993 年）。

13. 王明撰：《抱朴子內篇校釋》（北京：中華書局，1985 年）。

14. 王榕之、李美芳、張若蘭合著：《健康自我管理》（臺北：幼獅文化事業公司，2011 年）。

15. 尹祚芊總校訂、阮玉梅、吳慧嫻、何瓊芳、吳麗玉、林月春、武茂玲、林麗美、洪秀吉、孫麗娟、張彩秀、張蓓貞、陳曉蓉、彭少貞、游紋英、萬國華、蔡綺妮、謝亞倫、江鳳葦：《公共衛生護理學》（臺北：永大書局，2000 年）。

16. 牟宗三：《才性與玄理》（臺北：臺灣學生書局，1974 年）。

17. 牟宗三：《中國哲學十九講》（臺北，臺灣學生書局，1983 年）。

18. 朱元珊、陳德馨、龍芝寧、顏麗娟：《健康與護理》（上、下）（臺北：美新圖書公司，2011 年）。

19. 任繼愈主編：《中國哲學發展史，先秦》（北京：人民出版社，1983 年）。

20. 余培林：《老子讀本》（臺北：三民書局，1987 年）。

21. 吳怡：《新譯老子解義》（臺北：三民書局，2013 年）。

22. 吳怡：《中國哲學的生命和方法》（臺北：東大圖書公司，1984 年）。

23. 李榮煌、廖德琇：《西藥服務須知》（臺北：臺視文化出版社，2003 年）。

24. 李勉：《管子今註今譯》（上冊）（臺北：臺灣商務印書館，1988 年）。

25. 李定生、徐慧君校釋：《文子校釋》（上海：上海古籍出版社，2004 年）。

26. 李蘭：《健康促進：理論與實務》（高雄：巨流圖書公司，2012 年）。

27. 沈介文、陳銘嘉、徐明儀：《當代人力資源管理》（臺北：三民書局，2004 年）。

28. 林柏每、楊育英、王榕芝、林珍玫、張芬蘭、楊秀梅、蔡宜家、賴孟娟、蘇敏慧：《健康與護理》（臺北：幼獅文化事業公司，2008 年）。

29. 林瑞雄、李龍騰、劉嘉年：《衛生保建概論》（臺北：國立空中大學，1995 年）。

30. 胡適：《中國哲學史大綱》（上卷）（上海：臺灣商務印書館，1926 年）。

31. 馬敘倫：《老子覈》，收入於熊鐵基、陳紅星主編：《老子集成》第十二卷（北京：宗教文化出版社，2011 年）。

32. 唐君毅：《中國哲學原論·原道篇》（臺北：臺灣學生書局，1973 年）。

33. 唐君毅：《中國哲學原論·導論篇》（臺北：臺灣學生書局，1993 年）。

34. 唐君毅：《人文精神之重建》（臺北：臺灣學生書局，1974 年）。

35. 袁保新：《老子哲學之詮釋與重建》（臺北：文津出版社，1991 年）。

36. 高亨：《重訂老子正詁》（北京：古籍出版社，1957 年）。

37. 高柏園：《莊子內七篇思想研究》（臺北：文津出版社，1992 年）。

38. 徐復觀：《中國人性論史》（臺北：臺灣商務印書館，1988 年）。

39. 徐復觀：《中國藝術精神》（臺北：臺灣學生書局，1966 年）。

40. 沈清松：《簡樸思想與環保哲學》（臺北：立緒文化公司，1997 年）。

41. 沈中仁：《環境學》（臺北：大中國圖書公司，1975 年）。

42. 張起鈞：《老子哲學》（臺北：正中書局，1964 年）。

43. 張瑜芳：《慢活蔬食義大利》（臺北：天下遠見出版公司，2012 年）。

44. 張蓓貞：《健康促進理論與實務》（新北市：新文京出版社，2011 年）。

45. 張芬蘭、張若蘭、楊育英：《健康情感管理》（臺北：幼獅文化事業公司，2011 年）。

46. 張李淑女、張育嘉、林慧美、林承鋒、林秀珍、汪在莒、蒙美津、蘇完女、

邱駿紘、鄭秀敏、陳怡如：《健康與生活：開創樂活幸福人生》（新北市：新文京開發出版公司，2013 年）。

47. 張默生：《莊子新譯》（臺北：天工書局，1993 年）。

48. 張岱年：《中國哲學發微》（太原：山西人民出版社，1981 年）。

49. 張松如：《老子校讀》（吉林：吉林大學出版社，1981 年）。

50. 張松如：《老子說解》（高雄：麗文文化，1993 年）。

51. 許抗生：《老子研究》（臺北：水牛出版社，1993 年）。

52. 勞思光：《中國哲學史》（卷一）（臺北：三民書局，1993 年）。

53. 傅偉勳：《從創造的詮釋學到大乘佛學》（臺北：東大圖書公司，1990 年）。

54. 傅偉勳：《學問的生命與生命的學問》（新北市：正中書局，1993 年）。

55. 曾春海、葉海煙、李匡郎、李開濟、劉仲容：《中國哲學精神發展史》（臺北：國立空中大學，1996 年）。

56. 彭浩：《郭店楚簡《老子》校讀》（武漢：湖北人民出版社，2001 年）。

57. 黃松元、陳正友：《健康與護理》（臺北：幼獅文化事業公司，2006 年）。

58. 黃裕宜：《《老子》自然思想的考察》，收錄於《中國學術思想研究輯刊》（臺北：花木蘭文化出版社，2010 年）。

59. 邱子易總校閱、王淑諒、洪文綺、林珠茹、洪錦墩、劉培懿、王惠玲、嚴毋過、顏效禹、崔清新、邱馨誼、廖秀珠、黃慧娜、何瓊芳、尹順君、張筱玲、林聖敦、陳萃婷、柯惠玲：《公共衛生護理學》（臺中：華格那企業有限公司，2010 年）。

60. 馮友蘭：《中國哲學史上冊》（北京：中華書局，1992 年）。

61. 馮契：《中國古代哲學的邏輯發展》（上冊）（上海：上海人民出版社，1983 年）。

62. 詹劍峰：《老子其人其書及其道論》（武漢：湖北人民出版社，1982 年）。

63. 楊定一：《真原醫》（臺北：天下雜誌公司，2013 年）。

64. 楊定一、楊元寧：《靜坐的科學、醫學與心靈之旅》（臺北：天下雜誌公司，2014 年）。

65. 楊興順：《中國古代哲學家老子及其學說》（北京：科學出版社，1957 年）。

66. 楊國榮：《簡明中國哲學史》（北京：人民出版社，1973 年）。

67. 熊公哲：《荀子今註今譯》（臺北：臺灣商務印書館，1984 年）。

68. 葉海煙：《莊子的生命哲學》（臺北：東大圖書公司，1990 年）。

69. 葉海煙：《老莊哲學新論》（臺北：文津出版社，1999 年）。

70. 葉怡蘭：《食‧本味》（臺北：遠見天下文化公司，2013 年）。

71. 郭鐘隆：《健康與護理》（臺北：幼獅文化公司，2010 年）。

72. 劉青雯、萬彝芬、呂蘭花：《健康與護理》（臺中：育達文化公司，2011 年）。

73. 劉笑敢：《老子》（臺北：東大圖書公司，2007 年）。

74. 董蓮池編：《新金文編》（卷二）（北京：作家出版社，2011 年）。

75. 漢語大字典編輯委員會編：《漢語大字典》（臺北：建宏出版社，1998 年）。

76. 陳德和：《道家思想的哲學詮釋》（臺北：里仁書局，2006 年）。

77. 陳德和：《生活世界的哲思》（臺北：樂學書局，2001 年）。

78. 陳德和：《淮南子的哲學》（嘉義：南華管理學院，1999 年）。

79. 陳美燕總校閱、張淑紅、洪麗玲、萬國華、蔡慈儀、蕭雅竹、趙曲水宴、高月梅：《健康促進與人生》（新北市：啟英文化事業公司，2012 年）。

80. 陳美燕總校閱、劉影梅、張淑紅、江季蓁、洪麗玲、蕭雅竹、許青雲、趙曲水宴、陳文詮、陳麗華、高月梅：《健康促進》（新北市：啟英文化事業公司，2014 年）。

81. 陳俊瑜總校閱、莊佳霖、方郁文、王惠珠、祁安美：《健康管理》（新北市：全華圖書公司，2012 年）。

82. 陳曉悌、李汝禮：《健康與護理》（上）（臺中：智業文化事業公司，2000 年）。

83. 陳長安、周勵志：《精神疾病治療與用藥手冊》（臺北：全國藥品年鑑雜誌社，2010 年）。

84. 陳鼓應：《老莊新論》（臺北：五南圖書出版社，2007 年）。

85. 陳鼓應：《老子今註今譯及評介》（臺北：臺灣商務印書館，1997 年）。

86. 陳育民，《《老子》「嗇」字的義理分析：由「斂嗇」到「儉嗇」之角度對老子思想體系進行重建》（臺北：花木蘭文化出版社，2009 年）。

87. 錢穆：《中國思想史》（臺北：臺灣學生書局，1988 年）。

88. 蔡惠民：《裸食廚房》（臺北：遠見天下文化公司，2015 年）。

89. 蔣錫昌：《老子校詁》，收入於熊鐵基、陳紅星主編：《老子集成》第十四卷，（北京：宗教文化出版社，2011 年）。

90. 魏元珪：《老子思想體系探索》（臺北：新文豐出版社，1997 年）。

91. 蕭淑貞:《精神科護理概論・基本概念及臨床應用》(臺北:華杏出版社,2009 年)。

92. 嚴靈峰:《老莊研究》(臺北:中華書局,1966 年)。

93. 嚴靈峰:《老子研讀須知》(臺北:正中書局,1996 年)。

94. 嚴靈峰:《無求備齋學術新著》(臺北:臺灣商務印書館,1987 年)。

95. 嚴靈峰:《老子達解》(臺北:華正書局,1983 年)。

96. 藍尹君:《鍛鍊,成為更好的自己》(臺北:三采文化公司,2015 年)。

97. 蘇富家、早乙女:《發現粗食好味道 2》(臺北:原水文化出版社,2015 年)。

98. 井手敏和著、拉拉譯:《樂活元氣》(臺北:聯經出版事業公司,2008 年)。

99. Arthur C. Guyton、John E. Hall 著、樓迎統譯:《醫用生理學》(臺北:臺灣愛思唯爾有限公司,2008 年)。

100. Carl Honore 著、顏湘茹譯:《慢活》(臺北:大塊文化公司,2005 年)。

101. Dominique Loreau 著、張之簡譯:《理想的簡單生活》(臺北:如果出版社,2014 年)。

102. DK Publishing 著、許育達、應充明、陳壹豪、鄭明昇譯:《核心訓練圖解聖經》(臺北:旗標出版公司,2015 年)。

103. Guy Kawasaki、Peg Fitzpatrick 著、江裕真譯:《社群媒體怎麼玩?》(臺北:天下文化公司,2015 年)。

104. Henry G. Bieler, M. D.著、梁惠明譯:《食物是最好的醫藥》(臺北:遠流出版公司,2014 年)。

105. Joe Vitale、Ihaleakala Hew Len, PhD.著、宋馨蓉譯:《零極限:創造健康、平靜與財富的夏威夷療法》(臺北:方智出版社,2005 年)。

106. Ottman 著、石文新譯:《綠色行銷──企業創新的契機》(臺北:商業周刊出版公司,1999 年)。

107. Peter A. Levine 著、周和君譯:《解鎖》(臺北:商業周刊出版公司,1999 年)。

三、**期刊與單篇論文**(依姓氏筆畫排列)

1. 丁原植:〈《老子》哲學中「自然」的觀念〉,《哲學與文化》第 20 卷第 1 期,1993 年 1 月。

2. 尹祚芊：〈學校衛生護理〉，《臺灣醫學》第 4 卷第 2 期，2000 年 3 月。

3. 牟宗三：〈老子《道德經》演講錄（四）〉，《鵝湖月刊》第 337 期，2003 年 7 月。

4. 朱嘉華、方進隆：〈國小教師運動習慣對睡眠品質影響之研究〉，《體育學報》第 26 卷，1998 年 12 月。

5. 林安梧：〈語言的異化與存有的治療——以老子《道德經》為核心理解與詮釋〉，《鵝湖月刊》第 8 期，1992 年 6 月。

6. 林安梧：〈老子《道德經》首章之詮釋與重建——論「存在場域」「生命護養」兼及於「意義治療」〉，《鵝湖月刊》第 30 卷 6 期，2004 年 12 月。

7. 林安梧：〈《太上老君說常清靜經》的意義治療學〉，《鵝湖月刊》第 405 期，2009 年 3 月。

8. 林安梧：〈「新道家」、「意義治療學」及其對現代性的反思〉，《宗教哲學》第 42 期，2007 年 12 月。

9. 周繡玲、廖珍娟、姚鐘太：〈癌症病人的失眠困擾〉，《腫瘤護理雜誌》第 7 期第 2 卷，2007 年 12 月。

10. 李蘭、陳富莉：〈美國與歐洲之健康促進的概念〉，《健康促進通訊》第 1 期，1998 年 1 月。

11. 施又文：〈老子「法道」養生思想的發展及其現代意涵〉，《嶺東通識教育研究學刊》第 3 卷 1 期，2009 年 2 月。

12. 侯滕驍：〈論將老子「無為自然」思想作為「環境保護主義論據」的可行性〉，《北方文學》第 4 期，2015 年 8 月。

13. 姚卿騰：〈臺灣社區心理衛生政策回顧、發展現況及未來展望〉，《護理雜誌》第 62 卷第 4 期，2015 年 8 月。

14. 高中華：〈生態美學：理論背景與哲學觀照〉，《江蘇社會科學》第 2 卷，第 214 期，2004 年 7 月。

15. 夏顯澤：〈老莊的「天人合一」思想對解決當今環境問題的意義〉，《保山學院學報》第 4 期，2003 年 7 月。

16. 洪建德：〈臺北市士林、北投區兒童及青少年飲食習慣、高膽固醇血症及膳食營養狀況〉，《中華民國營養學會雜誌》第 19 期第 2 卷，1994 年 4 月。

17. 徐山：〈釋「面」〉，《平頂山師專學報》，第 6 期，2003 年 7 月。

18. 程志華：〈由「意義治療」到「存有的治療」——林安梧關於異化問題之嶄新的思考〉，《中山大學學報》第 2 期，2014 年 7 月。

19. 張鴻愷：〈《老子》思想對醫界的影響——《黃帝內經》思想述評〉，《宗教哲學》第 50 期，2009 年 12 月。

20. 黃玉珠、王育慧：〈伴我路遙遠——家屬及公衛護理師照護社區精神病患之現況與困擾〉，《護理雜誌》第 62 卷第 4 期，2015 年 8 月。

21. 黃輝：〈道法自然思想與現代環保問題探究〉，《景德鎮學院學報》第 3 期，2008 年 7 月。

22. 馮友蘭：〈中國哲學史論文二集〉，《北京大學學報》第 4 期，1959 年 4 月。

23. 楊定一：〈享受真食物的原滋味〉，《康健雜誌》第 202 期，2015 年 9 月。

24. 楊麗娟：〈從《老子》「勢成之」及「尊道貴德」看「大地之母假說」——以環保省思為探討核心〉，《育達科大學報》第 28 期，2011 年 9 月。

25. 趙豔霞：〈為什麼是道家：道家在西方四十年（從 1970 到 2013）〉，收錄於《第五屆近現代中國語文國際學術研討會論文集》，屏東：屏東教育大學中國語文研究所編，2013 年 10 月。

26. 劉大雄：〈基於老子道家思想分析的企業生態環境保護諛議〉，《經濟視野》第 4 期，2014 年 4 月。

27. 陳德和：〈老莊思想的環境倫理學論述〉，《鵝湖月刊》第 389 期，2007 年 11 月。

28. 陳政揚：〈「人籟、地籟、天籟」與「吾喪我」之內在相似性的另類詮釋〉，《鵝湖月刊》第 25 卷第 2 期，1999 年 8 月。

29. 陳政揚：〈《黃帝四經》與《老子》治道之異同〉，《鵝湖月刊》第 324 期，2002 年 6 月。

30. 鄧敏：〈解讀老子《道德經》中生態環保思想〉，《昭通師範高等專科學校學報》第 29 卷 6 期，2007 年 12 月。

31. 蔡淑鳳、許伯任：〈臺中市政府衛生局樂齡行動導航平台建置〉，《地理資訊系統》第 8 卷第 1 期，2014 年 1 月。

32. 蔡淑鳳、徐永年、陳淑芬、沈淑華、林湘宜：〈社區老人心理社會健康促進之經驗模式探討——以臺中市為例〉，《護理雜誌》第 62 卷第 4 期，2015 年 8 月。

33. 簡光明：〈醫護學院國文課程融入通識精神之探討——以高雄醫學大學與

輔英科技大學「國文」課程為例〉,《通識教育》第 11 卷第 4 期,2004 年 12 月。

34. Chung-Hwan Chen: What does Lao-Tzu mean by the term "Tao"?《清華學報》,1964 年 2 月。

四、碩博士論文（依姓氏筆畫排列）

1. 王淑樺:《環境汙染及其解題——以老子環境倫理思想為進路》(桃園:國立中央大學哲學研究所碩士論文,2012 年)。

2. 王璟:《漢代養生思想研究——以黃老思想為主題》(臺北:臺灣師範大學國文學系博士論文,2006 年)。

3. 李美智:《《老子》養生思想研究》(高雄:國立高雄師範大學國文教學碩士論文,2012 年)。

4. 江佳穎:《從網路社群意識探討新聞媒體的社群經營——以蘋果日報臉書粉絲專頁為例》(新竹:玄奘大學大眾傳播研究所碩士論文,2013 年)。

5. 吳孟軒:《網路社群能動性傳播之社會效應研究—以新浪微博舉報中國貪腐事件為例》(臺北:私立中國文化大學中山與中國大陸研究所博士班,2014 年)。

6. 林鳳玲:《《莊子》論生命困境與化解之道》(臺中:私立東海大學哲學系碩士論文,2014 年)。

7. 林佳縈:《健康網路社群對於社群成員健康行為之影響》(嘉義:國立中正大學醫療資訊管理研究所碩士論文,2014 年)。

8. 黃文聰:《身心靈全人養生樂活實踐之初探——生活實踐的模型建立與實證研究》(臺北:私立佛光大學生命與宗教學系研究所碩士論文,2014 年)。

9. 黃雅岑:《論莊子哲學對樂活觀念的啟示》(嘉義:私立南華大學哲學與生命教育學系碩士論文,2012 年)。

10. 張媄如:《生活風格運動:樂活在臺灣》(臺北:私立東吳大學社會學系碩士論文,2008 年)。

11. 張宏達:《〈大宗師〉的生命哲學及其現代意義》(嘉義:私立南華大學哲學與生命教育學系碩士論文,2013 年)。

12. 廖凌欣:《九年一貫課程環境教育融入的內涵與教學》(臺北:國立臺灣

師範大學環境教育研究所碩士論文，2000 年）。

13. 張瑋晨：《以社會網路分析來探討網路社群互動結構——以 Facebook 粉絲專頁為例》（高雄：國立高雄應用科技大學資訊管理研究所碩士論文，2013 年）。

14. 張心怡：《臺北市國小高年級學童網路社群使用與自我揭露之研究》（臺北：私立銘傳大學教育研究所碩士論文，2014 年）。

15. 許孟勛：《網路社群自我揭露行為、人際關係與黏著度之研究》（彰化：國立彰化師範大學資訊管理學系所碩士論文，2013 年）。

16. 葉瀞憶：《生命教育教學實踐的敘說研究——從儒道思想出發》（臺北：私立銘傳大學教育研究所碩士論文，2007 年）。

17. 陳怡婷：《社區廣播與社區營造——以「親子讀經快樂營」節目與「花蓮縣讀經學會」為例》（臺北：私立慈濟大學傳播學研究所碩士論文，2010 年）。

18. 賴嘉音：《探討影響網路社群知識分享影響之因素——社會交換理論觀點》（臺中：私立靜宜大學資訊碩士論文，2014 年）。

19. 陳良瑋：《網路社群酸民文化分析之研究：以 BBS 為例》（臺南：國立臺南大學教育學系科技發展與傳播碩士論文，2014 年）。

20. 陳淑芬：《情感性與工具性目的的網路社群使用者之主觀幸福感——社會支持與自我狀態分享的中介效果》（桃園：私立健行科技大學企業管理系碩士論文，2014 年）。

21. 陳秋美：《以老子環境生態思想反思臺灣水資源永續發展》（新北市：私立華梵大學哲學系碩士論文，2013 年）。

22. 劉品羿：《探討網路社群集體元奮之社會意涵——以批踢踢 CCR 版為例》（臺北：私立輔仁大學大眾傳播學研究所碩士論文，2014 年）。

23. 劉晏廷：《大學生生活壓力、網路社群社會支持、與復原力之研究——以 Facebook 為例》（臺北：臺北市立教育大學心理與諮商學系碩士論文，2012 年）。

24. 蔡依玲：《預支型活風格與信用貸款：臺灣「卡奴」的社會學分析》（臺北：私立天主教輔仁大學社會學系碩士論文，2006 年）。

25. 蔡蕙如：《網路社群功能、使用滿意與人際關係傾向間之關聯-以桃園市國民小學高年級學生為例》（桃園：私立開南大學商學院碩士論文，2015 年）。

26. 鄭雪花：《非常的行旅——〈逍遙遊〉在變世情境中的詮釋景觀》（臺南：國立成功大學中國文學系博士論文，2005 年）。

五、外文資料（依字母順序排列）

1. American Psychiatric Association. : *Diagnostic and statistical manual of mental disorders* (4th ed., Text Revision). Washington, DC: Author. 2000.

2. Blair, S. N.,Cheng, Y.,&Scott,H.J.: ls physical activity or physical fitness more important in defining health benefits *Medicine &Science in Sports & Exercise*, 33(6), 2001, S379~399.

3. Cassel, J.: Psychosocial processes and stress: Theoretical formulation. *International journal of Health Services*, 4(3), 1974, 471~482.

4. Cohen, S. & Wills, T. A.: Stress, social support and the buffering hypothesis. *Psychological Bulletin*, 98(2), 1985, 310~351.

5. Davidji. Secrets of Meditation: A Practical Guide to Inner Peace and Personal Transformation. *Hay House*, Inc. , 2012 , 87.

6. House, J. S.& Kahn, R. L.: Measures and concepts of social support. *Social Support and Health*, 21, 1985, 83~108.

7. Hancock , J. & Duhl , L. : Healthy cities: Promoting health in the urban conte Mt. Copenhagen : *WHO Europe*. 1986.

8. Hoffman, M. L. : *Empathy and moral development: Implications for caring and justice*. Cambridge: Cambridge University Press. 2003.

9. Ilona Kickbusch: The Contribution of the World Health Organization to a New Public Health and Health Promotion, *Am J Public Health*, 93(3), 2003, 383 ~388.

10. Kirk G ,Singh K ,Getz H. : Risk of eating disorders among female college athletes and non-athletes : *Journal of College Counseling* ,4 , 2013, 122~132.

11. Keri Lawson-Te Aho : The Healing is in the Pain: Revisiting and Re-Narrating Trauma Histories as a Starting Point for Healing. *Psychology & Developing Societies*, vol. 26, 2, 2004, 181~212.

12. Keel, P. K. & Klump, K. L.: Are eating disorders culture-bound syndromes Implications for conceptualizing their etiology. *Psychological Bulletin*, 129(5), 2013, 747~769.

13. Leventhal, H.& Tomarken , A.: Stress and Illness: perspectives form health psychology. In Stan V. Kasl & Cary L. Cooper (Eds.), *Research methods in stress and health psychology*, 1987, 27~55.

14. Mahon, N. F. : The contributions of sleep to perceived health status during adolescence. *Public Health Nursing*, 12(2), 1995, 127~133.

15. O'connor, P. J., & Youngstedt, S. D. : Influence of exercise on human sleep. *Exercise 18 and Sport Science Reviews*, 23, 1995 , 105~134.

16. Priscilla Dass-Brailsford and Amie C. Myrick: Psychological Trauma and Substance Abuse: The Need for an Integrated Approach. *Trauma, Violence, & Abuse*, vol. 11, 4, 2010, 202~213.

17. Roscoe, L. J.: Wellness: A review of theory and measurement for counselors. *Journal of Counseling & Development*, 87, 2009, 216~226.

18. Schmid, T. L., Pratt, & Howze, E.: Policy as intervention: Environmental and policy approaches to the prevention of cardiovascular disease. *American Journal of Public Health*, 85(9), 1995, 1207~1211.

19. Shumaker, S. A. & Brownell, A. : Toward a theory of social support : Closing conceptual gaps. *Journal of Social Issues*, 40(4),1984, 11~36.

20. Stokols D.: Translation social ecological theory into guidelines for community health promotion. *Am J Health Promot*; 10 , 1996, 282~298.

21. Tim Dalgleish, Beatrijs Hauer, and Willem Kuyken : The Mental Regulation of Autobiographical Recollection in the Aftermath of Trauma. *Current Directions in Psychological Science*, vol. 17, 4, 2008 ,259~263.

22. Tang, Y.-Y. et al. :Short-term meditation training improves attention and self-regulation. *PNAS* 104(43), 2007, 17152~17156.

23. Wen, C. P.,& Wu, X.: Stressing harms of physical inactivity to promote exercise.*Lancet* , 380(9398), 2012, 192~193.

24. WHO:"Ottawa Charter for Health Promotion", *Health Promotion*, 1(4), iii-v. 1986.

25. WHO: Twenty Steps for Developing a Healthy Cities Projects. 3rd. ed ,1997. Young, J. D.-E and E. Taylor: Meditation as a voluntary hypometabolic state of biological estivation. *News in Physiological Sciences* 13(3), 1998, 149~153.

六、網路資料

1. 〈節能十大無悔宣言〉:《行政院環境保護署》,2023 年 7 月 14 日,網址:http://ecolife.epa.gov.tw/cooler/default.aspx(2023 年 7 月 14 日檢索)。

2. 〈健康生活動起來手冊〉:《衛生福利部國民健康署》網站,2023 年 7 月 14 日,網址:http://www.hpa.gov.tw/Bhpnet/Web/Books/manual_content03. aspx(2023 年 7 月 14 日檢索)。

3. 〈新版美國飲食指南〉,2023 年 7 月 14 日,網址:www.hsph.harvard.edu/nutritionsource(2023 年 7 月 14 日檢索)。

4. 〈臺大宅王情殺幼師〉:《中時電子報》,2016 年 06 月 04 日,網址:http://www.chinatimes.com/newspapers/20140923000358-260102(2023 年 7 月 14 日檢索)。

5. 〈影響國人健康的四大要素〉,2023 年 7 月 14 日,網址:http://www.slideshare.net/ni231991/ss-15731095(2023 年 7 月 14 日檢索)。

6. 〈衛生福利部國民健康署國民衛教飲食指南〉:《衛生福利部國民健康署》網站,2023 年 7 月 14 日,網址:http://www.hpa.gov.tw/BHPNet/Web/healthtopic/Topic.aspx?id=20130 9140001(2023 年 7 月 14 日檢索)。

附錄　當代學者對「道」的解析

學者	年代	對道的詮釋
胡適	1891～1962	一、老子最大的功勞，在於超出天地之外，別假設一個「道」。這個「道」的性質是無聲無形，有單獨不變的存在，又周行在天地萬物之中；生天地萬物之先，卻又是天地萬物的本源。老子的天道就是西洋哲學的自然法 Law of Nature。 二、「道」是本體，是原初的實體，是絕對的觀念，是精神實體，是原理規律。〔註1〕
馮友蘭	1895～1990	一、提出「道」是總原理的說法，包括自然與社會兩方面：古時所謂「道」，均謂人道，至老子乃予「道」以形上學的意義。以為天地萬物之生，必有其所以生之總原則，此總原則名之曰「道」。〔註2〕 二、「道」是未分化的物質、「道」不是精神性的實體、「道」生萬物是無目的、無意識的。自然界中的事物規律，稱「天道」；社會中的事物規律，稱「人道」。〔註3〕
錢穆	1895～1990	一、「道」是宇宙一切的眾始。 二、「道」是絕對的又是循環的。 三、「道」運行不息，但必反本復始，歸根回原。 四、天地神物，盡將效法於「道」，而道法自然。〔註4〕

〔註 1〕歸納胡適：《中國哲學史大綱》（上卷）（上海：臺灣商務印書館，1926 年），頁 56～64。

〔註 2〕馮友蘭：《中國哲學史》（上冊）（上海：中華書局，1931 年），頁 218。

〔註 3〕歸納馮友蘭：〈中國哲學史論文二集〉，《北京大學學報》第 4 期，1959 年，頁 190～200。

〔註 4〕歸納錢穆：《中國思想史》（臺北：臺灣學生書局，1988 年），頁 68～71。

方東美	1899～1977	「道」是老子的最高範疇，綜合除了形而上客觀存在，還包括形而下的意義或曰價值論規範性意義。分成「道體」、「道用」、「道相」、「道徵」。〔註5〕
高亨	1900～1986	「道」是人類經驗之外的自然力，此力乃是宇宙之母體，老子名之曰道，而余釋為宇宙之母力也。〔註6〕
詹劍峰	1902～1982	一、道者萬物之所始、萬理之所稽也。可見『道』是物質性與規律性的統一，這就是老子的本體論。 二、玄者、天也，又玄者、天前之天也。……這就是老子氣化的宇宙觀，或宇宙起源論。〔註7〕
陳康	1902～1992	認為老子的「道」具有雙重性格，一是作為「存有原理」(seinprinzip)，另一是「應然原理」(sollensprinzip)。 一、「道」乃一切事物產生的最終根源。 二、「道」乃一切事物的儲藏之所。 三、「道」乃一切人物的模式。以上屬靜態意義。 四、「道」乃一切事物產生的動力因。 五、「道」乃一切事物生長所憑恃的原理。 六、「道」之運動乃一反復之歷程。〔註8〕以上屬動態意義。
徐復觀	1903～1982	一、老子的「道」指的是創生宇宙萬物的一種基本動力。不稱為原理而稱為動力，因為原理是靜態存在的，其本身不能創生。〔註9〕

〔註5〕 方東美先生認為「道」是老子的最高範疇，首先，就本體論，「道」可稱作「道體」，是無限的真實存在的實體，為一切活動之唯一範型或法式。其次，從宇宙發生學的角度，或從「道用」的角度來講，「道」遍在一切萬物之中，取之不盡，用之不竭。再來，從現象學或「道相」的角度來說，「道」之全體大用，在無界中，即用顯體；在有界中，即道顯用，無為而無不為。最後，從特徵學或「道徵」的角度來說，「道」之高明盛德可以具體而微地呈現在聖人身上。作為理想人格極致之聖人，憑藉高尚精神與對價值介之無限追求與嚮往，超越一切限制與弱點，實踐內聖之修養。此即道成肉身。歸納方東美著、孫智燊譯：《中國哲學精神及其發展》（上冊）（臺北：臺北成均出版社，1984 年），頁 173～176。

〔註6〕 高亨：《重訂老子正詁》（北京：古籍出版社，1957 年），頁 1～2。

〔註7〕 詹劍峰：《老子其人其書及其道論》（武漢：湖北人民出版社，1982 年），頁 174～175。

〔註8〕 其原文為 ultimate source、the storehouse of myriad things、the ultimate model both of things which are not human and human beings、the agent or the efficient cause、the principle by which myriad things maintain their being、reversion. 參見 Chung-Hwan Chen：What does Lao-Tzu mean by the term "Tao"？《清華學報》，1964 年，頁 150～161。

〔註9〕 徐復觀：《中國人性論史》（臺北：臺灣商務印書館，1988 年），頁 329。

		二、老莊所建立的最高概念是「道」，他們的目的，是要在精神上與「道」為一體，亦即所謂的「體道」，因而形成「道的人生觀」，抱著道的生活態度，以安頓現實的生活。〔註10〕
嚴靈峰	1903～1999	一、四分說：「道體」、「道理」、「道用」、「道術」來說： （一）「道」是形上實體，具有宇宙生化的功能。 （二）「道」指宇宙萬物生存變化的必然規律。 （三）「道」乃人生守道修身所應遵守的自然法則。 （四）「道」亦可以用在政治軍事上，以為治國之術與兵略。〔註11〕 二、以「天道」、「人道」、「聖人之道」而言： （一）天道損有餘而補不足。 （二）人道損不足以奉有餘。 （三）唯有道者能順應天道。〔註12〕
楊興順	1904～1987	一、「道」是萬物的物質實體。 二、「道」是自然界、人類社會和思維的法則。 三、「道」是與物質世界不可分開的、主宰萬物的法則。〔註13〕
楊國榮	1907～1978	一、「道」做為宇宙的本體，是產生天地萬物的根源。 二、「道」不是物質實體，而是虛無，是超時空的絕對精神。〔註14〕
唐君毅	1909～1978	六分說依序為「虛理之道」、「形上道體」、「道相之道」、「同德之道」、「修德之道及其他生活之道」、「事物及心境人格狀態之道」。〔註15〕
牟宗三	1909～1995	一、「道」的雙重性。 二、「道」即自然。

〔註10〕徐復觀：《中國藝術精神》（臺北：臺灣學生書局，1966年），頁48。

〔註11〕前兩項屬於形上學的意義，後兩項屬於實踐哲學的規範。嚴靈峰：《老莊研究》（臺北：中華書局，1966年），頁378。

〔註12〕嚴靈峰：《無求備齋學術新著》（臺北：臺灣商務印書館，1987年），頁21。

〔註13〕歸納楊興順：《中國古代哲學家老子及其學說》（北京：科學出版社，1957年），頁53～54。

〔註14〕楊國榮：《簡明中國哲學史》（北京：人民出版社，1973年），頁38。

〔註15〕唐君毅先生認為的六分說，內容為一、「道」是指通貫萬物之普遍、必然的律則、或根本原理。二、「道」乃形上實體，真實存在，且具有生物的真實作用。三、「道」即道相。就是就道體對照有形萬物所呈顯的各種面相，諸如有無相、沖虛相、常相、久相、一相、自然相等等。四、「道」即德，包括道體的「玄德」，以及一切人物所得於道體之「德」。五、「道」指修德之道及其他生活之道，包括修德積德之方、自處處人之術、政治軍事上治國用兵之道。六、「道」亦可以指事物的一種狀態。歸納唐君毅：《中國哲學原論·導論篇》（臺北：臺灣學生書局，1993年），頁370～381。

		三、「道」的主宰性、常存性、先在性。 四、「道」之生成性或實現性。〔註16〕
張岱年	1909～2004	一、「道」是究竟所以。 二、「道」指的是最高原理而言。〔註17〕
張松如	1910～1998	一、「道」有時是指物質世界的本體，即宇宙本體。 二、更多場合下，是指之配物質世界或現實事物運動變化的普遍規律。〔註18〕
馮契	1915～1995	「道」是世界統一原則，也是宇宙發展的法則。〔註19〕
任繼愈	1916～2009	一、「道」是產生整個物質世界的總根源，是絕對精神之類的東西。 二、把「道」看作物質實體，多強調實體與規律的結合。〔註20〕
勞思光	1927～2012	一、「道」即指萬有之規律，因規律本身非萬有之一，故謂「先天地生」。 二、「道」為形上之實體；是實有義。以心觀道，心遂離物。心依於道，乃成其德，故「德」為自覺之理境，是實踐義。主客對分，超驗與經驗之界乍顯。 三、「道」之為言，泛指規律；事象皆循此規律，故有物依於道之義。老子以「反」解之；「反」有「相反相成」及「正反互轉」二義。〔註21〕

〔註16〕牟宗三先生認為：「道亦是無，亦是有，因而亦為始，亦為母，無與有，始與母，俱就道而言，此是道之雙重性。」他以「無」和「有」說明道的雙重性，接著又說「無非死無，故由妙用而顯向性之有；有非定有，故向而無向，而渾化於無也。」也就是「玄之又玄，眾妙之門」之意，故有無並非對立而是相生。其次，「是以此「自然」亦是沖虛玄境所透顯之自然，非吾人今日所謂之自然世界或自然主義所說之自然也」，說明老子的自然是有價值實義的。再來，「道之常存性與先在性義如此解，其永存而不可變者，即無所存之存也」，又說「此固是形上實體，然是境界型態之形上實體，此固式形上的先在，然是境界型態之形上的先在。此乃中國重主體之形上心靈之最特殊處也。」固老子的道乃境界型態的形上學。最後，對於道的生成性，牟先生用「不生之生」來表達，就是反反以顯其正之意。參考牟宗三：《才性與玄理》（臺北：臺灣學生書局，1974年），頁125～156。此脈絡參考陳德和：《道家思想的哲學詮釋》（臺北：里仁書局，2006年），頁58。
〔註17〕張岱年：《中國哲學發微》（太原：山西人民出版社，1981年），頁338。
〔註18〕張松如：《老子校讀》（吉林：吉林大學出版社，1981年），頁8。
〔註19〕馮契：《中國古代哲學的邏輯發展》（上冊）（上海：上海人民出版社，1983年），頁121。
〔註20〕歸納任繼愈主編：《中國哲學發展史，先秦》（北京：人民出版社，1983年），頁237～266。
〔註21〕勞思光：《中國哲學史》（卷一）（臺北：三民書局，1993年），頁239、252。

余培林	1931～	認為老子的整個哲學，全在一個「道」字，他的宇宙論也以「道」為基礎。 一、宇宙本源是「道」，天地萬物由「道」所創生。 二、「道」不等於實體，也不等於零。 三、「道」於創生萬物後，便內存於萬物，衣養服育萬物。 四、萬物最後透過「德」返回生命之源的「道」，此作用叫「歸根復命」。 五、「道」本身的運動是循環反復，萬物才能生生不息。 六、「道」還有相反對立的運動發展。 七、「道」在無常變化中有一個永恆不變的法則叫「以柔為用」。〔註22〕
傅偉勳	1933～1996	老子的「道」之概念先區分為「道體」和「道相」。進一步將「道相」細分為「道原」、「道理」、「道用」、「道德」、「道術」五義。〔註23〕
陳鼓應	1935～	一、實存意義的「道」： （一）道體的描述。 （二）宇宙的生成。 二、規律性的「道」： （一）對立轉化的規律。 （二）循環運動的規律。 三、生活準則的「道」。〔註24〕
吳怡	1939～	「道」有七種意義： 一、真常。二、創生。三、動力。四、周遍。五、規律。 六、準則。七、自然。〔註25〕
王邦雄	1941～	老子的宇宙論是連著本體而展開。「道」之運行，恒返歸其身的法則中，此法則就是「道」的作用，永遠維繫一個和諧均衡。此「道」之動，就在天地相合之和的靜中動。「道」之動在反，反是復歸其身的法則。 一、道體本是無限，既超越而又內在。 （一）有與無的兩面相。 （二）由超越而內在。 （三）道法自然。

〔註22〕歸納余培林：《老子讀本》（臺北：三民書局，1987年），頁11～14。
〔註23〕傅偉勳先生的說法是將唐君毅先生的六分說加以延伸的義理。參考傅偉勳：《從創造的詮釋學到大乘佛學》（臺北：東大出版社，1990年），頁24～25；陳德和：《道家思想的哲學詮釋》（臺北：里仁書局，2006年），頁58。
〔註24〕歸納陳鼓應：《老子今註今譯及評介》（臺北：臺灣商務印書館，1997年），頁2～13。
〔註25〕吳怡：《新譯老子解義》（臺北：三民書局，2013年），頁3。

		二、道之動在反，復歸於和。 （一）反者道之動，弱者道之用。 （二）物壯則老，不道早已。 （三）人之生，動之死地。〔註26〕
劉笑敢	1947～	「道」的看法歸類成四類分別為： 一、本體或原理類。 二、綜合解說類。 三、主觀境界類。 四、貫通解釋類。〔註27〕
葉海煙	1951～	一、「道」是恆常的；「道」是萬有之源；「道」是最基本的律則；「道」當是人生實踐與人格涵養的基準；「道」是形上之道，更是實踐之道。〔註28〕 二、道做為本體的意義；道做為原理的意義；道做為歷程的意義。〔註29〕
袁保新	1952～	一、就「道」的認識論意義而言： （一）「道」超越名言概念的思考。 （二）「道」不是感覺經驗的對象。 二、就道的形上意義而言： （一）「道」乃萬物生化的根源。 （二）「道」的生化作用沖虛無窮，以自然為法，以反為動，以弱為用，具有主宰性、常存性、先在性、獨立性、遍在性。 （三）「道」又內在於天地萬物之中，為天地萬物所同具。 （四）「道」乃一切事物活動的規律。

〔註26〕 歸納王邦雄：《老子的哲學》（臺北：東大圖書公司，1983年），頁75～108。
〔註27〕 中國學術界歸類成四類分別為一、本體或原理類，代表人物胡適；馮友蘭。對道的解說大體上包括兩種，及原理和實體。以西方哲學史概念來解說中國哲學的語詞，展開東西方的文化對話，將中國哲學研究推向世界，這是屬於二十一世紀華人學者最常引用的說法。實體的還分為物質性實體和精神性實體，不管是實體還是非實體以上都被看作客觀實有。二、綜合解說類，代表人物方東美，認為道貫穿了形而上和形而下、實然與應然、存在與價值各個方面。三、主觀境界類，代表人物牟宗三，所謂「實有型態的形上學就是依實有之路講形上學」，「所謂境界型態的形上學就是依觀看或知見之路講形上學就是依實踐而有觀看或知見，對於世界有依個看法或說明。」四、貫通解釋類，代表人物袁保新，道為價值世界的形而上基礎，稱之為貫通性定義，取其力求貫通於存有界與價值界之義，主要消解實然與應然之間的分離。參考劉笑敢：《老子》（臺北：東大圖書公司，2007年），頁184～194。
〔註28〕 葉海煙：《老莊哲學新論》（臺北：文津出版社，1999年），頁6～7。
〔註29〕 曾春海、葉海煙、李匡郎、李開濟、劉仲容：《中國哲學精神發展史》（臺北：國立空中大學，1996年），頁49～50。

		三、就「道」在實踐哲學中的意義而言： （一）「道」乃人生最高之價值歸趣。 （二）「道」乃人格修養的法則，兼指修養所得的人格或心境。 （三）「道」又指政治理想實現的方法或原則。〔註30〕

〔註30〕歸納袁保新：《老子哲學之詮釋與重建》（臺北：文津出版社，1991 年），頁 23
　　　〜25。